Knaur.

Über die Autorinnen:

Ines Kiefer, geboren 1979, wuchs im sächsischen Freiberg auf. Nach dem Abitur begann sie eine Ausbildung zur Hotelfachfrau in Bayreuth. Seit ihrem 19. Lebensjahr ist sie aufgrund einer missglückten Operation querschnittsgelähmt. Heute lebt Ines Kiefer mit ihrem zweiten Ehemann und ihren beiden Söhnen im Saarland. Neben ihrem Vollzeitjob im saarländischen Wirtschaftsministerium arbeitet sie in ihrem Traumberuf als Model.

Shirley Michaela Seul hat zahlreiche Bücher zu verschiedenen Themen veröffentlicht. Zuletzt schrieb sie mit Susa Bobke den Bestseller »Männer sind anders. Autos auch«.

Ines Kiefer

mit Shirley Michaela Seul

DAS GLÜCK GEHT NICHT ZU FUSS

Wie mein Leben ins Rollen kam

Knaur Taschenbuch Verlag

Besuchen Sie uns im Internet:
www.knaur.de

Originalausgabe Juli 2011
Copyright © 2011 bei Knaur Taschenbuch.
Ein Unternehmen der Droemerschen Verlagsanstalt
Th. Knaur Nachf. GmbH & Co. KG, München.
Alle Rechte vorbehalten. Das Werk darf – auch teilweise –
nur mit Genehmigung des Verlags wiedergegeben werden.
Alle Fotos Privatarchiv Ines Kiefer
außer S. 6: Thomas Füßler; S. 7: Roland Schmidt, Hannover, für Logocos;
S. 5u., S. 8: Video & Presseproduktion Adams
Redaktion: Andreas Ländle
Umschlaggestaltung: ZERO Werbeagentur, München
Umschlagabbildung: Patrick Braun
Satz: Adobe InDesign im Verlag
Druck und Bindung: CPI – Clausen & Bosse, Leck
Printed in Germany
ISBN 978-3-426-78441-9

2   4   5   3   1

Für Tim und Erik

Inhaltsverzeichnis

Mein Leben auf Beinen 9

Mein Leben auf Rädern 65

Hochzeit auf Rädern 121

Model auf Rädern 205

Das Paradies ist normal 261

Danksagung 271

Mein Leben auf Beinen

Wenn ich im Rollstuhl sitzen würde, ich glaube, ich würde mich umbringen«, sagte ich zu meiner Freundin Manu. Sie nickte. »Ich mich auch. Das ist doch kein Leben. Wir könnten nicht mehr tanzen!«

»Das will ich mir gar nicht vorstellen«, erwiderte ich und schaute dem alten Mann nach, der mit seinem Rollstuhl mühsam über den schlammigen Parkplatz fuhr. Ein kleiner grauer Terrier mit einem violetten Halstuch – Clubfarbe von Dynamo Dresden – trottete neben ihm her.

Manu, die ich schon seit dem Kindergarten kenne, zupfte mich ungeduldig am Ärmel meines funkelnagelneuen weißen T-Shirts. »Komm, lass uns endlich reingehen!«

Das Wummern des Basses drang bis vor die Tür des Ballhauses Tivoli und vibrierte leicht in meinem Bauch wie zuvor das Grollen des weiterziehenden Sommergewitters. Manu warf einen prüfenden Blick in eine Fensterscheibe und stöhnte auf.

»Guck dir mal meine Haare an, wie die runterhängen. Gerade erst gewaschen und geföhnt, und jetzt schlabbert das alles schon wieder. Wenn der Große mit den blonden Haaren da ist! Was soll der denken?«

»Du siehst toll aus!«

»Ne, das denkt der bestimmt nicht!«

»Aber ich!«, blieb ich hartnäckig.

»Ich glaube, ich geh noch mal föhnen. Oder hast du Haarspray dabei?«

»Quatsch! Wir gehen jetzt da rein.«

»Du willst ja nur so schnell auf die Tanzfläche, weil du hoffst, dass er wieder da ist.« Manus braune Augen blitzten mich herausfordernd an.

»Kann schon sein«, grinste ich. Irgendeinen »Er« gab es immer, aber diesen hier gab es schon ziemlich lange. Mindestens drei Wochen, eine beachtliche Zeitspanne für eine Sechzehnjährige. Manu kramte in ihrer Tasche nach ihrem Toupierkamm, und ich stand mir die Beine in den Leib. Tänzerinnenbeine. Lange Beine. Schöne Beine. Muskulöse Beine. Manu und ich waren beide Gardetänzerinnen. Das Tivoli – Ballhaus ließen wir weg – war unsere Stammdisco. Viel Auswahl hatten wir in Freiberg nicht, obwohl die Stadt rund 50 000 Einwohner zählt. Freitagabend gehörte das Tivoli der Jugend, Samstagabend nahmen es die Alten zwischen 25 und 35 in Beschlag. Hier hatten schon die Puhdys gespielt, das hatten Manu und ich uns natürlich nicht entgehen lassen. Und hier traten wir auch als Gardetänzerinnen mit dem FKK, dem Freiberger Karneval Klub, auf und warfen unsere Beine hoch in die Luft beim Cancan.

Stark waren meine Beine. Und unermüdlich. Die konnten sprinten wie verrückt. Und 1000 Meter laufen in einer Superzeit. In meiner Klasse war ich die Schnellste und ließ auch ein paar von den Jungs auf der Aschenbahn im roten Staub hinter mir.
Launisch waren meine Beine. Nicht, dass ich überall Sonnenbrand gekriegt hätte, ne, immer zuerst auf den Knien. Die leuchteten dann knallrot. Und das, wo ich doch so gern Hot Pants trug. Röcke eher weniger, außer in der Disco. Miniröcke, na klar, mit braunen Strumpfhosen drunter für den Bronzeteint.
Für die nötige Bodenhaftung beim Tanzen sorgten meine Füße. Schöne, schmale Füße, Schuhgröße 36, mit zehn Zehen, die ich spreizen konnte und rauf und runter bewegen. Als Kind hatte ich eine Weile am Ballettunterricht teilgenommen. Seither musste mir nie jemand sagen »Spitz die Füße«, die waren immer gespitzt bei mir. Automatisch. Ich mochte das Graziöse, das

Muskulöse. Wenn ich mit dem großen Zeh irgendwo dranstieß, dann spürte ich das. Ich spürte es auch, wenn ich meine Füße zu sehr malträtierte. Ich liebte High Heels – je höher, desto besser. Bei einer Körpergröße von 1,62 Meter konnte es mir gar nicht hoch genug sein.

Manchmal habe ich meine Beine eingecremt. Gedankenlos, so vermute ich heute, denn ich erinnere mich nicht richtig daran, wie das ist, wenn man seine Beine eincremt und das auch spürt. Wie sich das anfühlt, wenn man mit frisch rasierten Beinen im Sommerwind steht. Das ist ein ganz anderes Gefühl, als wenn noch Härchen dran sind … oder? Ich glaube schon. Jeden Frühling das Glücksgefühl, wenn man das erste Mal kurze Sachen anziehen und mit nackten Füßen in Sandalen schlüpfen kann. Freiheit für die Zehen! Barfuß durch nasses Gras laufen und durch flaches Wasser am Ufer und auch mal in eine Pfütze springen. Überhaupt: Barfuß laufen! Piksende Kieselwege entlang. Rennen, rennen, rennen, bis es in der Lunge sticht.

Oder Muskelkater vom Training. Wenn ich kaum mehr auftreten konnte, weil ich zu viel fürs Auftreten im Tivoli geprobt hatte. Und manchmal ganz müde Beine. Eingeschlafene Füße, und wenn sie aufwachen, dieses Kribbeln. Das alles und noch viel mehr hatte ich mit meinen Beinen erleben dürfen. Sechzehn Jahre schon trugen sie mich durchs Leben. Die Treppe hoch in die Wohnung meiner Eltern. Wie oft habe ich mich über diese Stufen geärgert, weil ich sie mit dem schweren Schulranzen hochstürmen musste. Schnell weg damit und raus. Wenn Manu und ich mal wieder abnehmen wollten, gingen wir im Wald joggen oder radelten durch das hügelige Umland. Zur Belohnung für die verlorenen Pfunde bummelten wir durch die Stadt, und hin und wieder kauften wir uns auch etwas. Für modebewusste junge Frauen wie uns war die Mauer gerade zur rechten Zeit gefallen.

Das Theater, in dem der FKK trainierte, befand sich mitten in der Stadt. Freiberg liegt am Fuße des Erzgebirges. Die nächstgrößeren Städte sind Chemnitz und Dresden, aber das war schon fast eine Weltreise. Im Sommer ging ich mit Manu gern ins Schwimmbad. Wir sprangen ins Becken, dass es nur so spritzte, und natürlich standen wir viel zu nah am Rand, damit uns die Jungs hineinschubsten. Dann tauchten wir tief unter, und unsere Beine paddelten uns wieder nach oben. Wir kraulten um die Wette und schluckten vor Lachen literweise Chlorwasser.

Das Leben war schön. Im Sommer vielleicht ein bisschen schöner als im Winter, dafür begann im Winter der Karneval, und das war das Schönste überhaupt. Auf der Bühne stehen, marschieren und die Beine hoch in die Luft werfen. Und tanzen. Und rennen. Und gehen. Einfach nur gehen. Zur Toilette zum Beispiel. Dazu braucht man Beine. Was bleibt übrig, wenn die Beine fehlen? Aber wer denkt schon an so was? Ich bestimmt nicht! Was sollte mir passieren? Ich war ein Glückskind!

Mitten im Sommer geboren, am 5. Juli 1979, und von allem die Sahne abgeschöpft. Zehn Jahre lang DDR: viel Gemeinschaft und jede Menge Unternehmungen mit anderen zusammen, tolle Basteleien mit meinem Vati und sonnige Tage in unserem Schrebergarten. Nach dem Mauerfall dann alle Vorteile des Westens: Barbie-Puppen, ein Fahrrad, Fernsehen, schöne Kleider. Und endlich mal woanders hin in den Urlaub fahren als an die Ostsee – obwohl wir damit privilegiert gewesen waren. Jetzt flogen wir. Griechenland. Zypern. Das Meer war warm und blau, und ich blieb im Wasser, bis meine Haut schrumpelig wurde und meine Knie mit den saftigen Strauchtomaten um die Wette leuchteten.

Planwirtschaft

Zwei Jahre nach der Hochzeit meiner Eltern erblickte ich das Licht der Welt. Als Wunschkind! Mein Vater arbeitete in Muldenhütten, einem Ortsteil von Freiberg, als Elektriker. Meine Mutter hatte studiert und arbeitete in der Staatsbank. Geschwister habe ich keine. Dafür hatte ich immer einen Wellensittich, und heute habe ich sogar mehrere in einer großen Voliere. Als kleines Kind wünschte ich mir Geschwister; als ich älter wurde, war ich froh, dass ich nicht ständig auf die Kleinen aufpassen musste wie einige meiner genervten Freundinnen, die ihre quengelnden Schwesterchen und Brüderchen immer im Schlepptau hatten.

Meine Mutter gab mich, wie das in der DDR üblich war, mit eineinhalb Jahren in die Krippe. Mir wurde erzählt, dass es mir dort gut gefallen hat. Ich erinnere mich vage an einen blauen Kipplastwagen, den ich unermüdlich über den Hof schob. Danach besuchte ich den Kindergarten, dann die Schule und den Hort. Was kann einem Einzelkind Besseres passieren, als in der Gesellschaft vieler Kinder aufzuwachsen! Ich konnte mich aber auch gut mit mir selbst beschäftigen. Spielsachen hatte ich nicht so viele, da meine Eltern eher sparsam wirtschafteten und bei jeder anstehenden Neuanschaffung gründlich überlegten, ob man sie wirklich brauchte. Da zog Spielzeug naturgemäß den Kürzeren. Puppen interessierten mich wenig. Erst später, als wir Zugriff auf Barbie hatten. Ich bevorzugte Autos. Unsere Verwandtschaft in Westberlin schickte hin und wieder ein Matchboxauto.

Ganz in meinem Element war ich beim Basteln und Handwerken. Mit dem Holzbaukasten baute ich Garagen für meine Spielzeugautos und mit dem Elektro- und Metallbaukasten einen fahrtüchtigen Lkw. Mein Vater, ein begnadeter Bastler, half mir gern. Baukästen zählten übrigens nicht zum Spielzeug, sondern zu den wesentlichen Dingen – deshalb wurde hier nicht so streng gespart, was sicherlich auch an dem kleinen Jungen lag, der in meinem Vater steckte. Ich glaube nicht, dass er sich einen Sohn gewünscht hat – und wenn doch, habe ich mein Bestmögliches gegeben, ihm den herbeizubasteln.

Unser Schrebergarten war unterteilt in zwei Hoheitsgebiete: die Laube als Wohnbereich – hier regierte meine Mutter – und den Schuppen mit dem Plumpsklo. Dort war alles untergebracht, was wir für die Gartenarbeit benötigten, außerdem die Werkbank mit allen Werkzeugen und so wunderbare Dinge wie der Schraubstock und die Drechselbank. Ich war gern im Schuppen, hier konnte ich viel abstauben: Holzreste oder andere Überbleibsel. Stets hielt ich die Augen offen, wo etwas für mich abfallen könnte. Und dann überlegte ich: Wofür kann ich das gebrauchen? Möbel für die Puppe einer Freundin? Oder eine Kiste zusammennageln? Hämmern war mir überhaupt das Liebste. Mein Vater brachte mir den Umgang mit Hammer und Nagel früh bei. So waren wir beide beschäftigt, jeder arbeitete vor sich hin. Ab und zu brauchte ich jedoch Hilfe.
»Vati guck mal, das passt nicht, kannst du mir das absägen?«, fragte ich dann.
»Gleich Ines, wenn ich das hier fertig habe«, bat er und unterbrach seine Arbeit meistens doch sofort. Später forderte er mich manchmal auf, geduldiger zu sein. Das hat er mir allerdings nicht wirklich beigebracht, weil er immer gleich da war. Sogar, wenn er vorher »Warte mal« sagte.
Zu Hause saß ich stundenlang neben ihm und beobachtete, wie er etwas reparierte, klebte oder lötete.
»Was ist das?«, fragte ich ihm ein Loch in den Bauch, während er Löcher flickte, und er erklärte mir alles wohlüberlegt, ruhig und mit für mich gut verständlichen Beispielen.

Ich bin ihm sehr dankbar dafür. Handwerkliches Wissen erleichtert den Alltag enorm. Aber natürlich weiß ich längst nicht so viel wie mein Vater. Er ist sehr erfinderisch, und Probleme werden stets sofort gelöst. Heute noch rufe ich ihn oft an, und am Telefon erklärt er mir, wie ich beispielsweise eine Lampe anschließen soll.

»Das Kabel teilt sich in drei Drähte: gelb-grün, blau und schwarz oder braun. Hast du die Sicherung draußen?«

»Natürlich, Vati. Das habe ich als Erstes gemacht.«

»Sehr gut, Ines. Hast du auch die Lüsterklemme parat?«

»Klar, Vati.«

»Dann gehen wir nun Schritt für Schritt vor. Bist du bereit?«

»Bin ich, Vati.«

Einmal reparierte ich sogar einen Fernseher unter seiner Anleitung. Mein Vater ist meine Hotline. Er gibt mir nie das Gefühl, etwas nicht zu können. Er sagt »Ich würde das so machen …«, und dann bekomme ich einen Tipp. Auch von meiner Mutter hätte ich bestimmt viele Tipps bekommen, doch die Abteilung Haushalt/Kochen/Ordnung interessierte mich nicht besonders. Ich habe lieber gehämmert als gerührt.

Meine Mutter managte unsere kleine Familie. Vor der Wende kamen wir alle um 16 Uhr nach Hause, Vati von Muldenhütten, Mutti von der Bank, ich vom Hort. Um 17 Uhr stand das Abendessen auf dem Tisch. Wurst, Käse, Butter, Brot.

Am Wochenende wurde samstags nach dem Frühstück die Wohnung geputzt. Zuerst wischte meine Mutter Staub. Danach saugte sie. Sie wusch auch die Wäsche, mein Vater hängte sie auf – je nach Wetter entweder im Hof oder auf dem Dachboden. Um 12 Uhr gab es Mittagessen, meistens ein einfaches Gericht: Suppe oder Nudeln.

Nach dem Essen ging mein Vater zum Rauchen in den Keller.

In der Wohnung durfte er das nicht. Im Keller roch es nach Staub, Kartoffeln und Kohlen – wir hatten ja alle Kohleöfen und schleppten die schweren Eimer nach oben. Meine Mutter musste meinen Vater nicht an den Müll erinnern. Er nahm ihn unaufgefordert mit nach unten. Kam er zurück, war meine Mutter schon dabei, die Küche zu wischen. Mein Vater wischte – wenn unsere Familie an der Reihe war – das Treppenhaus.

Im Anschluss legten sich meine Eltern zu einem Mittagsschläfchen hin. Mutti ins Bett, Vati auf die Couch im Wohnzimmer. Als ich klein war, musste ich auch schlafen. Später durfte ich mit Kopfhörer im Wohnzimmer fernsehen, während Vati schlief. Manchmal zuckten seine Füße im Schlaf. Das fand ich lustig. Noch lustiger fand ich es, wenn er von seinem eigenen Schnarchen erschrocken hochfuhr.

Alles war bei uns geregelt. Alles verlief nach Plan. So war man vor Überraschungen sicher. Irgendwie gruselig, irgendwie aber auch schön. Nach dem Schläfchen war Freizeit. Na ja, die Großeltern oder andere Leute besuchen – oder eben ab in den Garten. Sonntags kochte hin und wieder mein Vater, dann gab es Fleisch: Schnitzel oder Gulasch oder Rouladen. Fleisch kam bei uns nur sonn- und feiertags auf den Tisch. Vati und Mutti aßen werktags in der Kantine und ich in der Schule. Mein Vater half viel im Haushalt mit. Ich hätte mehr helfen sollen. Meistens gelang es mir, mich zu drücken. Nur beim Abtrocknen klappte das nicht. Da gab es kein Entkommen.

Am Abend sahen wir manchmal fern. Auch als ich größer war, guckte ich das Sandmännchen noch gerne. Zehn vor sieben konnte ich als Erstes an den Uhrzeigern ablesen. Als ich älter wurde, wollte ich danach natürlich nicht gleich ins Bett. Ich probierte es mit allen möglichen Tricks. Vati konnte ich manchmal erweichen, Mutti nie. Bei ihr musste immer alles nach Plan laufen.

Drei rothaarige Orgelpfeifen

Um Dani bin ich lange herumgeschlichen. Es gab im Tivoli einen Rang, von dem aus man die Tanzfläche hervorragend beobachten konnte. Es war ein bisschen wie Ansitzen auf einem Jägerstand. Nun, auf der Pirsch waren wir auch, Manu und ich und alle anderen. Dani trug sein braunes Haar glatt und dazu einen goldigen Schnauzer. Er war groß und schlank, und stets hing ein offenes Hemd über T-Shirt und Jeans. Mit den Händen in den Hosentaschen balzte er am Rand der Tanzfläche. Ich behielt ihn gut im Visier.

Eines Tages dachte ich: So kann es nicht weitergehen. Ich stöckelte ein paar Mal an ihm vorbei, ließ meine Hüften schwingen, fasste Mut und sprach ihn einfach an.

»Dass du dich das traust!«, staunte Manu später. »Ich würde das nie wagen.«

»Sonst wird's ja nix!«

Es wurde was. Allerdings nur bis Mitternacht, denn da wartete mein Vati im Toyota vor dem Tivoli. Und ich stolzierte hinaus auf meinen schönen Beinen. Freitag für Freitag. Manchmal verspätete ich mich ein bisschen. Vati hatte Geduld mit mir. Einmal ließ ich ihn aber sehr lange warten, und da war er sauer. Aber das machte mir gar nichts aus. Ich war nämlich verliebt, zum ersten Mal hatte es mich richtig erwischt.

Dani fuhr auch einen Toyota. Er war sogar Elektriker. Ich weiß nicht, ob diese Ähnlichkeit mit meinem Vater dazu beitrug, dass Dani nach einem Jahr bei mir übernachten durfte und ich bei ihm. Er wohnte mit seiner Mutter und drei Schwestern in einem kleinen Dorf, in dem es alles gab, was dazu gehört. Haus, Hund, Kirche, und auf der Straße kannten sich alle. Es begeisterte mich, dass ich die Tür öffnen konnte und sofort draußen war, ohne dreitausend Treppenstufen runterzuspringen – was für eine

Zeitverschwendung! Große Freude bereitete es mir, den Hund in der schönen Natur Gassi zu führen.

In Danis drei kleine Schwestern war ich fast so verliebt wie in ihn. Nebeneinander sahen sie aus wie die berühmten Orgelpfeifen. Alle drei hatten feuerrotes Haar. Einmal war ich mit Dani und den drei Kleinen beim Rummel in Freiberg. Manche Leute starrten uns entgeistert an. Sie hielten uns für die Eltern und rechneten angestrengt, wie wir das geschafft haben mochten mit den Zwergen im Alter von zwei, vier und fünf Jahren.

Dani und ich konnten nicht voneinander lassen. Die meiste Zeit verbrachten wir in seinem Zimmer. Manchmal holte er mich von der Schule ab. Das gefiel mir gut: ein volljähriger Freund mit Auto, der vor dem Schultor wartete. Manu fand ihn auch ganz nett. Ihre Meinung war natürlich wichtig. Bei ihr schüttete ich zuweilen mein Herz aus, in dem leider manchmal ein giftiger Stachel steckte: Danis Ex-Freundin. Auf die war ich eifersüchtig. Sie tanzte in der Garde im Nachbardorf, und das wurmte mich. Dani war aber nicht weniger eifersüchtig. Einmal fuhren zwölf Mädchen aus der Garde bei einer Werbeaktion als Osterhasen verkleidet in sechs Cabrios durch Freiberg. Dani behauptete, er habe die Wagen gezählt, und »mein« Cabrio habe gefehlt.

»Es waren nur fünf, und du warst nicht dabei! Wo hast du dich rumgetrieben mit dem Fahrer? Was habt ihr gemacht?«

»Du spinnst doch!«, war alles, was ich auf diesen Unsinn erwidern konnte.

»Ne! Ich bin nur nicht blöd!«, beharrte er stur.

Solche Szenen stressten mich. Höchstens im Traum wäre ich auf die Idee gekommen, mit einem Cabrio-Fahrer durchzubrennen. Ich war Dani treu, der doch eigentlich wissen sollte, dass eine Gardetänzerin als Freundin und Eifersucht nicht zusammenpassen. Da wird Mann sonst verrückt.

Gardetänzerinnen sehen toll aus. Alles glitzert. Sie haben eine gewichtige Portion Selbstbewusstsein, denn sie müssen es aushalten, bewundert zu werden. Sie verkleiden sich gern. Röcke, Oberteile, hohe Stiefel zum Schnüren oder auch mal mit Reißverschluss. Eine Gardetänzerin hat viel Energie und Kondition, denn nach dem Auftritt mischt sie sich unter das Volk – und das feiert im Fasching bis zum Umfallen.

Liebe auf den ersten Blick

Ich habe diese Veranstaltungen geliebt. Das ganze Drumherum. Raus aus dem Alltag. Die Aufregung davor. Sich verkleiden. Die Perücken. Die Schminke. Dezent war hier nicht gefragt. Und dann der Rhythmus der Musik, der mir direkt in die Beine fuhr. Alle machen das Gleiche, und jede in der Gruppe weiß, was sie zu tun hat – und dann der Applaus. Das Schönste war, wenn das begeisterte Publikum »Zugabe!« rief.
Manche Jungs warteten am Ausgang der Garderobe auf die Tänzerinnen: »Darf ich bitten?«
Neugierig probierte ich aus, wie weit ich gehen konnte. Mit Vergnügen brachte ich manches Jungmännerherz zum Rasen, und hin und wieder endete ein nettes Gespräch mit einer einseitigen Verliebung. Bei mir gab es aber nichts zu holen. Ich war mit Dani zusammen, und Treue war mir wichtig. Ich genoss es einfach, jung, attraktiv und voller Lebensfreude zu sein. Ich genoss es, auf der Bühne zu stehen. Zu flirten, zu tanzen, zu lachen und zu springen. Ich genoss es, Teil einer Truppe zu sein, dabei als Einzelne mein Bestes zu geben, aber eben nur gemeinsam wirklich gut zu sein. Allein auf der Bühne? Lieber nicht.
Beim Rentnerfasching saßen meine Großeltern im Publikum, und ich bildete mir ein, meiner Oma von den Lippen ablesen zu

können. Sie deutete auf mich und sagte zu ihrer Sitznachbarin:
»Das ist meine Enkelin. Da oben, das ist die Ines.«
Mein Opa hatte ein ganz rotes Gesicht, weil er so stolz auf mich war.
»Ines, du machst deinen Weg«, sagte er manchmal zu mir.
»Ich hoffe es«, erwiderte ich dann auf diesen Erwachsenenspruch. Insgeheim hoffte ich es nicht nur, ich wusste es.

Mit drei oder vier Jahren nahm ich eine Weile am Ballettunterricht in unserem Theater teil. Ich war die Kleinste in der Gruppe. Einmal wurde im Theater *Gräfin Mariza,* eine Operette in drei Akten, aufgeführt, und da wurde auch der Nachwuchs eingespannt. Leider war ich bei den Proben krank und bekam deshalb bei der Premiere eine Sonderrolle. Ich durfte auf den Schultern des Hauptdarstellers sitzen. Das fand ich klasse!
Unsere Tanzlehrerin sah genauso aus, wie man sich eine ehemalige Primaballerina vorstellt: mager und sehnig, ihr langes graues Haar hatte sie stets zu einem festen Zopf geflochten – und sie war streng.
»Bauch rein, Po raus!« Ihre Stimme kann ich noch immer hören, auch wenn ich ihren Namen vergessen habe. In dem hellen Ballettsaal mit dem glatten Holzboden gab es die klassische Spiegelwand mit Stange und einen Flügel. Manchmal lagen in einer Ecke Ballerinaschuhe für Spitzentanz. Diese Schuhe faszinierten mich. Ich hätte mich allerdings nie getraut, mal hineinzuschlüpfen, und als ich alt genug dafür gewesen wäre, war ich dem Ballett bereits entsprungen. Meiner Tanzlehrerin verdanke ich, dass ich bis heute die anmutige Fingerhaltung vom Ballett beherrsche. Kaum strecke ich meine Arme aus, formen sich meine Finger in Grazie. Wahrscheinlich könnte ich sogar noch die Fußhaltung einnehmen … wenn ich könnte.
Als sich dann in der Schule herausstellte, dass ich eine hervor-

ragende Sprinterin und 800-Meter-Läuferin war, tauschte ich das Ballett gegen die Leichtathletik. Auch hier gab es Auftritte für mich, nur dass die jetzt Wettkämpfe hießen. Doch die Leichtathletik machte mich nicht so froh wie das Ballett. Da meinte meine Mutter, ich solle mir doch mal die Funkengarde anschauen. Es war Liebe auf den ersten Blick, kurz nach der Wende, und ich blieb dabei. Auch wenn der Karneval nur rund vier Monate dauert: Nach der Saison ist vor der Saison.

Wir studierten das ganze Jahr über Tänze ein. Zuerst war ich bei den Kleinen, da ging es vor allem ums Marschieren und In-der-Reihe-Tanzen. Am 11.11. auf dem Marktplatz durften wir dann nach Herzenslust herumhampeln und aus der Reihe tanzen. Als wir größer waren, nahmen wir an den Abendveranstaltungen teil. Es gab dort die üblichen Büttenreden, und unsere Truppe lockerte das Programm mit Garde- und Showtänzen auf. Natürlich zeigten wir auch einen Cancan. Hoch die Beine! Schneller! Höher! Alle zusammen. Beim Tanzen war ich immer glücklich.

Keine Zugabe für Dani

Für Dani und mich gab es nach zwei Jahren keine Zugabe. Ich war nicht traurig darüber, dass es zwischen uns vorbei war: Ich war eher traurig, dass ich auch seine wunderbare Familie verlor. Die drei Zwerge waren mir sehr ans Herz gewachsen. Doch wenn man schon mit frischgebackenen 18 Jahren anfängt, wegen Kindern – und noch nicht mal den eigenen – eine Beziehung aufrechtzuerhalten, stimmt etwas nicht.

Dani und ich waren zu verschieden, und ich ertrug seine Eifersucht nicht mehr. Der Abschied fiel mir leicht, weil ich einen neuen Verehrer hatte, der mir dabei half, mich von Dani zu

lösen. Es war nichts Ernstes, doch meinem Selbstbewusstsein tat
es gut. Ich hatte keine Angst, dass ich nie mehr einen abkriegen
würde – ganz im Gegenteil. Vor Angeboten konnte ich mich
kaum retten.

Heute vermute ich, dass ich damals auf einem ziemlich hohen
Ross geritten bin. Ich habe mal hier geschnuppert und mal da,
ausprobiert und gekostet. Ich musste nie allein sein, wenn ich
das nicht wollte – ich kannte viele Jungs, die sich darüber freuten, mit mir einen Abend zu verbringen. Und ich hatte einen
sehr treuen Freund, Rainer, der mich immer mit offenen Armen
aufnahm. Die Welt lag mir zu Füßen. Vor allem die Männer-
welt. Das war wunderbar. Ich weiß nicht, ob ich es damals so
empfand, aber im Nachhinein bin ich unendlich dankbar dafür.
Dass ich die zwei, drei Jahre unbeschwerter Jugend einfach
genießen konnte. Dass ich mich sorgenfrei des Lebens freuen
konnte, anstatt mich zu dick oder zu dünn, zu groß oder zu
klein zu finden. Ich mochte mich.

Probleme hatte ich höchstens, wenn sich ein Junge in mich ver-
liebte, von dem ich nichts wollte. Das tat mir aufrichtig leid. Ich
kann aber auch nicht behaupten, dass ich mich angestrengt hätte, es zu verhindern. Dazu machte mir Flirten einfach viel zu
viel Spaß. Es freute mich, wenn ich gut ankam und meine kurzen Röcke den einen oder anderen Pfiff provozierten. Das alles
war ein Spiel für mich. Ein schönes und aufregendes Spiel. Es
ging immer so lange gut, bis sich ein Junge ernsthaft in mich ver-
liebte. Weh tun wollte ich keinem.

»Du bist eine richtige Aufreißerin, du wickelst jeden um den
Finger«, sagte Manu ein klein wenig vorwurfsvoll zu mir.
»Ja, und es macht mir einen Riesenspaß!«, grinste ich.
Manu seufzte: »Ehrlich gesagt, beneide ich dich. Aber du hast
auch eine bessere Figur als ich.«

»Darauf kommt es doch gar nicht an.«

»Ja worauf denn sonst?«

»Wie es in den Wald reinruft, so schallt es zurück.«

»Welcher Wald?« In Manus braunen Augen blinkten Fragezeichen, und wie immer, wenn sie mich direkt anschaute, musste sie auch mit sehr hohen Schuhen den Kopf heben: Sie ist acht Zentimeter kleiner als ich – und eine ganz große Gardetänzerin!

»Ich genieße die Momente«, versuchte ich es erneut.

Manu schüttelte den Kopf: »Du klingst wie aus der Werbung.«

»Ich liebe Werbung!«, rief ich übermütig.

Ich konnte es nicht erklären. Ich dachte, ich sei einfach besonders nett. Mit mir könne man sich gut unterhalten. Und hässlich war ich bestimmt auch nicht. Dafür wohl recht charmant. Andere fühlten sich wohl bei mir, und ich fühlte mich wohl mit anderen. Ich mag Menschen. Und ich mag es, wenn es allen gutgeht.

Als ich ein Jahr später von einer jungen, lebenslustigen Frau, die mit beiden Beinen fest in ihrem Leben stand, zu einer Rollstuhlfahrerin geworden war, dachte ich zuerst, alles sei vorbei, und war froh, dass ich mir ein Polster schöner Erinnerungen zugelegt hatte. Nie mehr Flirten. Nie mehr Freude. Alles aus. Doch im Grunde sollte es genauso weitergehen wie vorher.

Bis zu dem Tag, der mein Leben verändern würde, hatte ich nicht die geringste Vorahnung über mein Schicksal. Ich fühlte mich bärenstark. Krank war ich nie, abgesehen von gelegentlichen Erkältungen, Heuschnupfen und Zahnschmerzen. Ich bin auf einer gesunden Welle dahingesurft und war stolz darauf, mir noch keinen Knochen gebrochen zu haben. An mir war alles dran. Mandeln, Polypen, Blinddarm. Ich fühlte mich absolut gesund und fit. Ich spürte nichts. Alles ist in Ordnung, wenn man nichts spürt. Aber wenn man dann plötzlich nichts mehr spürt, dann ist nichts in Ordnung.

Vier Sterne

Mit 18 und kurz vor dem Abitur stand mir die Welt offen – wenigstens fühlte es sich so an. Wo war der Wald zum Bäumeausreißen? Ich war zwar nicht mehr Klassenbeste wie in den ersten vier Schuljahren, doch ich würde einen guten Schnitt schaffen. In der Grundschule hatte ich nie lernen müssen. Mir war immer alles zugeflogen. Auf dem Gymnasium kamen die guten Noten nicht mehr von ganz alleine, und ich musste lernen zu lernen. Besonders Physik, Chemie und Mathe. So was würde ich auf keinen Fall studieren. Aber was dann? Oder erst mal ins Ausland? Aber wohin?

Wir hatten plötzlich so viele Wahlmöglichkeiten. Am liebsten hätte ich Industriedesign studiert. Doch ich brauchte erst mal Geld, für den Start. Also beschloss ich, mit einer Ausbildung zu beginnen. Studieren könnte ich später noch immer.

Nur eines war wirklich klar: Ich wollte weg aus Freiberg. So kam mir die Idee, mich bei Hotels zu bewerben. Ich schrieb zwei an, von denen ich zufällig gelesen hatte, und beide luden mich zu einem Vorstellungsgespräch ein. Das eine lag an der belgischen Grenze, was mir zu weit weg war. Deshalb vereinbarte ich den ersten Termin lieber mit dem anderen Hotel in Bayreuth.

Dorthin chauffierte mich mein Vater. Als ein Wegweiser zum Vier-Sterne-Schlosshotel auftauchte, deutete ich zu einem kleinen Waldstück: »Vati, da vorne kannst du anhalten, da ist es gut zum Umziehen.«

Während sich mein Vater die Beine vertrat, schlüpfte ich flink in eine Bluse – die wollte ich nicht verknautschen auf der Fahrt – und in schicke Schuhe. Ich hob einfach die Beine hoch und streifte mir die Pumps über die Füße. Meine schwarze Hose hatte ich schon an. Aufgeregt zwitscherten die Vögel in den Bäumen. So was bekamen sie nicht oft zu sehen. Ein Steinchen pikste mich am rechten großen Zeh, und ich balancierte auf einem Bein, während ich den Schuh ausschüttelte. Ich schlüpfte wieder hinein, strich mir noch mal über die Haare und drehte mich vor meinem Vater.

»Geht's so?«, fragte ich sicherheitshalber nach.

»Sieht toll aus«, kam prompt die Bestätigung.

»Vati, ich bin ganz schön aufgeregt.«

»So schlimm wird's schon nicht werden«, meinte er locker.

»Das ist mein erstes Vorstellungsgespräch. Ich wäre froh, wenn ich es schon hinter mir hätte.«

»Das machst du schon, Ines!«, sagte Vati mit voller Überzeugung und fragte: »Soll ich im Auto warten oder mit reinkommen?«

»Ist mir egal«, erwiderte ich schon ein bisschen entspannter.

»Dann warte ich draußen. Du schaffst das. Und wenn nicht, dann ist es auch nicht schlimm. Es gibt viele Hotels, überall. Du hast prima Noten – mach dir mal keinen Kopf.«

Mein Vater hielt vor dem Jagdschlösschen, das beeindruckend nobel in einer gepflegten Gartenanlage auf Golfrasen thronte. Ich stieg manierlich aus dem Auto, obwohl ich mir am liebsten die Pumps von den Füßen gerissen hätte und über den Rasen gerannt wäre, und ging die ersten Schritte in meine berufliche Zukunft auf eigenen Beinen.

Die Zusage für den Ausbildungsplatz bekam ich gleich am Ende des Gesprächs. Ich raste, nein, ich flog zurück zu meinem Vater. Der verlor auch in der Freude seine Fassung nicht.

»Na siehste«, sagte er. »Hat doch alles gut geklappt.«

Auf dem Rückweg durfte ich an das Steuer des elterlichen Toyota. Das erste Mal – eine große Ehre. Aber ich war jetzt auch ein großes Mädchen. Meine Füße betätigten Gas und Kupplung, und ich dachte gar nicht darüber nach. Die machten das ganz automatisch. Beugen und strecken. Irgendwo in meinem Kopf entstand der Befehl, und der wurde durchs Rückenmark geleitet und funkte Beine und Füße an. Die fragten nicht lange nach, sondern taten dienstbeflissen, was von ihnen verlangt wurde. So normal war das, dass keiner auch nur ein Wort darüber verloren hätte.

Außerdem war mein Vater anderweitig beschäftigt. Er gab sich Mühe, es sich nicht anmerken zu lassen, doch ein klein wenig nervös war er schon. Als ich eine Weile hinter einem Golf im Schneckentempo klebte und mir überlegte, ob ich ihn überholen sollte, meinte er betont nebensächlich: »Ach, hast du ein Glück, dass der vor uns fährt, da kannst du schön gemütlich hinterherfahren.«

»Mach ich, Vati.«

»Was, dein Vater hat dich zu dem Vorstellungsgespräch chauffiert?« Manu konnte es nicht fassen. »Du hättest doch auch mit dem Zug fahren können!«

»Ja, hätte ich«, erwiderte ich ein klein wenig pampig. »Aber ich war heilfroh drum, dass jemand dabei war. Ich finde das viel schöner so. Sonst hätte ich niemanden zum Reden gehabt. Ist doch doof, wenn man was Tolles erlebt und es keinem erzählen kann!«

So war es auch, als ich meine Führerscheinprüfung am 11. 11. bestand. Ich bettelte meinen Fahrlehrer an, der erste Prüfling sein zu dürfen, denn ich wollte nach der Prüfung so schnell wie möglich auf den Marktplatz, wo die Garde ihren ersten Auftritt der Saison – und meinen Führerschein – feierte.

Seit ich den Schein selbst in der Tasche hatte, fand ich nicht mehr, dass mein Vater der beste Autofahrer der Welt war, wie ich als Kind vermutet hatte. Ich bremste an Kreuzungen jedenfalls weicher und gefühlvoller als er, und wenn ich ein Kind gehabt hätte, wäre das bestimmt nicht nach vorne gekippt, sondern butterweich gewiegt.

Zu den Bayreuther Festspielen im Sommer 1999 begann ich meine Ausbildung zur Hotelfachfrau im Vier-Sterne-Schlosshotel Thiergarten. Wegen meines Abiturs war die Lehrzeit auf zwei Jahre verkürzt. Ich machte mir keine Gedanken, ob und was ich später studieren würde, ich wollte mich erst mal auf meine Ausbildung konzentrieren. Meine Mutter fand für mich in Bayreuth ein 15-Quadratmeter-Zimmerchen inklusive Bad, und ich mietete es. Was für ein Aufstieg! Jetzt hatte ich auch vier Sterne, mindestens, denn mein Zimmer zu Hause war bloß neun Quadratmeter groß.

Meine Eltern halfen mir beim Umzug. Alle meine Habseligkeiten passten in den Toyota und in meinem möblierten Zimmer in den Schrank. Ich fand es sehr gemütlich und konnte es kaum erwarten, mein Leben nun ganz allein zu managen. Selbst einkaufen. Selbst waschen. Selbst kochen. All das, was meine Mutter bislang für mich getan hatte. Ich freute mich riesig auf diesen neuen Lebensabschnitt und konnte mir nicht im Traum vorstellen, dass Wäschewaschen, Staubsaugen und Einkaufen schon bald kaum zu meisternde Herausforderungen für mich darstellen sollten.

In einem Möbelgeschäft in Bayreuth kauften wir ein Regal für meine Bücher und CDs.
»Lass stecken«, sagte mein Vater, als ich mein Erspartes zückte.
»Danke!«

»Dann haben wir ja jetzt alles erledigt und können essen gehen«, meinte meine Mutter.

»Sag mal, Mutti, was denkt ihr, wie lange ihr noch bleiben wollt?«, fragte ich.

»Warum?«

»Der Andi würde gern kommen, und deshalb wollte ich wissen, wann ihr nach Hause fahrt.«

Meine Mutter verdrehte die Augen: »Andi hier, Andi da, Andi, Andi, Andi!«

Von Teddybären und richtigen Männern

Mit Andi war ich seit einigen Monaten zusammen. Wir lernten uns über Ecken und Kanten kennen. Ich hatte einen Schwarm, mit dem es nicht klappte, der stellte mir seinen Kumpel Ralf vor, den ich in einer Disco zufällig wiedertraf. Wir gingen eine Weile miteinander. Ralf war befreundet mit Andi, und der lebte als Einziger aus meinem Bekanntenkreis in einer eigenen Wohnung. Klar hatte er oft die Bude voll. Als Ralfs Freundin war ich häufig mit von der »Party«, aber anstatt mit Ralf und den anderen Formel 1 zu gucken, was mich langweilte, stand ich bei Andi in der Küche. Andi kochte sehr gern und gut, und der Gesprächsstoff ging uns nie aus. Auch wenn wir Dart spielten oder in Kneipen hockten, zog es mich zu Andi. Als ich ihn kennenlernte, kleidete er sich am liebsten komplett in Weiß. Ihn mit einer Engelserscheinung zu vergleichen, wäre übertrieben, doch er hob sich von den anderen ab, und das gefiel mir.

Als ich mich von Ralf trennte, verlor ich dadurch auch den Kontakt zu Andi – bis wir uns eines Tages im Tivoli erneut über den Weg liefen. Wir freuten uns beide sehr und quatschten, bis das

Tivoli schloss. Erst dann küssten wir uns. Von dieser Nacht an waren wir ein Paar.

Andi war groß, blond und muskulös – ein richtiger Mann. Er war sechs Jahre älter als ich und hatte eine dreijährige Tochter. Das machte mir zu schaffen. Ich wollte nicht, dass mein Freund Vater ist. Familiengründung wollte ich als Erstes mit ihm erleben, irgendwann einmal. Obwohl mir das Kind von Andi bei meiner eigenen Familienplanung nicht im Weg stand, haderte ich damit und hoffte inständig, ich würde das in den Griff kriegen. Man kann manche Sachen über Bord werfen – wenn man kann.

Meine ersten Nächte allein in Bayreuth waren nicht schön. Ich war so was nicht gewöhnt, allein in diesem Riesenzimmer. Niemand da. Niemand atmete nebenan. Ich hatte bisher noch nie mutterseelenallein irgendwo geschlafen. Immer war jemand Vertrautes in der Nähe gewesen. Ach, wäre das schön, wenn ich meine Mutti nachts zur Toilette tapsen hören könnte. Sie hatte in ihrer Studienzeit auch lange allein gelebt und drei Jahre auf meinen Vater gewartet, der bei der Armee diente. Drei Jahre! Das würde ich nicht aushalten!

Über die Einsamkeit half mir ein Plüschtier von Andi. Ein kleiner Bär mit blau-weiß gestreiftem Pullunder, auf dem in Rot *Ich hab dich lieb* gestickt stand. Bis heute schlafe ich mit Plüschtieren. Ich mag es gern, etwas Kleines im Arm zu haben.

Meinen ersten Teddy halte ich noch immer in Ehren. Er ist rosa. Besser gesagt: Er war mal rosa. Meine Mutter besorgte ihn irgendwie »unterm Ladentisch«. Ein Teddybär war was Besonderes in der DDR, und meiner musste überallhin mit. Wegen ihm besuchte ich Oma und Opa väterlicherseits nicht gern, weil er anschließend so nach Rauch stank. Seine Arme waren wie geschaffen zum Tränentrocknen. Wenn die Arme nass waren, kamen die Beine dran, und auch die Ohren spendeten mir Trost. Manchmal war der Teddy klatschnass. In der Schule strickte ich einen Pullover für ihn. Unten ein ordentliches Bündchen, zwei rechts, zwei links, dann weiter mit einer Reihe rechts und einer links und oben noch eine Kordel für den Kragen, die mir meine Oma drehte. Wegen der starken Belastung, die mein Teddy aushalten musste, wurde er mehrfach operiert. Das Nähen übernahm meine Mutter. Die Narben unter seinem linken Arm und am Rücken erinnern mich noch heute daran. Leider wusch meine Mutter ihn auch und hängte ihn *an den Ohren* an der Wäscheleine auf. Das fand ich furchtbar. Das tat ihm doch weh!

Freiheit für die Füße

Die neuen Azubis wurden zur Festspielzeit ins kalte Wasser geworfen. Wir hatten keine Ahnung von Gastronomie und sollten abends trotzdem im gerammelt vollen Restaurant mithelfen, sogar servieren, wenn mal Not am Mann war – und das war zu dieser Zeit ständig. Solche Situationen hasse ich. Und ich liebe sie. Zuerst denke ich: Das schaffe ich nie. Hoffentlich ist es bald vorbei. Dann überwinde ich mich, lege los, habe Spaß, und ich kriege gar nicht genug davon. Spät nachts fiel ich wie ein Stein ins Bett und schlief sofort ein. Das war ein deutlich anderes Leben als in der Schule! Das war richtig Arbeit.

Meine Füße schmerzten höllisch. Über Gesundheitsschuhe hatte ich noch nie nachgedacht, obwohl ich mir über Schuhe natürlich schon oft Gedanken gemacht hatte. Im Hotel hatte irgendjemand zu uns neuen Azubis gesagt: »Besorgt euch schwarze Schuhe.«

Also kaufte ich mir schwarze Schuhe – billige natürlich, finanziell konnte ich mir keine Sprünge erlauben. Und das musste ich nun büßen, denn meine Füße schmerzten so sehr, wie ich ihnen das nie zugetraut hätte. Im Nachhinein kam es mir manchmal fast so vor, als hätten sie sich damit eindrucksvoll von mir verabschiedet. Sobald ich das Hotel verließ, riss ich mir die Schuhe von meinen armen Füßen, lief barfuß und fuhr auch barfuß mit dem Auto nach Hause. Der weiße Nissan Micra war ein Geschenk meiner Eltern – das teuerste meines Lebens. Ohne Auto wäre ich gar nicht ins Hotel gelangt.

Das Problem mit den Schuhen löste sich erst in dem Moment, in dem ich meine Füße nicht mehr spürte. Aber das war keine Freude, so oft ich mir auch gewünscht hatte, dass der Schmerz verschwindet. Bis dahin war ich den ganzen Tag auf den Füßen und rannte, rannte, rannte. In der Ausbildung zur Hotelfachfrau sollte ich drei Abteilungen durchlaufen. Das Restaurant, das Housekeeping und die Rezeption. Auf die Rezeption freute ich mich am meisten, und diese Aussicht half mir, so manch harten Tag inklusive Überstunden durchzustehen.

Zu Beginn wurde ich im Restaurant eingesetzt und hetzte kilometerweit von der Küche ins Restaurant. Eindecken, begrüßen, Bestellungen aufnehmen, Getränke raus, Bestellungen, servieren, Sonderwünsche, abtragen. Wenn ich nicht lief, stand ich hinter der Theke und kümmerte mich um die Getränke. Das war auch nicht besser für die Füße. Hinsetzen konnte ich mich nur auf der Toilette. In meiner Anfangszeit ging ich öfter als ich musste, denn so einen Trubel war ich von meiner gemütlichen Schulzeit, wo ich den ganzen Tag entspannt in meiner Bank saß, nicht gewöhnt. Doch trotz der Erschöpfung am Abend kam es mir nie in den Sinn, die Lehre abzubrechen. Was ich anfange, bringe ich auch zu Ende.

»Und wie war es heute?«, fragte Andi am Telefon.

»Es wird immer besser«, erwiderte ich. »Wenn ich doch bloß öfter sitzen könnte!«

Bald würde ich so viel sitzen können, wie ich es mir in meinen, schlimmsten Träumen nicht vorgestellt hätte.

Glück auf 7,5 Quadratmetern

Andi war erst einmal für drei Tage bei mir gewesen – nun kam er mit einem Rucksack voller Zeit: drei Wochen! 15 Quadratmeter geteilt durch zwei macht 7,5. Ich würde mich verkleinern unter das Maß meines Kinderzimmers – und das freute mich auch noch! Als Andi vor der Tür stand, fielen wir uns in die Arme und ließen uns lange nicht los. Wie sehr hatte ich mich nach ihm gesehnt! Wie sehr hatte ich ihn vermisst! Die Stunden hatte ich gezählt, bis er endlich kommen würde … und das feierten wir leidenschaftlich.

Danach kochte Andi Spaghetti mit meiner Lieblinssauce. Ganz unkompliziert: Tomaten. Die hatte Andi gleich mitgebracht und Basilikum dazu. Ich lag im Bett und schaute ihm zu. Alles war perfekt. Ich war nicht mehr allein. Andi war da und kochte für uns. So sah Glück aus. Hin und wieder kam er zu mir, küsste mich, ließ mich einen Löffel von der Sauce probieren.

»Hm, lecker«, lobte ich.

Andi küsste mich.

»Hm, noch leckerer!«

Wir hatten uns so viel zu erzählen und so viel nachzuholen, dass wir erst im Morgengrauen einschliefen. Am nächsten Tag hatte ich frei. Andi war noch immer da und saß mir gegenüber am Frühstückstisch. Frisch geduscht, mit nacktem Oberkörper, und wenn er mir Tee nachschenkte, rundete sich sein Bizeps mit dem Tattoo. Seine blonden Haare standen gegelt nach oben. Ein bisschen wie Billy Idol sah er aus. Auf jeden Fall der Typ Rebell, groß und kräftig. Ich war hin und weg. Obwohl Andi cool aussah, war er ein sehr empfindsamer und liebevoller Mann. Er lachte gern und viel. Etwas Magisches ging von ihm aus. Und wenn er mich mit seinen viel zu blauen Augen anschaute, verwandelten sich meine Knie in Margarine an der Sonne.

Meine Eltern fanden Andi, den sie kaum kannten, nicht so toll, weil er mal hier und mal da jobbte, anstatt in seinem Beruf als Bäcker zu arbeiten. Mit seinen Jobs hatte er in letzter Zeit oft Pech gehabt und war meistens knapp bei Kasse, denn er war einfach zu gutmütig, was viele Leute ausnutzen.
Manchmal sagte er: »Noch mal passiert mir so was nicht.«
Und dann passierte es ihm doch wieder, dass er keinen Lohn bekam, und weil er zur Wendezeit eine Stereoanlage bei Quelle auf Kredit gekauft hatte, wurde es dann finanziell wirklich eng.
Andi hatte die Wendezeit ganz anders als ich erlebt. Ich war damals ein behütetes Kind, das den Verlockungen des Konsums nicht auf den Leim ging. Meine Eltern blieben auch nach der Wende sparsam. Wir hatten nach zehn Jahren Wartezeit gerade unseren grauen Trabi erhalten, und meinem Vater wäre es nicht in den Sinn gekommen, ihn sofort gegen ein Westauto zu tauschen. Die Wende fand bei uns nicht Knall auf Fall statt, sondern schleichend. Lange Zeit noch lief ich mit meinen DDR-T-Shirts herum. Auch in unserer Wohnung veränderten sich manche Dinge nur langsam. Erst nach Jahren schaffte mein Vater eine Stereoanlage an. Meine ersten Turnschuhe bekam ich schneller, das hätten meine Eltern nicht ausgehalten, mich so lange zu vertrösten!
Wir spurteten auch nicht zum Begrüßungsgeldabholen. Viele stopften sich sofort in den Zug nach Hof. Nie im Leben hätten meine Eltern das gemacht. Wir nahmen die einhundert Mark Begrüßungsgeld in Empfang, als wir unsere Verwandtschaft in West-Berlin besuchten. Mit mir als Pfand in der DDR waren

meine Eltern einige Jahre zuvor schon einmal dort gewesen und hatten mir einen rosaroten Hula-Hoop-Reifen mitgebracht. Was für eine Attraktion!

Auch die Geschäfte veränderten sich eher zögerlich nach und nach. Das mag in Dresden und Karl-Marx-Stadt, das in Chemnitz umgetauft worden war, anders gewesen sein, doch wir kauften meistens in Freiberg ein. Meine Eltern freuten sich natürlich über den Fall der Mauer. Meine Mutter hatte mich nur aus dem Grund taufen lassen, um dem System eins auszuwischen. In der DDR war eine Taufe nicht so gern gesehen. Wenn meine Eltern auf die Montagsdemonstrationen gingen, passten meine beiden Großeltern-Paare im Wechsel auf mich auf. Meine Eltern erklärten mir, worum es bei den Demonstrationen ging. Für sie stand das freie Reisen im Vordergrund – und vor allem für meinen Opa mütterlicherseits.

»Wenn dann endlich mal diese Mauer weg ist! Dann sehen wir uns die Welt an, stimmt's, Ilse?«

Oma Ilse nickte: »Ja, Manfred, das machen wir.«

Doch mit der Mauer fiel auch das Fernweh meines Opas. Er hat seine gewohnte Umgebung selten verlassen, denn worauf uns niemand vorbereitet hatte: Reisen kostete Geld.

Für mich war die größte Offenbarung nach dem Fall der Mauer das Fernsehen. Hin und wieder hatten wir zwar ARD oder ZDF empfangen, doch die Bilder kämpften sich wie durch dichtes Schneetreiben in den Osten. Nun saß ich bei klarer Sicht stundenlang auf dem Schoß meines Opas und guckte Wiederholungen von Serien, die im Westen niemanden mehr hinterm Ofen hervorlockten. *Ein Colt für alle Fälle. Drei Engel für Charlie. Das Model und der Schnüffler* – Bruce Willis ist bis heute mein absoluter Lieblingsheld. Opa schlief manchmal ein, ich war hellwach. So also sah die Welt aus!

Die Werbung auf den Privatsendern begeisterte mich. Am besten gefiel mir die Toyota-Werbung mit dem Affen. »Nichts ist unmöglich!« Ich weiß nicht, ob sie meinem Vater auch so gut gefiel oder er sich später aus freien Stücken für diese Marke entschied. Allerdings dauerte das noch eine Weile. Wir fuhren weiter unseren Trabi. Als sich die Westautos auf unseren Straßen vermehrten und wir selbst Toyota fuhren, schimpfte mein Vater manchmal, wenn ein Trabi vor uns seine bläuliche Duftwolke auspustete: »Der stinkt! Macht schnell die Fenster zu!«

Er stellte die Heizung ab, damit kein Gift durch die Lüftung ins Wageninnere drang.

»Jetzt reg dich doch nicht so auf! Wir sind selber Trabi gefahren!«, besänftigte ihn meine Mutter.

Mein Vater grummelte etwas Unverständliches in seinen Bart.

Die Hundehütte

Nicht nur mein Zimmer in Bayreuth war klein, auch das Bett war es. Andi und mir machte das nichts aus. Wir kuschelten halt noch enger. Mit ihm zusammen fühlte ich mich stärker. Auch wenn ich meine Ausbildung allein durchzog – es war schön, dass er bei mir blieb, und als er sich einen Job in Bayreuth suchte, war ich sehr glücklich. Es gab nur noch eine Kleinigkeit, die mir zum perfekten Glück fehlte.

»Und das wäre, mein Schatz?«, fragte Andi.

»Ein Hund!«

»Ein Hund?«, wiederholte er.

»Immer habe ich mir einen Hund gewünscht, seit ich denken kann! Aber das wäre bei uns in der kleinen Wohnung nicht möglich gewesen. Wer hätte mit ihm Gassi gehen sollen, wo wir drei doch den ganzen Tag über beschäftigt waren.«

»Hm«, machte Andi.

»Ich habe mir vorgenommen, dass ich, sobald ich eine eigene Wohnung habe, auch einen Hund haben werde.«

»Wenn ich mal groß bin, will ich einen Hund«, neckte Andi mich.

»Genau!«, bekräftigte ich. Vielleicht hatte ich mir einen Hund gewünscht, weil ich ein Einzelkind war. Einen treuen Gefährten und Spielkameraden, der nur mir gehörte. Einen Freund durch dick und dünn.

Wir telefonierten alle Tierheime in der Gegend nach einem kleinen Hund ab. Ein großer hätte nicht in unser Zimmer gepasst, das Andi mit Blick auf den Neuzugang scherzhaft »Hundehütte« nannte. Erst in Hof wurden wir fündig – und fuhren schon am nächsten Tag hin. Die Gänge voller Käfige deprimierten mich. Von allen Seiten wurden wir angekläfft: »Nimm mich mit! Bitte nimm mich mit!«

Die meisten Hunde waren groß und alt.

»Keine Ahnung, weshalb die uns hierhergelockt haben«, meinte Andi, als wir enttäuscht Richtung Ausgang liefen. Auf einmal spürte ich den Impuls, mich umzudrehen. Da kam eine Tierpflegerin mit einem Spitzmischling an der Leine aus einem Nebengang. Es war Liebe auf den ersten Blick.

»Wer ist das?«, fragte ich.

»Das ist unser Marcky.«

»Wie alt ist er?«

»Zwei oder drei Jahre.«

Ich schaute Andi an. Später sagte er mir, dass ich total glücklich ausgesehen hätte und er in diesem Moment wusste, dass wir nicht umsonst nach Hof gefahren waren.

»Können wir mit dem mal eine Runde im Hof drehen?«, fragte Andi, und die Pflegerin überreichte ihm die Leine. Wir gingen ein paar Schritte und konnten uns nicht sattsehen an diesem drolligen kleinen Kerl. Irgendwann setzten wir uns auf eine Bank. Marcky wickelte die Leine so geschickt um unsere Beine, dass wir uns aneinandergefesselt kaum mehr rühren konnten. Vor Lachen bekamen wir keine Luft mehr. Begeistert sprang der kleine Racker auf meinen Schoß.

»Das heißt wahrscheinlich: Die nehm ich!«, grinste Andi.

»Und ob!«, strahlte ich. »Marcky, ab jetzt gehörst du zu uns!«

Schnabelwaid

Andi hatte wieder mal Pech mit einem Job gehabt und war so frustriert, dass er nur noch zu Hause rumhing. Das gefiel mir überhaupt nicht.

»Bewirb dich!«, forderte ich ihn auf. »Komm in die Gänge! Geh als Bäcker arbeiten, da verdienst du ordentlich, das hast du schließlich gelernt.«

Andi winkte ab: »Ach, diese ganze Bewerberei!«

»Du musst deinen Hintern schon hochkriegen. Glaubst du vielleicht, es klopft an der Tür, und da steht einer, der dir Arbeit anbietet?«

Nein, an der Tür wurde nicht geklopft, stattdessen klingelte das Telefon, und Andi bekam eine Stelle als Bäcker offeriert. Irgendjemand hatte einem anderen von ihm erzählt, und der kannte einen Bäckerbetrieb, wo dringend Verstärkung gesucht wurde.

Andi grinste bis zu den Ohren, als er mir davon erzählte.

»Siehste, es steht doch jemand vor der Tür.«

»Ne, ich hatte recht«, beharrte ich. »An der Tür steht keiner. Das Telefon hat geklingelt.«

Andis blaue Augen schossen Blitze, und er warf mit einem Kissen nach mir. Ich warf es zurück. Mit Schmackes. Ja, es ist möglich, auf 15 Quadratmetern um die Wette zu rennen. Allerdings landet man früher oder später im Bett.

Mit Andis Verdienst konnten wir uns eine größere Wohnung leisten und fanden sie in Schnabelwaid, einem kleinen Dorf, knapp 20 Kilometer entfernt von Bayreuth. Die Dachwohnung lag im vierten Stock, ohne Lift. Die Treppenstufen wollten kein Ende nehmen, was uns besonders beim Umzug vor Schwierigkeiten stellte. Aber was machte das schon? Wir waren jung und unsere Beine muskulös. Die Holztreppe schraubte sich so eng nach oben, dass wir den Lattenrost nur mit einer ausgeklügelten Choreographie transportieren konnten. Die Wohnung bestand aus Schlafzimmer, Wohnzimmer, Küche, Bad und einem Büro, das sich – ohne dass wir darüber sprachen – jederzeit in ein Kinderzimmer verwandeln könnte.

»Den Kinderwagen kannste ja unten stehen lassen«, sagte meine Freundin Steffi, die ich im Hotel kennengelernt hatte. An einen Rollstuhl und daran, dass man den eben nicht unten stehen lassen kann, sondern auch oben braucht, dachte zu dieser Zeit niemand. Steffi hatte die Ausbildung im Hotel mit mir begonnen, dann aber bald in ein anderes Hotel gewechselt. In der Zeit nach meinem Umzug war ich im Hotel in der Abteilung Housekeeping tätig: Wäsche waschen, mangeln, Zimmer und Restaurant putzen. Nicht unbedingt das, wobei ich laut »Hier!« geschrien hätte. Dafür genoss ich regelmäßige Arbeitszeiten von 7 bis 16 Uhr. Da Andi früh nach Hause kam, verbrachten wir viel Zeit miteinander. Er legte sich mittags kurz aufs Ohr und erwartete mich dann ausgeschlafen.

Nach dem Housekeeping sollte ich an die Rezeption – endlich! Dieser Umschlagplatz war von Beginn meiner Lehre an mein Ziel gewesen. Nicht, dass ich etwas gegen Putzen habe. Jeder im Hotel soll mal putzen, auch die Chefs, aber es soll auch mal wieder aufhören. Gelegentlich fragte ich mich, ob die Leute sich zu Hause genauso benahmen wie bei uns im Hotel. Manche hinterließen einen unvorstellbaren Saustall! Leider wurde unsere Mühe nicht belohnt, es gab viel weniger Trinkgeld als im Restaurant. Über Trinkgeld freute ich mich sehr – nicht nur, weil ich auf bequeme schwarze Schuhe sparte. Es galt mir als Bestätigung dafür, dass ich meinen Job gut machte und die Gäste sich wohl fühlten.

Zum Schlosshotel gehörte ein Partyservice, und gelegentlich wurden wir zu Events abkommandiert. Das machte mir großen Spaß, wenn ich auch manchmal nicht wusste, wie ich das alles schaffen sollte. Hin und wieder half Andi als Nebenjob in der Hotelküche aus. Das war besonders schön für mich, weil er mir den Rücken stärkte. Bei einer Veranstaltung in der Stadthalle wurde ich zuerst für die Sektbar eingeteilt und eingewiesen. Dann wurde ich plötzlich ganz dringend an die Hauptbar beordert.

Als ich die superlange Theke sah, die kein Ende zu nehmen schien, wurde mir ganz flau. Niemand war da, der mir irgendetwas erklärt hätte, und alle Leute wollten gleichzeitig etwas zu trinken. Eine Kollegin drückte mir eine Liste mit Cocktailnamen und Preisen in die Hand. Da rief mir schon der erste Gast »Campari Orange!« zu. Am Ende des Abends kannte ich alle Getränke und Preise auswendig und war nur so hin- und hergeflitzt hinter der Theke.

Eines Tages kam ein Brief vom Jugendamt wegen ausstehender Alimente. Andi wurde aufgefordert mitzuteilen, was er verdiente. Falls er in einer Partnerschaft lebte, sollte er das Einkommen seiner Partnerin ebenfalls angeben.

»Was wollen die von mir? Das geht die nichts an! Ich habe mit deinem Kind nichts zu tun!«

Ich hatte das Kind natürlich nicht vergessen, bloß verdrängt. Obwohl ich überhaupt nichts gegen dieses kleine Wesen hatte, quälte mich der Gedanke, dass Andi bereits hatte, was ich mir wünschte. Mit einer anderen Frau. Doch er kümmerte sich nicht wirklich um sein Kind. Das war mir gleichzeitig recht und tat mir leid, weil jedes Kind eine Verbindung zu seinem Papa haben sollte. Andi litt gelegentlich darunter, dass er kaum Kontakt zu seiner Tochter hatte, was an der schwierigen Beziehung zu ihrer Mutter lag. Dann verdrängte er das Ganze wieder – bis zur nächsten Krise, in der er sich nach der kleinen Nelly sehnte.

Seine Ex-Freundin versuchte mit allen Mitteln, eine Vertrautheit zwischen ihm und Nelly zu verhindern, und da sie in Freiberg wohnte, fiel ihr das leicht. Allerdings bemühte Andi sich auch nicht so, wie ich es getan hätte, wenn mir wirklich an etwas gelegen wäre. Eines Tages musste Andi feststellen, dass das Mädchen ihn kaum mehr kannte. Die Beziehung der Eltern war in die Brüche gegangen, als Nelly noch ein Baby war.

Immer, wenn ich über die Situation zu grübeln begann, versicherte Andi: »Ich liebe dich über alles, Ines. Du bist meine Traumfrau. Mit dir will ich ein Kind und eine Familie.«

Das hörte ich gern, und er setzte noch eine Idee obendrauf, um mich abzulenken.

»Lass uns tanzen gehen«, schlug er vor.

Weit nach Mitternacht machten wir uns auf den Heimweg. Ich sollte mit Andis Auto schon mal vorausfahren, er wollte einem Bekannten dabei helfen, etwas aus dessen Auto in die Wohnung zu tragen, und würde dann von diesem nach Hause gebracht. Andis Auto war reif für den Schrottplatz, und das hörte man auch. Der Auspuff hing nur noch an einem rostigen Faden und ähnelte einem Emmentaler. Mit dieser verkehrsuntüchtigen Karre geriet ich in die erste und einzige Polizeikontrolle meines Lebens.

»Guten Abend. Bitte steigen Sie aus und geben Sie uns die Fahrzeugpapiere und Ihren Führerschein.«

Ich öffnete die Tür und stellte zuerst einmal mein linkes Bein mit dem schwarzen Stiefel bis übers Knie auf den Asphalt. Ein schmaler Streifen Haut, dann begann der Minirock. Ich hatte viel zu bieten. Fahrzeugpapiere allerdings keine, und mein Führerschein steckte in meiner Handtasche, und die stand zu Hause auf der Garderobe.

»Also ... das ist nämlich so«, begann ich.

»Ja?«

»Das ist das Auto von meinem Freund.«

»Aha.«

Die zwei Beamten grinsten.

»Na, ich würde sagen«, sagte der eine, »das erzählen Sie mal unserem Kollegen da drüben.« Er wies auf einen Mann, vermutlich seinen Vorgesetzten, der an einem VW-Bus lehnte.

»Und bei dieser Gelegenheit«, ergänzte sein Kollege, »zeigen Sie uns auch mal, wie man auf solchen Dingern laufen kann.«

»Aber gern«, sagte ich und stöckelte mit meinen High Heels zu dem Vorgesetzten.

Nachdem ich ihm erklärt hatte, dass ich ohne Papiere unterwegs war, fragte er mich, wie ich mit diesen Dingern, er wies auf meine Absätze, Auto fahren könne. Hatten die hier alle motorische Störungen?

»Wollen Sie es mal probieren?«, fragte ich frech und hob das Bein, als wollte ich den Stiefel ausziehen.

»Um Himmels willen! Ich will mir nicht die Beine brechen.«

Seine Kollegen lachten im Hintergrund.

»Also junge Frau«, beschloss er, »da seit drei Stunden Frauen-

tag ist, will ich mal Gnade vor Recht ergehen lassen. Aber in
Zukunft führen Sie die nötigen Papiere mit.«

»Immer«, versprach ich und stolzierte, ohne mit dem Absatz zu
zucken, zurück zu Andis Auto, das beim geschmeidigen Anfah-
ren fast schnurrte.

Das Ding in meiner Brust

»Na, Frau Korb, wie sieht es aus mit Ihrem Gesundheitszeug-
nis?«, fragte mich die Kollegin aus der Hotelbuchhaltung.
Mist! Das hatte ich wieder vergessen.
»Ich habe schon einen Termin«, erwiderte ich locker.
Meine Kollegin zog eine Augenbraue hoch.
»Und wann ist dieser Termin?«
»Ja, äh, also das dauert noch ein bisschen.«
»Frau Korb, wir brauchen das Gesundheitszeugnis jetzt wirk-
lich dringend. Eigentlich hätten wir es benötigt, ehe Sie im Ser-
vice tätig waren. Also klemmen Sie sich dahinter!«
Sie reichte mir das Telefon.
»Wollen Sie jetzt gleich einen Termin vereinbaren?«
»Äh, nein danke«, sagte ich und vereinbarte den Termin von zu
Hause aus.
Ich wusste nicht, warum ich die Sache so lange aufgeschoben
hatte. Normalerweise ist das nicht meine Art. Eigentlich er-
ledige ich Wichtiges sofort. Aber das war eben nicht wichtig.
Oder doch? Nicht für mich, für die vom Hotel. Später erzählte
mir einmal eine Bekannte auf einem langen Hundespaziergang
mit Marcky und ihrer Hündin Luna von Vorahnungen. Dass
es doch sein könnte, dass ich damals schon gewusst hätte, was
auf mich zukäme – und aus diesem Grund hätte ich die Untersuchung aufgeschoben. Das halte ich für Quatsch, denn ich

machte mir überhaupt keine Sorgen wegen eines Gesundheitszeugnisses. Ich zweifelte nicht im Geringsten an meiner Fitness. Es war einfach nur ein lästiger Termin.

An einem grauen Apriltag, an dem es immer wieder regnete, nur selten schaffte es die Sonne, die Wolkendecke zu durchbrechen, suchte ich in den langen grauen Linoleumgängen des Gesundheitsamts Bayreuth nach der richtigen Tür. In diesen Amtsbau drang wohl nie ein Sonnenstrahl, es war genauso öde wie in den Behörden im Osten.

Eine nette Krankenschwester, kaum älter als ich, führte bei mir einen Tuberkulose-Antikörpertest durch. Das Ergebnis würde man kurze Zeit später an meiner Haut ablesen können, erklärte sie mir. Sollte der Test positiv ausfallen, müsste ich im Anschluss zum Röntgen. Wenn nicht, könnte ich nach Hause. Am liebsten wäre ich gleich gegangen, denn ich habe einen Horror vor Nadeln. Ich hasse alles, was in mich reinpikst. In der DDR bestand Impfpflicht in Kindergarten und Schule, und die dicke Krankenschwester, die dafür zuständig war, hantierte mit der Nadel wie mit einem Fleischermesser. Zum Glück arbeitete die Krankenschwester im Bayreuther Gesundheitsamt schnell und präzise. Natürlich beobachtete ich nicht, wie sich die lange spitze Nadel unter meine Haut in eine Vene bohrte. Oder eine Ader? Oder ritzte sie nur? Eigentlich war mir das egal, Hauptsache, es war schnell vorbei.

Da schickte mich die Schwester auch schon nach draußen: »So, Frau Korb, bitte warten Sie kurz, bis das Ergebnis vorliegt.«

Genervt saß ich erneut auf einer harten Holzbank in einem der grauen Linoleumgänge und kramte in meinem Biologieunterricht-Wissen danach, was Tuberkulose eigentlich ist. Irgendwas mit der Lunge. Eine Infektionskrankheit von früher. Gab es

Tuberkulose überhaupt noch? Mir fielen dazu nur alte Männer ein, die sich die Bronchien aus dem Leib röchelten. Wahrscheinlich durch Tröpfcheninfektion übertragbar. Solche Tröpfchen sollte ich also besser nicht versprühen – ich könnte die Gäste im Hotel anstecken. Streng genommen müsste jeder Mensch einen Test machen. Wenn die Ansteckungsgefahr so hoch war, konnte ich mich bei den Gästen ebenfalls infizieren. Die Vorstellung von einem vollbesetzten Restaurant mit Mundschutzpflicht amüsierte mich. Aber wie sollten die Gäste dann essen? Und was wollten Andi und ich heute Abend essen? Ich wandte mich den wichtigen Dingen des Lebens zu: Bevor ich nach Hause kam, konnte ich noch einkaufen. Oder war Andi heute dran?

»Frau Korb?«

Ich nickte.

Ein älterer Arzt warf einen langen Blick auf die gepikste Stelle. Dort hatte sich ein roter Kreis gebildet.

»Hm«, machte er.

»Ja?«, fragte ich.

»Sie haben reagiert.«

»Und das heißt?«

»Sie haben Antikörper.«

Komisches Wort eigentlich, Antikörper, kam es mir in den Sinn.

»Und was bedeutet das konkret?«

»Dass wir Sie röntgen müssen. Sind Sie schwanger?«

»Soweit ich weiß, nein.«

Eine halbe Stunde später saß ich im Arztzimmer auf einem Stuhl vor einem Schreibtisch. Der Arzt sah ernster aus als zuvor. Oder bildete ich mir das ein? Zur Hypochondrie habe ich eigentlich kein Talent.

»Also, Frau Korb, es ist so«, er räusperte sich.

»Ja?«

»Ich muss Ihnen da leider etwas sagen.«

Warum ließ er sich alles aus der Nase ziehen? Warum sagte er nicht klar, was los war, damit ich endlich gehen konnte!

»Tuberkulose haben Sie nicht.«

»Was dann?«

»Wir haben auf Ihrem Röntgenbild etwas entdeckt, was da nicht hingehört. Es ist«, er räusperte sich erneut, stand auf, schaltete den Lichtkasten an der Wand ein, wo ein Schwarzweiß-Porträt meiner Lunge hing, und deutete irgendwohin.

»Sehen Sie hier?«

»Ich sehe nichts.«

»Diesen Schatten da.«

Jetzt sah ich vielleicht etwas.

»Was ist das?«

Er zuckte mit den Schultern.

»Leider weiß ich es nicht. Es könnte eine krankhafte Aussackung der Hauptschlagader sein, ein Aneurysma.«

Das Wort hatte ich schon mal gelesen. Es gehörte nicht zu den Wörtern, die ich mit mir in Verbindung bringen wollte.

»Der Schatten ist ziemlich groß, tomatengroß würde ich sagen«, beschrieb der Arzt.

»Es gibt viele Arten von Tomaten, auch Cocktailtomaten«, wandte ich ein.

»Ja, aber dieser Schatten scheint mir größer zu sein als eine Cocktailtomate, und er hat in Ihrer Lunge nichts zu suchen. Deshalb sollten Sie einen Internisten aufsuchen, um genau abzuklären, was das ist. Am besten, Sie gehen gleich morgen. Mit einem Aneurysma ist nicht zu spaßen.«

»Was kann denn passieren?«

»Es kann platzen. Und, Frau Korb, das kann ganz schnell passieren.« Wieder räusperte er sich. »Aber wie gesagt, im Grunde weiß ich nicht, was es ist. Sie sollten dringend eine Computertomographie durchführen lassen.«

Das Röntgenbild gab er mir mit, und so stand ich mit einem braunen Kuvert vor dem Gesundheitsamt, und es regnete in Strömen. Zwei, drei Tropfen vom Dach platschten auf das Kuvert. Ich schob es unter meinen Pulli.

Am Tag zuvor hatten Andi und ich einen Vertrag im Fitnessstudio unterschrieben. Ob ich Sport treiben durfte? Wir hatten uns so drauf gefreut. Ob ich mich schonen musste? Nein, beschloss ich. Der Arzt wusste es ja selbst nicht, und vielleicht war sein Apparat kaputt oder bloß schlecht gelaunt bei diesem miesen Wetter.

Von dem Arztbesuch erzählte ich Andi zwischen Beinpresse und Langhantel. Ich fühlte mich großartig – denn der Trainer im Fitnessstudio hatte meine kräftige Beinmuskulatur ausdrücklich gelobt, und Andi machte sich einen Spaß daraus, ihn zu imitieren: »Was für eine herrliche, wundervolle Beinmuskulatur. So kräftig. So elegant. Geradezu aristokratisch.«

»Wie redest du denn!«, lachte ich. »Diese Wörter passen gar nicht in deinen Mund rein! Woher hast du die überhaupt?«

»Wir verkaufen seit heute Fürstenbrötchen in der Bäckerei«, erwiderte Andi und spreizte seinen rechten kleinen Finger ab, während er eine imaginäre Teetasse an die gespitzten Lippen führte. Ich wechselte mit einem Lachanfall zum Bauchmuskeltraining.

Zum Internisten begleitete Andi mich. Als wir in die Praxis kamen, war nur der Arzt da – in Hut und Mantel. Er war schon auf dem Heimweg. Die Sprechstundenhilfe hatte mich versehentlich für den nächsten Tag eingetragen.

»Was mach ich denn jetzt, was mach ich jetzt?«, fragte der Arzt und seufzte dann. »Na gut. Wenn Sie schon mal da sind.«

Er zog den Mantel aus und einen weißen Kittel an. Den grünen Filzhut behielt er noch eine Weile auf, bis er sich über ein Waschbecken beugte und mit dem Hut an einem Oberschrank hängenblieb. Alles dauerte ewig, weil er sich in seiner eigenen Praxis nicht auskannte. Die Untersuchung wurde anscheinend sonst von seiner Assistentin durchgeführt, und in ihrer Abwesenheit fand er gar nichts. Ich lag auf der Liege, Andi hielt mir die Hand, der Arzt suchte. Und schon wieder drohte mir ein Piks. Kontrastmittel musste gespritzt werden. Mir war flau – und es kam noch schlimmer. Dreimal setzte der Arzt an, bis er die Vene fand. Das tat höllisch weh. Andis Augen schimmerten feucht. Er machte sich große Sorgen um mich.

»Das wird schon«, tröstete ich ihn.

Dann sollte ich still liegen. Ewigkeiten. Ich dachte nichts Besonderes. Ich war einfach nur genervt von diesem langweiligen Herumliegen.

Wenigstens musste ich diesem Arzt später nicht alles aus der Nase ziehen. Er redete schnell, als müsse er die Langsamkeit seines Kollegen im Gesundheitsamt auf ein für den Ärztestand akzeptables Mittelmaß ausgleichen.

»Nun, ich bin dafür, alles offen anzusprechen. Was anderes hat ja gar keinen Sinn. Aber sicher bin ich nicht. Sie müssen das abklären lassen. Es könnte auch, es tut mir leid, aber ich bin für klare Worte, Krebs sein. Aber das weiß man nicht. Also machen Sie sich bloß nicht verrückt. Im Prinzip kann es alles Mögliche sein. Ich vermute, es ist eine Art Tumor. Nun zur guten Nachricht: Es sieht so aus, als könnte man ohne Komplikationen operieren. Es gibt keine weiteren beunruhigenden Befunde. Das heißt, der Tumor oder was auch immer es ist, befindet sich nur an dieser einen Stelle.«

»Und was machen wir jetzt?«, fragte Andi.

»Ich schreibe Ihnen eine Überweisung an einen Kollegen«, sagte der Arzt.

Und wieder saß ich in einem Wartezimmer. Wartezimmer. Wartezimmer. Es ging mir auf die Nerven. Ich fühlte mich gesund und topfit und dachte keine Sekunde daran, dass irgendetwas Dramatisches passieren könnte. Ich freute mich auf meinen bevorstehenden Einsatz an der Rezeption. Mit Andi war ich schon einige Male im Fitnessstudio gewesen. Das Wetter wurde immer besser, mit Marcky erkundeten wir die Umgebung von Schnabelwaid. Ausgehungert kamen wir nach Hause und rannten um die Wette nach oben in unsere Dachgeschosswohnung, wo Andi mich wunderbar verwöhnte. Er kochte mit Leidenschaft, und ich wusste ganz genau, wie Glück schmeckt. Meine Beine waren so kräftig, dass ich Andi glatt die Luft abdrücken konnte, wenn er beim Herumtollen in meine berüchtigte Beinschere geriet. Da half ihm nur noch Kitzeln. Dann musste ich aufgeben.

Ich war alleine bei dem Arzt, der mir mitteilte, dass ich wahrscheinlich einen Zwilling an meinem Herzen trüge.

»Wie bitte?«

»In diesem Wulst an Ihrer Rippe befindet sich auch Knochengewebe. Es kann sein, dass Sie im Mutterleib einen Zwilling hatten, der sich aber nicht weiterentwickelte. Verstehen Sie, wie ich das meine?«

»Das klingt total verrückt!«

»Es ist keine einheitliche Masse, es ist Knochengewebe dabei.«

»Jedenfalls ist es keine ausgedehnte Hauptschlagader?«, erkundigte ich mich.

»Nein. Zum Glück nicht.«

Ich war froh, dass ich mich in den letzten Tagen nicht steif ins Bett gelegt und jede Bewegung vermieden hatte aus Angst, das vielleicht vorhandene Aneurysma könnte platzen.

»Sie sollten das operieren lassen.«

»Wo?«

»Entweder hier in Bayreuth im Krankenhaus oder in einer Thorax-Spezialklinik, die auf Oberkörper spezialisiert ist und circa zwei Stunden von Bayreuth entfernt liegt.«

Spezialklinik klingt gut, dachte ich.

Als ich meiner Mutter am Telefon von der Zwillingsthese erzählte, regte sie sich fürchterlich über diesen Unsinn auf. Ausnahmsweise waren wir einer Meinung. Eine Ines reicht völlig aus! Mein Vater fand, dass Spezialklinik gut klingen würde. Er zeigte sich kaum beunruhigt über die Sache, was wahrscheinlich daran lag, dass ich selbst nicht beunruhigt war. Gerade so, als ginge es darum, sich eine Warze am kleinen Zeh entfernen zu lassen. Schlimm: nein. Lästig: ja.

Trotzdem riefen meine Eltern schon am ersten Abend in der Spezialklinik an – allerdings auf der Station, da ich kein Telefon ans Bett bestellt hatte.

»Frau Korb, das geht so nicht, dass Sie das Schwesternzimmer zur Telefonzentrale umfunktionieren«, erklärte mir eine Schwester.

»Mutti, du kannst hier nicht mehr anrufen«, gab ich das Verbot weiter.

»Aber wie kann ich dich erreichen?«

»Ich kann mir kein Telefon leisten, das ist mir zu teuer.«

»Du holst dir jetzt sofort einen Anschluss! Das bezahlen wir. Ich will dich jederzeit anrufen können!«

»Danke, Mutti«, sagte ich froh. Jetzt konnte auch Andi mich anwählen. Super!

Erdbeerzeit

Ich war 19 Jahre alt, und obwohl ich mich für recht selbstbewusst hielt, kam ich gegen die Übermacht Krankenhaus nicht an. Ich wunderte mich darüber, dass viele Untersuchungen doppelt gemacht wurden, meine Unterlagen zum Teil verschwanden und ich auf einer Station für Lungenkrebs lag, obwohl ich den angeblich nicht hatte. Aber ich nahm das alles irgendwie hin. Hauptsache, ich brachte es schnell hinter mich.

Doch so schnell ging es nicht, sondern sehr, sehr langsam. Ist schon mal jemandem aufgefallen, dass die Zeit in Wartezimmern mindestens viermal so langsam vergeht wie außerhalb? Am meisten hatte ich Angst vor der Lungenspiegelung. Ich sollte einen dicken Schlauch schlucken. Eigentlich hätte ich dafür gern eine Narkose gehabt, aber dazu hätte ich noch einen Piks über mich ergehen lassen müssen, und von denen hatte ich mehr als genug.

Am ersten Wochenende im Krankenhaus besuchten mich meine Eltern und brachten Erdbeeren mit. Gekaufte, für die aus unserem Schrebergarten war es noch zu früh. Andi kam, so oft er konnte, und den Rest der Zeit vertrieb ich mir zum Beispiel damit, andere Patienten am Arm spazieren zu führen – es gab viele sehr schwere Schicksale auf dieser Station, und viele freuten sich, wenn ich ihnen bei Kleinigkeiten half. Das Wetter war herrlich, ich trug keinen Schlafanzug, sondern kurze Röcke und bauchfreie T-Shirts. Am Teich fütterte ich Karpfen. Eigentlich war das hier wie Urlaub. Eine Reha-Maßnahme nach der Rennerei im Hotel.

Meine zwei Mitbewohnerinnen waren sehr nett. Die eine Dame war 50, die andere 70 und sie bemutterten und »beomaten« mich um die Wette. Das Einzige, was mich nervte, war die nächtliche

Schnarcherei. Dagegen half nur Ohropax. Die 70-jährige Frau Baumann sollte viel trinken, vergaß es aber immer, so dass meine andere Bettnachbarin und ich ihr ständig das Wasserglas reichten. Sie ließ sich leicht überlisten, wenn wir ihr versicherten: »Sie haben heute ja noch gar nichts getrunken!«

Einmal föhnte ich ihr im Bad die Haare und verpasste ihr eine kesse Frisur. Beim Bürsten ihres silbrig glänzenden, erstaunlich dicken Haars, das sie sonst zu einem altertümlichen Dutt hochsteckte, der wie der schiefe Turm von Pisa auf ihrem Kopf prangte, fielen mir die Zöpfe ein, die mir meine Mutter früher jeden Morgen geflochten hatte. In meiner Kindergartengruppe hatte kein Mädchen so lange Haare wie ich. Deshalb durfte ich immer die Prinzessin sein, wenn wir Märchen nachspielten. Am liebsten war ich Dornröschen, und der Prinz, mein Kindergartenfreund Rüdiger, küsste mich auch außerhalb der Rolle im Gebüsch hinter dem Sandkasten.

Hin und wieder flocht mir mein Vater die Zöpfe, doch da versagte der Handwerker. Sie gelangen nie und hingen schief, obwohl er sich solche Mühe gab – wie beim Haarewaschen. Das Kämmen der nassen Haare war jedes Mal ein Drama, denn es gab kein Anti-Ziep-Shampoo wie im Westen.

Von einem Piks zum nächsten

Schließlich sollte ich auch noch zur Skelettszintigraphie in ein Krankenhaus in einem benachbarten Ort. Ein sehr lieber Zivi mit blonden Dreadlocks brachte mich im Krankenwagen dort hin. Wieder drohte mir eine Spritze mit Kontrastmittel für diese Untersuchung. Es war nicht so, dass ich mich durch die ständigen Wiederholungen an die Nadeln gewöhnte, ganz im Gegenteil: Es wurde immer schlimmer.

»Ich habe so schlechte Erfahrungen damit gemacht«, vertraute ich der Ärztin an.

»Ich werde es so spritzen, dass Sie überhaupt nichts merken«, versprach sie – und hielt ihr Wort. Dann galt es wieder zu warten und zu warten und zu warten. Zum Glück hatte mir die Spezialklinik etwas zu essen eingepackt und eine Flasche Wasser. Am Nachmittag endlich bat mich die Ärztin zum Gespräch.

Sie zeigte mir die Aufnahmen: »Ihre Wirbelsäule – sehen Sie hier, es ist sehr genau dargestellt – verläuft nicht gerade, sondern leicht rund an der Stelle, wo dieses ...«

»Ding«, warf ich ein.

Sie lächelte. »Das Ding. Okay. Also wo sich das Ding befindet, erkennen Sie eine Beule. Meiner Meinung nach haben Sie das schon sehr, sehr lange. Vielleicht seit Ihrer Geburt. Das Gewebe hat sich praktisch um Ihre Wirbelsäule herumgelegt. Es ist wohl sehr langsam gewachsen, weil sich die Wirbelsäule angepasst hat.«

»Und was ist das Ding?«

»Tut mir leid. Das weiß ich auch nicht.«

Der Zivi brachte mich zurück in die Spezialklinik, wo man mich gleich wieder losschicken wollte, weil meine CT-Aufnahmen plötzlich verschwunden waren. Der nächste Piks stand mir bevor. Als ich Andi am Telefon davon erzählte, nahm er sich frei und versuchte, die Bilder des CT in Bayreuth aufzutreiben. Spät nachts brachte er mir die Aufnahmen, für die er hin und zurück vierhundert Kilometer fuhr.

Wir regten uns über die Planlosigkeit und das Chaos in der Klinik auf. Doch es veranlasste uns zu keinen Konsequenzen. Gehörte so was nicht irgendwie zu Krankenhäusern? Wir waren beide so jung und unerfahren. Viele Ungereimtheiten fielen

mir erst später auf – zu spät. Damals wollte ich einfach nur
schnell nach Hause und glaubte vielleicht, wenn ich allem zustimmte, würde das klappen.

Außer von Andi und am Wochenende von meinen Eltern bekam ich fast keinen Besuch. Zum Glück hatte ich das Telefon.
Steffi rief mich öfter an und auch Manu, als ich ihr mitgeteilt
hatte, wo ich mich befand. Eines Nachmittags kamen zu meiner großen Überraschung mehrere meiner Azubi-Kolleginnen
und -Kollegen. Ich freute mich sehr darüber – und schämte
mich gleichzeitig, weil ich mich so gut erholen konnte und sie
ohne mich noch mehr schuften mussten. Ich hörte mir die neu-
esten Geschichten aus dem Hotel an und freute mich schon auf
das Sahnestück meiner Ausbildung: die Rezeption.

Endlich gab es ein abschließendes Arztgespräch. Ich sollte mich
zwischen zwei Möglichkeiten entscheiden:

»Entweder wir punktieren Sie und holen erst mal etwas von
dem Gewebe heraus, um zu sehen, was es ist. Oder wir operieren gleich und sehen bei der Operation, was es ist.«

»Wie wird so eine Punktion gemacht?«

»Wir würden mit einer langen Nadel ...«

»Nein danke. Bitte gleich operieren.«

»Sind Sie sicher?«

»Keine Nadeln mehr!«

Der Arzt versprach mir, dass meine Narbe schön aussehen würde. Als ich das anderen Patienten erzählte, warnten sie mich.
»Auf die Schönheit kommt es doch nicht an! Die sollen mal
lieber dafür sorgen, dass die Narbe nicht taub wird oder gar der
ganze Bereich drumherum!«

Das erschreckte mich. Was für ein befremdliches Gefühl das
sein musste, wenn man über seine eigene Haut strich und das
nicht spürte. So was konnte ich mir nicht mal vorstellen. Bald

würde ich ausgiebig Gelegenheit haben, es am eigenen Leib zu testen. Jetzt verschwendete ich keinen einzigen Gedanken daran, dass irgendetwas schiefgehen könnte. Mir war noch nie was passiert. Mir würde auch jetzt nichts passieren.

Am Abend vor der Operation wurde ich endlich auf einer anderen Station einquartiert. Irgendjemandem schien aufgefallen zu sein, dass ich bei den Lungenkrebspatienten falsch lag. Im Beisein von Andi klärte mich eine Ärztin über die Operation auf. Das Gewebe hänge an der siebten Rippe, ziemlich nah an der Wirbelsäule. Das sei ein gewisses Risiko, aber es werde schon nichts passieren.

»Es wird schon nichts passieren«, wiederholte ich leichthin und unterschrieb die Einwilligung zur Operation.

16. Juni 1999

An meine Henkersmahlzeit erinnere ich mich nicht, aber an meinen letzten Gang. Er führte mich auf die Toilette. Danach bekam ich eine Mir-ist-alles-Wurst-Tablette. Ein Schmerzkatheter wurde an meine Wirbelsäule gelegt. Ich sollte den Rücken krümmen. Die Tablette wirkte wunderbar: Es war mir vollkommen egal, dass eine Nadel in meine Wirbelsäule gestochen wurde. Ich sollte meine Arme und Beine hängen lassen.

»Spüren Sie was?«

»Es kribbelt.«

Dieses Kribbeln ist das letzte Gefühl in meinen Beinen, an das ich mich erinnere.

Als ich wieder bei Bewusstsein war, lag ich auf der Intensivstation. Dass ich mich in Bayreuth befand, ahnte ich nicht. Schließlich war ich 200 Kilometer entfernt von meiner neuen

Heimat in Narkose versetzt worden – und fliegen konnte ich nicht ... oder doch? Ich hatte von Hubschraubern im Nebel geträumt, und einmal war es mir vorgekommen, als hätte mich jemand auf einem Rollbett durch lange Gänge geschoben. Irgendetwas rasselte, und von weit hörte ich einen Dampfhammer. Der Lärm wurde immer lauter, dann sah ich mich in einem Helikopter, ein Arzt saß neben mir, und Andi stand in einem dunklen Gang an meinem Bett und streichelte meine Wange mit eiskalten Händen. Ja ... und in den Hubschrauber war ich von hinten eingeladen worden ... dass sich da überhaupt eine Tür befand ... die ist doch sonst an der Seite? In Träumen ist alles möglich. Oder war ich wach? Ich war so müde und so schwer und fiel zurück in die Tiefen der Ohnmacht, trieb auf den Wellen der Narkosen, rauf und runter, mal tiefer, mal höher, schnappte nach Luft, doch über dem Wasser waberte der Nebel wie eine zähflüssige Cremesuppe, und das Bollern der Rotoren zerschnitt sie in kleine dreieckige Stücke, die wie Taschentücher auf dem Meer meiner Müdigkeit segelten.

Eine Stimme, die klang, als spräche sie ein Rohr, sagte: »Wir schieben sie erst mal in den Kernspin.«

Wie konnte das sein? So was gab es doch in der Spezialklinik gar nicht. Das Rohr brach ab. Es rauschte. Grelle Blitze zuckten, versickerten im Grau. So müde und alles in Watte. Hin und wieder tauchte ein Puzzlestück meines Lebens auf, wie hochgetrieben aus einem versenkten Schiff, mit dem ein ganzer Tag untergegangen war. Am Mittwochmorgen wurde ich in der Spezialklinik operiert, und am Donnerstagnachmittag wachte ich in Bayreuth auf.

Weiter oben, dort, wo die Sicht klar war, wachten andere über mein Schicksal. Von ihnen erfuhr ich später, was sich zugetragen hatte. Nach der Operation in der Spezialklinik wurde ich dort auf die Intensivstation verlegt. Angeblich sei ich wach geworden und habe geklagt, ich könne meine Beine nicht bewegen. Daraufhin habe man mir den Schmerzkatheter an der Wirbelsäule gezogen. Doch auch ohne Schmerzkatheter habe ich meine Beine nicht bewegen können.

Panik breitete sich aus. Hektische Telefonate. Eine Klinik mit Kernspintomograph wurde gesucht, denn dieses Gerät – eigentlich Standard – fehlte in der Spezialklinik. Man musste sofort kontrollieren, was los war, um nach dem Befund weitere Schritte zu überlegen. Schweinfurt wurde angefragt, sagte ab, die Klinik war überbelegt. Bayreuth sagte zu. Der Hubschrauber war keine Einbildung. Nachts wurde ich nach Bayreuth geflogen. Andi wurde informiert. Er rief meine Eltern an. Mein Vater wollte sofort losfahren, meine Mutter hielt ihn zurück, jetzt könnten sie ohnehin nichts unternehmen, und in diesem aufgeregten Zustand sei das gefährlich: »Lass uns morgen ganz früh losfahren.«

Im Kernspintomograph in Bayreuth wurde festgestellt, dass es an der Operationsstelle zu inneren Blutungen gekommen war. Not-OP. Deshalb habe ich so unterschiedliche Narben. Die Narben von der ersten OP in der Spezialklinik befinden sich an der Seite, man sieht sie kaum: zart und dezent. Die Narben von der Not-OP erscheinen grob und wild. Da war keine Zeit für künstlerische Ambitionen. Da ging es um Leben oder Tod. Das fand ich später witzig, dass die Dringlichkeit am Narbenbild abzulesen ist.

In der Not-OP wurde das Blut abgesaugt und die gequetschte Stelle an der Wirbelsäule entlastet. Niemand wusste, warum ich blutete. Die Wunde wurde trockengelegt, und ich bekam eine Drainage, damit Flüssigkeit abfließen konnte. Warum hatte ich in der Spezialklinik keine erhalten? War so was nicht normal nach Operationen?

Wach wurde ich Donnerstagnachmittag. Kein Zeitgefühl. Und keine Ahnung, wo ich war. Um mich alles verschwommen. Noch immer unter Wasser? Ein bisschen. Und außerdem halb blind ohne Brille oder Kontaktlinsen. Die waren noch in der Spezialklinik. Nur meine Krankenakte flog mit mir nach Bayreuth. Ich öffnete die Augen, erkannte nichts, sackte wieder weg. Zwei Narkosen hinter mir. Schmerzmittel dazwischen. Schwimmen in der Cremesuppe, manchmal kopfunter. Wachen. Schlafen. Schwestern am Bett. Bei meinen kurzen Ausflügen ins Bewusstsein sammelte ich Eindrücke. Ein großer Raum. Links und rechts Trennwände. Dahinter Schnaufen. An der Decke ein grünes Landschaftsbild. Ich konnte erahnen, was es darstellte: Wald, Wiese, Hügel. Grün beruhigt die Nerven? Schwimmende grüne Landschaft. Schläuche. Gepiepse. Monitore. Das Geschnaufe und Geröchel rechts und links von meinem Bett ängstigte mich. Was war das? Wer war das? Was war hier überhaupt los? Ich fühlte mich nicht krank, bloß müde, grottenmüde, doch die Geräusche neben mir klangen elend und gruselig.

Irgendwann standen meine Eltern an meinem Bett. Woher kamen die jetzt? Sie waren doch in Freiberg? Auf welchem Dampfer waren sie durch den Nebel zu mir geglitten? Ich erinnere mich an keine Worte. Als wäre ich taub, zu tief unter Wasser. Waren das wirklich meine Eltern? Meine Mutter sah seltsam aus. Stand sie unter Drogen oder ich? Ihr Blick so verhangen, so fremd, so weit weg und … Vati … Vati weinte! Nein, das konnte nicht sein. Vati hatte noch nie geweint. Wieso sollte er weinen und warum … so weich, weich wie Watte der Nebel.

Später erzählten mir meine Eltern, dass auf dieser Station gerade umgebaut wurde, es gab kein Besprechungszimmer. Auf dem Flur, während Betten mit Patienten hin- und hergeschoben wurden, erklärte ihnen ein Arzt, was geschehen war.

»Wir haben Ihre Tochter aus der Spezialklinik übernommen und im Kernspin festgestellt, dass sie innere Blutungen hat. Wir mussten notoperieren. Jetzt liegt bedauerlicherweise eine Lähmung vor, doch das sagt noch nichts, die ist am Anfang bei so einem Fall praktisch normal. Es bestehen gute Chancen, dass die Lähmung wieder zurückgeht.«

»Elvi!«, rief mein Vater, denn meine Mutter drohte umzukippen. Sie bekam ein Beruhigungsmittel, und trotz meines eigenen Drogenrausches gelang es ihr nicht, den ihren an ihrer Tochter vorbeizuschmuggeln. Es war grauenvoll, so hilflos im Bett zu liegen und das Leid meiner Eltern nicht lindern zu können. Dass ich ihnen diesen Anblick antun musste! Die Tochter, verkabelt mit Dutzenden von Schläuchen inmitten sterbenskranker Menschen. Aber bald waren sie wieder weg. Und ich auch.

Nebelbänke

»Wie war der Moment, als du mitgekriegt hast, dass du nicht mehr laufen kannst?«, werde ich oft gefragt. Diesen Moment gab es nicht. Er schlich sich an. Als könne er selbst nicht mehr laufen. Der Nebel lichtete sich und zog sich wieder zu, ich schlief ein. Gnadenfrist.

Es war mir klar, dass die Operation nicht so verlaufen war, wie sie sollte. Gleichzeitig war mir das wiederum nicht klar, nicht in der ganzen Tragweite. Der Nebel wirkte wie ein Weichzeichner. Ich hatte andere Sorgen. Ein Problem war, dass mein Vater wegen mir weinte und ich ihn nicht trösten konnte. Ein anderes Problem war die Krankenschwester, die mir den Hintern abputzte. Das waren die Probleme, die mich akut beschäftigten. Manchmal bewegte ich meine Beine. Ich bewegte sie eindeutig –

im Kopf. Aber die Befehle kamen nicht an. Ich spreizte meine Zehen. Nichts geschah. Ich spitzte meine Füße. Keine Antwort. Ich rief und rief und rief, aber niemand hörte mich da unten. Ungefähr ab dem Solarplexus hatten sie die Lautsprecher abgestellt. Ich sendete, es wurde aber nichts empfangen. Zum Glück begriff ich nicht, was das für meine Zukunft bedeutete, auch das kam nicht an. Im Nebel ist der Empfang miserabel.

Rollstuhl, dachte ich irgendwann. Es hatte nichts mit mir zu tun. Die Fakten waren klar. Ich bewegte meine Beine, hatte im Kopf auch das Gefühl, sie zu bewegen, doch wenn ich sie anschaute, lagen sie wie zwei junge Baumstämme unter der Decke. Das Ausmaß meiner Situation war mir überhaupt nicht bewusst. Vielleicht dachte ich, es sei vorübergehend. Beunruhigender fand ich das komische Gefühl in meiner Brust. Es war, als hätte mir jemand einen Gürtel umgebunden, zwei Fingerbreit unterhalb der Stelle, wo der BH sitzt, dort, wo man auch einen Pulsmesser anlegt. Dieser Gürtel war viel zu eng geschnürt. Er drückte mir zwar nicht die Luft ab, aber das Atmen war beschwerlich. Dieses Gefühl der Einschränkung und Enge, dieser permanente Druck störte mich sehr. Immer wieder fasste ich an die Stelle. Da war nichts. Das irritierte mich total. Dass da nichts war, aber so deutlich, und es trotzdem nicht verschwand.

Fingerspiele

Die Nacht von Donnerstag auf Freitag war die schlimmste meines Lebens. Irgendwann in der Dunkelheit wachte ich auf. Der Nebel hatte sich zurückgezogen. Ich fühlte mich fit und klar. Draußen vor den Fenstern tobte ein Sturm. Vielleicht hatte er den Nebel fortgeblasen. Es jaulte und säuselte und ächzte. Es dauerte eine Weile, bis ich dieses Heulen und Röcheln zuordnen konnte. Der Wind blies rechts und links neben mir. Schnaufte. Grunzte.

Ich drehte meinen Kopf nach rechts und links, konnte jedoch nichts erkennen außer einer weißen, mit Stoff bezogenen Trennwand. So lag ich putzmunter in einem Meer von Geräuschen. Manchmal piepste es. Dann brach ein Schnaufen ab, um bald darauf grausig röchelnd erneut einzusetzen. Ich war wach und ausgeschlafen wie noch nie in meinem Leben. Ich hatte stunden-, ja, tagelang geschlafen. »Los, schlaf jetzt, bald wird es hell«, befahl ich mir selbst. Doch es ging nicht. Ein Schäfchen, zwei Schäfchen, drei. Es funktionierte nicht.

Wie spät war es überhaupt? Ich schaute auf das komische grüne Bild über mir und versuchte, etwas zu erkennen. Alles verschwommen. Ich kniff die Augen zusammen. Schäfchen? Eins, zwei, drei. Nein. Bäume? Ach, ich könnte einen ganzen Wald ausreißen. Wie lange dauert eine Minute? Warum kam niemand? Wie lange zog sich diese Nacht denn noch hin? Und immer das Geschnaufe und Gestöhne und Geschnarche. Geräusche, mit denen ich nichts zu tun haben wollte. Ich hatte keinen Unfall hinter mir, bei dem meine Knochen gebrochen waren, ich war nicht verletzt oder krank, ich war nur operiert und ansonsten fit. Und jung. Noch keine zwanzig.

An meinem Zeigefinger befand sich ein Clip. Später erfuhr ich, dass er die Sauerstoffsättigung meines Blutes maß. Ich nahm ihn ab. Knipste ein paar Mal durch die Luft. Legte ihn wieder an. Nahm ihn wieder ab. Setzte ihn auf den Mittelfinger, wackelte damit, probierte alle Finger durch. Mal langsam, mal schnell, rechte Hand, linke Hand ... Zehen. Da tauchte der Gedanke auf. Huschte um die Ecke und weg war er. Wieder zurück an den Zeigefinger. An und ab und an und ab und an und ab. Plötzlich ging ein Alarm los, und eine weißgekleidete

Gestalt erschien an meinem Bett. Sie nahm mir den Clip aus der Hand und befestigte ihn ordnungsgemäß an meinem Zeigefinger.

»Das sollen Sie nicht machen!«, sagte der Pfleger ein klein wenig genervt.

»Mir ist so langweilig.«

»Versuchen Sie zu schlafen.«

»Ich kann nicht.«

»Versuchen Sie es trotzdem.«

»Wie spät ist es?«

»Halb zwei.«

»Kann ich was zum Einschlafen haben?«

»Ich bring Ihnen was.«

Er brachte nichts, und ich spielte weiter. An und ab und an und ab und an und ab. Immer länger dehnte ich die Pausen aus und versuchte herauszufinden, wann der Alarm losgehen würde. Ringfinger, Mittelfinger, Daumen. Zehn Zehen hat der Mensch. Wie hießen die eigentlich genau? Großer Zeh …, Daumen, Zeigefinger, Pause, bis drei zählen, Mittelfinger, Ringfinger, bis fünf …

»Sie sollen doch nicht damit spielen!«

»Ich bin noch immer wach.«

»Ja, meinetwegen, aber lassen Sie die Finger von … äh, von Ihren Fingern.«

»Mir ist so langweilig!«

»Ich bringe Ihnen was zum Einschlafen.«

Brachte er mir was? Ich weiß es nicht mehr. Vielleicht ruderte mich das Geschnaufe und Gestöhne dann doch auf die Insel des Schlafes, vielleicht auch nicht, denn ich bemerkte den ersten gräulichen Streifen Morgendämmerung, der sich durch ein Oberlicht schob. Und dann erwachte die Station. Stimmen.

Schranktüren. Fußgetrappel. Quietschen. Die erste Schwester. »Guten Morgen!«
Es klang nicht so, wie Krankenschwestern in manchen Serien auftreten, wenn sie fröhlich Türen aufreißen und Patienten aus dem Schlaf hochschrecken. Es klang gedämpft. Eine ältere Frau mit grauem Haar strich mir fast verstohlen über die Backe, ihre Hände waren warm und weich, ehe sie damit begann, mich zu waschen. Sie sagte kein Wort dabei, und ich sagte auch nichts, ich staunte eher und schämte mich gleichzeitig. Aber da war so viel Mitgefühl in ihren Bewegungen, dass es irgendwie nicht so schlimm war, obwohl es grauenhaft war. Sie wusch mich wie ein hilfloses Baby. Überall. Natürlich merkte ich, dass ich meine Beine nicht spürte. Auch den Bauch spürte ich nicht und den Po, die Hüften. Nur diesen unangenehmen Druck um den Brustkorb. Ich verstand das alles nicht, hatte aber auch kein Bedürfnis nachzufragen. Vielleicht war ich noch einmal tief hineingefahren in die Nebelbänke, weit hinter den Leuchtturm, und wenn, dann war das gut so: Gnadennebel.
Neben mir stöhnte und schnaufte es weiter, und ich überlegte, wer da wohl liegen mochte. Rechts ein Mann und links eine Frau, beschloss ich. Es war seltsam, diesen fremden Menschen so nah zu sein, ihren Geräuschen und ihrem Schmerz. Ich wollte heim zu Andi und ins Fitnessstudio. Wir hatten ausgemacht, mindestens dreimal wöchentlich zu trainieren. Wenn ich so lange aussetzte, würde er einen Konditionsvorsprung kriegen.

Irgendwann stand ein älterer, auf den ersten Blick sympathischer Arzt an meinem Bett, der mit ruhiger Stimme freundlich mit mir sprach. Er fragte mich, wie ich geschlafen habe, und ich erzählte ihm von meinen Fingerspielen.
»Ich sehe schon. Sie gehören nicht hierher. Ich lasse Sie jetzt mal auf eine andere Station bringen.«

Das freute mich. Endlich weg aus der Umklammerung der beängstigenden Geräusche. Leider dauerte es dann noch gefühlte hundert Stunden, bis mein Bett durch lange Gänge in einen Aufzug geschoben wurde. Ich sah nach wie vor alles verschwommen. Die Aufzugtüren öffneten sich, ein Rollstuhl mit einem blonden, jungen, hübschen Mädchen stand davor.

»Hallo!«, lächelte mich das Mädchen fröhlich an, während mein Bett an ihr vorbeigeschoben wurde.

Ich erwiderte den Gruß und dachte: Scheint ja gar nicht so schlimm zu sein, im Rollstuhl zu sitzen.

Mein Leben auf Rädern

Ich erinnere mich nicht, wer mir mehr oder weniger schonend beibrachte, dass sich mein Leben gravierend verändert hatte. Ich bin ziemlich gut im Verdrängen und froh, dass ich manches vergessen habe.

Am Freitag brachte Andi mir meine persönlichen Sachen aus der Spezialklinik. Leider hatte sein Chef kein Verständnis für seine Situation und die Bitte, zwei, drei Tage freizubekommen. Später erzählte er mir, dass er in der Spezialklinik zufällig die 50-jährige Frau getroffen habe, die eine Weile meine Zimmernachbarin war. Sie fragte nach mir. Andi erzählte ihr von meiner Querschnittslähmung.

»Als ich das Wort zum ersten Mal aussprach, ist mir klargeworden, dass das überhaupt nichts ist, was man einmal sagt und kapiert. Das kriegt man nicht in den Kopf rein. Das muss man öfter sagen. Immer wieder. Und vielleicht versteht man es trotzdem nie. Nicht doch die Ines! Meine Freundin doch nicht!«

Andi war bei mir, als der Oberarzt auf die Station zur Visite kam. Er reichte uns beiden die Hand, das fand ich ungewöhnlich. Normalerweise kriegt man im Krankenhaus keine Hand geschüttelt, sondern in die Hand gestochen. Der Arzt war lang und dünn. Das einzig Runde an ihm war seine Nickelbrille, mit der er mich an einen Studenten erinnerte.

»Ich habe eine gute und eine schlechte Nachricht. Welche zuerst?«, fragte er knapp, doch seine Stimme klang nicht eilig, sondern mitfühlend.

Ich wechselte einen Blick mit Andi.

»Die schlechte«, sagte ich dann.

»Ich fang mal mit der guten an«, widersprach der Arzt.

Andi nickte zustimmend.

»Sie sind jetzt zwar querschnittsgelähmt, doch innerhalb der nächsten drei Monate ist noch alles drin. Es besteht eine reelle Chance, dass wieder Leben in die Beine kommt. Ihr Rückenmark wurde gequetscht, nicht durchtrennt.«

»Kann ich irgendwas tun, um die Heilung zu beschleunigen?«, wollte ich wissen.

»Abwarten«, sagte der Arzt.

»Und die schlechte Nachricht?«, fragte Andi.

»Abwarten«, sagte ich.

Der Arzt lächelte, wurde aber gleich wieder ernst. »Nach diesen ersten drei Monaten wird es immer unwahrscheinlicher, dass sich die Situation verbessert. Im schlimmsten Fall bleibt die Lähmung so, wie sie jetzt ist.«

Am Wochenende besuchten mich meine Eltern. Meine Mutter zog gleich nach der Begrüßung eine Plastiktüte aus ihrer Tasche. »Ich hab dir was mitgebracht. Früher hat er dir immer geholfen«, sagte sie leise und setzte meinen allerersten Teddy auf mein Bett.

Tränen schossen mir in die Augen.

Mein Vater wandte sich ab und blickte interessiert zum Fenster, als würde dort ein Ufo manövrieren.

Nein, das hätte ich nie gedacht, dass ich meinem treuen Fellfreund von früher in seinem hohen Alter noch mal solche Salzbäder zumuten würde.

Im Korsett

Die schöne blonde Hallo-Frau im Rollstuhl hieß Jasmin. Ich wurde in ihr Zimmer verlegt. In diesem Vierbettraum besetzten wir zwei nun viele Monate lang die Fensterseite – was ich zum

Glück noch nicht ahnte. Ich glaubte noch immer, bald wäre ich wieder draußen. Das, was mir geschehen war, war einfach viel zu groß für meinen Verstand, der es nur in kleinen Stücken begreifen konnte. Die anderen beiden Betten in dem Zimmer wurden nur gelegentlich gebraucht, und niemand blieb so lange wie wir.

»Ich bin die Jasmin! Hallo!«

»Ich bin Ines. Warum bist du da?«, fragte ich neugierig.

»Ich bin im Urlaub in einen falschen Pool gesprungen. Es war das Kinderbecken, und meine Halswirbelsäule ist dadurch gequetscht worden.«

Erschrocken riss ich die Augen auf. Von solchen Unfällen hatte ich schon öfter gelesen. Aber dass es so was wirklich gab, also dass ich nun jemanden kennenlernte, dem das tatsächlich passiert war!

»Zuerst war ich ab dem Hals gelähmt«, erzählte Jasmin mit munterer Stimme.

»Ab dem Hals!«, wiederholte ich schockiert.

»Das war echt ätzend«, bestätigte Jasmin. »Aber jetzt kann ich meine Arme und Hände wieder bewegen. Leider nicht die Finger.«

»Das hat mir der Arzt auch gesagt. In den ersten drei Monaten kann sich alles verändern! Wie lange bist du denn schon da?«

»Ein Dreivierteljahr.«

»So lange!«, rief ich. »Ein Dreivierteljahr im Krankenhaus!« Das konnte ich mir nicht vorstellen.

»Ist gar nicht so schlimm«, erwiderte Jasmin. »Du wirst dich daran gewöhnen.«

Ich war sprachlos. Nein, daran würde ich mich nicht gewöhnen. Nie im Leben. Warum klang Jasmin so fröhlich, wo sie doch die ersten drei Monate schon lange hinter sich hatte und ihre Finger noch immer nicht spürte?

Bei der Visite fragte ich den Stationsarzt: »Ich habe da so ein komisches Gefühl.« Ich legte meine Hände an die Rippen. »Es ist, als wäre ich in ein Korsett geklemmt. Was ist das? Es ist ziemlich unangenehm.«

»Das ist typisch für den Übergang vom normalen zum gelähmten Bereich. Da gewöhnen Sie sich dran.«

»Bestimmt nicht!«

»Doch, doch, Sie werden sehen. Diese Empfindung verschwindet irgendwann.«

Als der Arzt draußen war, stiegen mir Tränen in die Augen. Ich fühlte mich überhaupt nicht ernst genommen. Ich dachte nach und beruhigte mich. Eigentlich hatte er mir Mut gemacht. Die Enge würde verschwinden – was sie nach einigen Wochen tatsächlich tat. Doch bis dahin bedrückte mich dieses seltsame Gefühl, und oft fasste ich an die Stelle, um immer wieder zu überprüfen, ob mir wirklich kein Gürtel die Luft abschnürte.

Und so lag ich im Bett, voll verkabelt. Jasmin und andere Zimmernachbarinnen rollten rein und raus, mobil in ihren Stühlen, und ich beneidete sie. Immer im Bett in diesem Zimmer. Die weiße Wand, Steckdosen, die Nachttische, die Tür, das Waschbecken, der graue Vorhang. Sobald ich einen Weißkittel entdeckte, löcherte ich ihn oder sie:

»Wann darf ich aus dem Bett raus?«

»Wenn wir die Drainage ziehen.«

»Wann ist das?«

»Wenn keine Flüssigkeit mehr rauskommt.«

»Wann kommt keine Flüssigkeit mehr raus?«

»Wenn es trocken ist.«

»Und wie lange dauert das ungefähr?«

»Vielleicht eine Woche? Vielleicht länger, vielleicht kürzer.«

Dann war die Drainage weg.

»Wann darf ich raus aus dem Bett?«

»Tja. Sie hängen noch an ziemlich vielen Schläuchen.«

»Die kann ich mitnehmen!«

»Ja, hm. Und den Katheter haben wir auch. Nun – vielleicht können wir es mal mit einem Rollbett versuchen?«

»Bitte!«, bettelte ich.

»Aber Sie müssen den Ständer mitnehmen, egal wohin, überallhin!«

»Ja! Ich mach alles. Aber bitte! Ich will endlich mal raus aus diesem Zimmer!«

»Sie hat einen Lagerkoller«, warf Jasmin ein und verdrehte die Augen, als würde sie einen epileptischen Anfall erleiden. Nur zu gern hätte ich ein Kissen nach ihr geworfen. Wir waren mittlerweile gute Freundinnen, und da gehört so was schon mal dazu. Leider waren wir ein klein wenig behindert in der Ausübung unserer freundschaftlichen Knuffeleien.

Im Nachhinein kommt es mir so vor, als hätte ich Monate im Bett zugebracht, was nicht sein kann. Vielleicht waren es nur Tage, Wochen. An einem wunderschönen Junisamstag hoben mich die Pfleger in einen Bettstuhl auf Rollen, und meine Eltern schoben mich auf die Terrasse. Ich musste die Augen zusammenkneifen, geblendet von der Sonne und so glücklich. Endlich Luft. Endlich draußen. Allein der Weg über den Flur stimmte mich froh. Dass ich sehen konnte, was sich hinter dieser Tür befand, die ich so oft angestarrt hatte. Wann kommt das Essen? Wann kommt die Visite? Wann kommt Jasmin zurück? Ich beneidete sie, weil sie in ihrem Rollstuhl so selbständig unterwegs war.

Wie schön es draußen war! Wie grün. Und wie es duftete. Vor Freude liefen mir die Tränen übers Gesicht. Auf der Terrasse befanden sich mehrere Bänke, und auf einer lag ein junger Mann mit unter dem Kopf verschränkten Armen. Er war ziemlich attraktiv mit seinem dichten dunklen Lockenkopf und dem muskulösen Oberkörper. Mit geschlossenen Augen genoss er die Sonne und sah dabei wunderschön aus. So leicht, so frei, so entspannt. Neben ihm parkte ein Rollstuhl. Ich konnte den Blick kaum von dem jungen Mann wenden. Ob ich das jemals schaffen würde? Mit dem Rollstuhl auf die Terrasse und mich sonnen? Völlig normal?

Meine Eltern waren sehr lieb und fürsorglich. Sie besuchten mich, wann immer es ging, und schenkten mir zum Geburtstag im Juli einen tragbaren CD-Spieler, damit ich Musik hören konnte. Das Lied *Sie sieht mich einfach nicht* von Xavier Naidoo wurde zu einer Art Mantra für mich: »Man kann so vieles ändern, wenn man zu kämpfen bereit ist, aber nicht diese Ungerechtigkeit.«

Das gab mir wieder Lebensmut, obwohl ich keine »Fußgängerin« mehr war. Das Wort hatte ich irgendwo im Krankenhaus aufgeschnappt. Früher hätte ich als Gegenteil zu Rollstuhl »normal« gesagt. Nun lernte ich, dass die Normalen, also die Gehenden, als Fußgänger bezeichnet werden. Ich selbst war keine Fußgängerin mehr, aber auch noch keine Rollstuhlfahrerin. Ich war eine Bettliegerin. Meine Geduld wurde auf eine harte Probe gestellt.

»Wann darf ich endlich in den Rollstuhl?«, nervte ich die Ärzte. Einmal hörte ich mich selbst reden, als wäre ich eine andere. *Darf.* Wann *darf* ich in den Rollstuhl! Genau, darum ging es jetzt. Ich wollte selbst entscheiden, wohin ich ging ... fuhr? Aber ich musste warten. Noch immer war ich gefesselt. Der längste Schlauch steckte in meinem Hals, und als er mir gezogen wurde, fragte ich mich, wo sich das Ende dieser 15 Zentimeter befunden hatte.

Den Dauerkatheter war ich zum Glück schon eine Weile los und wurde nun bei Bedarf im Bett katheterisiert. Das hatte ich bei Jasmin mitbekommen, und was ich am Anfang entsetzlich gefunden hatte, war nun gar nicht mehr schlimm. Vor allem, weil ich das dank meiner beweglichen Finger im Gegensatz zu Jasmin später selbst würde bewerkstelligen können.

Die im Krankenhaus verwendeten Katheter sind lange Röhrchen, die aus sterilen Verpackungen herausgezogen und in die Harnröhre geschoben werden. Sobald ein Katheter steckt, fließt der Urin. Wenn nichts mehr kommt, wird er entfernt und entsorgt. Mit dieser Methode erleichtern sich viele Menschen, die im Rollstuhl sitzen. Der Vorteil daran ist: Zur Not und mit einem Plastikbeutel kann man es überall erledigen. Wenn man den Dreh einmal raus hat, »läuft« es wie von selbst. Auf der Toilette benötige ich heute kaum länger als Fußgänger. Müsste ich mich danach nicht wieder anziehen – das Problem ist, sitzend in die Hose zu schlüpfen –, wäre ich genauso schnell.

Männer haben es, was die Hose betrifft, zwar leichter, weil sie nur den Reißverschluss zu öffnen brauchen. Doch bei Frauen ist die Harnröhre kürzer, und deswegen benötigen wir auch nur angenehm kurze Katheter. Es gibt welche, die sehen in ihrer diskreten Verpackung aus wie Wimperntusche oder Kugelschreiber. Mein Sohn Tim ist daran gewöhnt, dass Mama das braucht, wenn sie zur Toilette geht. Kürzlich brachte er einer Bekannten, die ankündigte »Ich muss mal wohin«, ganz kavaliermäßig einen meiner Katheter, die übrigens nicht ganz billig sind. Einmal Pipi machen kostet circa 2,50 Euro.

Ohne Befund

Meine Eltern hatten mir mitgeteilt, dass sie in die Spezialklinik fahren wollten, um mit dem Chefarzt zu sprechen, der mich operiert hatte. Auf den Termin mit ihm mussten sie eine Weile warten. In der Spezialklinik wusste niemand, was bei meiner Operation schiefgelaufen war. Auch der Chefarzt nicht.

»Als wir zugemacht haben, war alles trocken«, sagte er zu meinen Eltern.

»Und wo ist das Blut dann hergekommen?«, wollte meine Mutter wissen.

»Das kann ich mir auch nicht erklären. Ich kann nur wiederholen: Beim Zumachen war alles trocken.«

Meine Mutter regte sich fürchterlich über dieses Gespräch auf, als sie mir davon berichtete. »Der war so arrogant und aufgeblasen. Ich habe genau gemerkt, dass der uns für dumme Ossis hält, denen man irgendeinen Brocken vor die Füße schmeißt, und dann gehen die schon wieder.«

»Und sonst hat er nichts gesagt?«, fragte ich.

»Nichts«, erwiderte meine Mutter bitter.

»Das hätten wir uns sparen können«, seufzte mein Vater.

»Zum Schluss hat er noch blöd gelacht«, eiferte sich meine Mutter, und gesagt: »Richten Sie Ihrer Tochter aus, dass ich Ihr viel Glück wünsche.«

»Danke, dass ihr hingefahren seid«, sagte ich zu meinen Eltern und gab mir Mühe, gefasst zu wirken, weil ich sie nicht noch mehr belasten wollte, obwohl mir ganz flau war. »Am besten, wir vergessen die Spezialklinik und alles, was damit zusammenhängt.«

Es gab jedoch etwas, das konnte ich nicht so einfach vergessen, das brannte mir auf der Seele: Würde ich Kinder bekommen können? Ich hatte mir immer Kinder gewünscht. Natürlich nicht jetzt gleich, erst nach Abschluss meiner Ausbildung.

»Kinder kriegen können Sie trotzdem«, tröstete mich einmal eine Ärztin – meinte sie das wirklich oder wollte sie mich bloß aufmuntern? Auch Andi schien das zu beschäftigen, denn eines

Abends sagte er unvermittelt zu mir: »Am liebsten würde ich dich jetzt auf der Stelle heiraten und nächstes Jahr unser erstes Kind im Arm halten.«

Ich konnte nicht antworten, nur weinen. Ich musste oft weinen. Wegen Andi. Wegen mir. Wegen allem. Und später, weil die Dinge nicht so liefen, wie ich es mir wünschte. Weil ich mit dem Rollstuhl nicht zurechtkam. Weil alles so lange dauerte. Weil ich null Fortschritte machte, obwohl ich so hart trainierte.

Manchmal weinte Andi mit mir – allerdings versuchte er es zu verbergen. Hin und wieder stellten wir fest, wie dumm wir früher gewesen waren, wenn wir wegen Kleinigkeiten gestritten hatten. Jetzt hätten wir alles dafür gegeben, unseren Alltag zurückzubekommen. Ich würde mich nie mehr darüber aufregen, wenn Andi den Tisch nicht abwischte oder sich der Papiermüll stapelte. Erst im Schmerz über den Verlust wird das kleine Glück sichtbar.

Manchmal malte ich mir meinen verlorenen banalen Alltag aus. Der Wecker klingelt. Ich drehe mich noch mal im Bett um, spielerisch leicht, allein mit Hilfe meiner Beine, ohne mich vorher aufsetzen zu müssen. Ich bin vielleicht ein bisschen müde, doch um meinen Brustkorb ist kein Gürtel gespannt. Ich gähne und strample mit den Beinen und springe dann aus dem Bett, einfach so, und tapse ins Bad. Einfach so. Ohne mir Gedanken darüber zu machen, wie ich vom Bett in den Rollstuhl komme. Ich setze mich auf die Toilette und lasse es laufen und stehe danach wieder auf. Hinsetzen, aufstehen, hinsetzen, aufstehen, nach Lust und Laune.

Ich gehe in die Küche und hole die Tassen aus den oberen Hängeschränken, die wir so weit oben angebracht haben, dass ich sie gerade noch auf Zehenspitzen erreichen kann. Hin und her zwischen Tisch und Spüle. Knie beugen und strecken, auf und ab, und mit den Zehen wackeln, weil ein paar Brotkrümel auf den

Fuß gefallen sind. Einfach so am Tisch sitzen, ohne ständig um das Gleichgewicht zu ringen. Die Bauchmuskeln und unteren Rückenmuskeln, die ich höchstens beim Sport bewusst wahrgenommen habe, arbeiten ständig. Halten mich aufrecht. Ich stehe auf und setze mich freihändig. Muss mich nirgends festhalten, um nicht nach vorne oder seitlich wegzukippen.

Ein Blick zur Uhr. Morgens verfliegt die Zeit nur so. Schnell, schnell ins Bad, Zähne putzen, und dann los die Treppe runter, vier Geschosse, jeweils zwei Stufen auf einmal nehmen und die letzten drei Stufen runterspringen. Zum Auto rennen, einsteigen, Musik an, Gas und Kupplung treten. Im Hotel den ganzen Tag rennen, treppauf, treppab, und bücken und drehen und knien. Mich in der Mittagspause in das tiefe, weiche Sofa neben der Rezeption fallen lassen und einfach wieder aufstehen. Immer wieder aufstehen. Zack, schon wieder oben. Das Normalste der Welt. Überhaupt nichts Besonders. Stinknormaler, langweiliger, öder Alltag. Abends Wäsche waschen. In die Trommel reinstopfen und aufhängen. Wo ist das Problem? Bett beziehen. Kein Thema! Thema jetzt: Bett verlassen!

Ich konnte mir nicht vorstellen, mich jemals wieder über Kleinigkeiten aufzuregen. Beispielsweise über einen eingerissenen Fingernagel. Heute kann ich mich sehr wohl über Kleinkram ärgern, und wenn mir das auffällt, dann freue ich mich darüber. Ich habe mir meinen Alltag zurückerobert. Dazu gehört der kleine Ärger wie die heißen Himbeeren über dem Vanilleeis. Alltag ist wunderbar! Das ist das, was das Leben ausmacht. Man kann ja nicht erwarten, dass immer irgendetwas Außergewöhnliches passiert. Das Leben besteht aus Alltag, und alles, was als Extra dazukommt, ist ein Geschenk. Wir könnten diese schönen Dinge nicht würdigen, wenn alles immer super wäre.

»Da sucht dich einer«, sagte Jasmin zu mir und rollte gleich wieder aus dem Zimmer, um Andi und mich nicht beim Kuscheln im Bett zu stören. Andi setzte sich ordentlich auf einen Stuhl. Seine Wangen waren rosa. Ich hatte ihn sehr lieb.

Die Tür ging auf, und der Assistenzarzt aus der Spezialklinik schlich bedrückt herein. Es dauerte eine Weile, bis ich ihn erkannte. Dann empfand ich seinen Besuch als nett gemeinte Geste. Doch eigentlich hätte sein Chef, derjenige, der mich operiert hatte, zu mir kommen müssen. Die saloppen Glückwünsche, die er meinen Eltern aufgetragen hatte, klangen noch immer wie Hohn in meinen Ohren.

»Darf ich?«, fragte der Assistenzarzt und blieb an der Tür stehen, als wäre er darauf gefasst, dass ich ihn rauswerfen würde, oder besser gesagt: Andi.

Ich wies auf einen freien Stuhl: »Bitte.«

Er blieb stehen, räusperte sich, kam dann zögernd näher.

»Ich wollte mal sehen, wie es Ihnen geht.«

Er konnte mir nicht in die Augen schauen, hielt den Blick gesenkt auf den Boden.

»Wissen Sie, warum das passiert ist?«, fragte Andi ihn.

Der Arzt seufzte schwer: »Nein. Ich kann es mir nicht erklären. Es war mühselig und kompliziert zu operieren, aber als wir zunähten, waren alle Blutungen gestoppt. Ich habe oft über Ihren Fall nachgedacht, Frau Korb.«

»Aber woher kam denn dann das Blut, wenn Sie alles gut vernäht haben?«

Er zuckte mit den Schultern und sagte leise: »Es tut mir leid.«

»Warum lässt sich Ihr Chef nicht blicken?«, wollte ich wissen.

»Das weiß ich nicht. Ich bin aus persönlichen Gründen hier. Mich schickt niemand.«

»Aber es muss doch eine Erklärung geben«, blieb Andi hartnäckig.

Der Arzt schaute uns traurig an. Er wusste offensichtlich nicht, was er sagen sollte. Ja, was sagte man zu einer 20-Jährigen, die vielleicht nie mehr würde gehen können? So sah es im Moment nämlich aus. Mein Zustand hatte sich nicht im Geringsten gebessert.

»Also?«, fragte Andi herausfordernd. Sein Gesicht war nicht mehr rosa, sondern rot.

»Ich weiß nicht, was ich Ihnen noch sagen soll, ich weiß es einfach nicht. Ich habe das Ergebnis der Untersuchungen des entfernten Gewebes dabei. Ich werde es Ihrem behandelnden Arzt übergeben. Ich wollte das nicht mit der Post schicken.« Er räusperte sich erneut und zog ein Kuvert aus einer weinroten Ledermappe. »Es handelt sich um ein Chondrom, einen gutartigen Tumor, der Knorpelgewebe bildet.«

»Aha«, machte Andi.

»Ja, und ein Chondrom«, der Arzt sprach nun schneller, da er sich auf sicherem Terrain befand, »kommt unter den gutartigen knorpelbildenden Tumoren auch recht häufig vor. Übrigens tritt das gehäuft in der zweiten bis vierten Lebensdekade auf. Männer und Frauen sind gleichermaßen betroffen. Tja und … also ein Chondrom wächst sehr langsam.«

»Was wäre denn passiert, wenn meine Freundin die Operation nicht hätte machen lassen?«, fragte Andi. »Hätte sie damit leben können, oder wäre das Ding irgendwann gefährlich geworden?«

Der Arzt schaute ihn offen an. »Sie hätte wahrscheinlich gut damit leben können. Es ist ja außen um die Wirbelsäule gewachsen.«

»Ich hätte gut damit leben können?«, fragte ich betroffen.

»Ich kann Ihnen keine Prognose stellen, wie lange.«

»Und wenn Sie schätzen?«, fragte ich leise.

»Vielleicht hätten Sie bis 40 keine Einschränkungen gespürt.«

»Bis 40!« Andi sprang hoch. Sein Stuhl fiel polternd auf den Boden, und wir starrten alle drei darauf, als erwarteten wir, dass er von selbst wieder aufstehen würde.

»Ein Chondrom wächst wie gesagt nun mal sehr langsam«, sagte der Arzt schließlich. »Das ist so.«

»Bis 40«, wiederholte ich fassungslos. »Das ist mehr als doppelt so lange, wie ich bisher auf der Welt bin! So viel hätte ich noch gutgehabt!«

Tränen schossen mir in die Augen. Bis 40! Da hätte ich fünf Kinder in die Welt setzen können, ein Studium abschließen, reisen, einmal um die Erde rennen, Millionen von Treppenstufen runterspringen und tanzen, tanzen, tanzen.

»Bitte, Frau Korb, das ist meine persönliche Einschätzung.«

Ich riss mich zusammen. »Danke für Ihre Offenheit«, sagte ich.

»Das heißt, wenn sie sich nicht hätte operieren lassen, dann würde sie nicht hier liegen?«, fasste Andi zusammen.

»Äh, ja. Also nein. Ich meine, wer kann das sagen?«

»Ist schon gut, Andi«, besänftigte ich ihn.

»Nichts ist schon gut!«, rief er und stellte den Stuhl wieder auf die Beine, wobei er mehr Krach machte als beim Umfallen.

»Ich bin selbst daran schuld. Ich wollte das Gesundheitszeugnis. Es hat mich niemand gezwungen«, erinnerte ich ihn.

»Und was wäre dann passiert, mit 40?«, wollte Andi von dem Arzt wissen.

»Bitte, das wissen wir doch nicht!«

»Was wäre wahrscheinlich passiert?«, fragte Andi. Seine Stimme klang bitter.

»Ihre Freundin hätte vielleicht irgendwann Schmerzen bekommen, man hätte den Tumor gefunden und dann operiert. Vielleicht hätte man ihn auch gefunden, weil sie wegen einer chronischen Bronchitis oder einer anderen bevorstehenden Operation wie beispielsweise einer Gallen-OP an der Lunge geröntgt worden wäre – das macht man manchmal. Oder auch nicht. Verstehen Sie: Ich kann Ihnen unmöglich einen alternativen Verlauf darstellen.«

Andis Wangenmuskeln malmten. »Ja«, nickte er schließlich, »wir wissen gar nichts.« Er griff nach meiner Hand.

»Ich bedaure das Ganze unendlich«, sagte der Arzt, holte tief Luft, als wollte er noch etwas sagen, was ihm aber wohl in der Kehle stecken blieb. Ohne ein weiteres Wort verließ er das Zimmer. Im Nachhinein tat er mir leid, denn er hatte immerhin die Größe, mich zu besuchen, obwohl er nicht verantwortlich war. Dennoch – er konnte mir nicht helfen. Niemand konnte mir helfen, wie mir nach und nach klarwurde. Meine Beine reagierten nicht. Sie blieben stumm wie meine Füße und Zehen, wie mein gesamter Körper unterhalb des eng geschnürten Gürtels. Der allerdings war eines Morgens wie von Zauberhand um ein Loch gelockert.

Die Postbotin

Als mir meine Lieblingskrankenschwester verriet, dass ich am nächsten Tag das erste Mal im Rollstuhl sitzen dürfte, glaubte ich, vor Aufregung kein Auge zuzutun. Das war natürlich Einbildung. Ich schlief wie immer hervorragend.

Im Krankenhaus kümmerte sich der technische Dienst um die Wartung der Rollstühle. Ein Rollstuhl soll schließlich keinen Platten haben! Nun, platt war er nicht … Dennoch zog mein erstes Gefährt allerhand Spott auf sich. Es war nämlich gelb lackiert, so dass es nicht mehr hieß »Hallo Ines!«, sondern »Die Post kommt!«. Noch kannte ich mich nicht mit Rollstühlen aus, doch dass dieses Teil kein Cabrio, sondern eher ein Traktor war, begriff auch ich. Alles egal! Es war herrlich, nach einer halben Ewigkeit im Bett mit meinen Händen die Greifreifen zu betätigen und hinzufahren, wohin ich wollte. Ich rollte im Zimmer herum, die Gänge auf und ab, Schlangenlinien und Kreise. Ich hätte jauchzen können vor Freude. »Wo wirft man denn hier bitte die Post ein?«

Es fiel mir leicht, den Rollstuhl zu lenken. Wenn ich nach links wollte, schob ich rechts stärker, und wenn ich nach rechts wollte, links stärker. »Wird der Kasten regelmäßig geleert?«

Das Highlight meiner Tage waren bislang die Besuche der Krankengymnastin gewesen, die morgens und abends meine Beine bewegte. Sie beugte und streckte die Füße und Beine, drehte sie nach außen und innen, um die Muskulatur zu lockern und einer Sehnenverkürzung vorzubeugen. Ich genoss diese Behandlungen sehr. Weniger angenehm waren die täglichen Thrombosespritzen. Hier spürte ich zum ersten Mal einen Vorteil meines Gelähmtseins beziehungsweise ich spürte nicht und irgendwie doch. Ich wollte die Thrombosespritzen immer in den rechten Oberschenkel, da meine Sensibilität dort geringer ist. Ich vermute, dies liegt daran, dass das Blut quer gelaufen ist. Ich bin nicht querschnittsgelähmt, sondern eher schräggelähmt. Eine Rollstuhlfahrerin, die vor ihrem Motorradunfall unter schrecklichen Menstruationskrämpfen gelitten hatte, vertraute mir an, dass sie einmal im Monat manchmal fast ein wenig Erleichterung verspüre, weil untenrum alles taub sei.

Seit ich bei der Post arbeitete, kam die Krankengymnastin nicht mehr zu mir ans Bett. Ich erhielt einen Stundenplan mit Terminen zur stationären Reha. Ab sofort sollte ich fit gemacht werden, um mein neues Leben mit der Behinderung meistern zu können. Ich war überglücklich, dass die Zeit im Bett nun hinter mir lag und stürzte mich voller Tatendrang in das Training. Acht Uhr Krankengymnastik, neun Uhr schwimmen, zehn Uhr Computerraum, elf Uhr Krafttraining, Mittagspause, nachmittags wieder Krankengymnastik, dann Rollstuhltraining: Wie kommt man Bordsteinkanten rauf und runter? Und Treppen?

Die erste und wichtigste Übung ist das sogenannte Übersetzen: vom Rollstuhl auf eine Sitzgelegenheit und wieder zurück. Sieht ganz leicht aus? Stimmt. In Wirklichkeit ist es Schwerstarbeit, solange man die Technik nicht beherrscht. Wer ab der Lendenwirbelsäule gelähmt ist, hat es leichter. Doch wer wie ich ab der Brustwirbelsäule gelähmt ist, kann sich auf keine Bauchmuskulatur verlassen. Auch der untere Rücken fällt aus – und das macht die Sache kniffelig. Ich war oft am Ende meiner Kräfte, wenn ich versuchte, den Körper aus dem Rollstuhl auf die Bank zu hieven – ohne Beinkraft, ohne Rücken- und Bauchmuskeln, allein mit den Armen. Dabei musste ich auch noch das Gleichgewicht halten, das ja nicht automatisch vorhanden ist, da sich bei mir mehr als die Hälfte des Stützapparates verabschiedet hat.

Immer wieder unterrichtete meine geduldige Krankengymnastin Susanne den Weg vom Rollstuhl ins Bett: »Fahr schräg von rechts ans Bett. Deine Knie berühren die Matratze. Stütz dich mit der linken Hand auf der Matratze ab, mit der rechten hältst du dich am Rollstuhl fest. Super.«

»Das weiß ich doch alles!«

»Ja, aber wir gehen es noch mal durch. Irgendwann fällt der Groschen. Das ist so.«

»Hoffentlich!«

»Bestimmt! Du rutschst jetzt ein Stück in Richtung Bett und versetzt die Hand nach vorne, während du weiter vorrückst und deinen Po vom Rollstuhl aufs Bett schiebst. Deine Füße stehen noch auf der Ablage. Jetzt nimmst du dein linkes Bein, legst es aufs Bett, dann das rechte. Okay. Gut so. Das wird schon, Ines, das sieht schon viel besser aus.«

»Ich weiß nicht«, seufzte ich.

Im Endeffekt muss man es Millionen Mal machen, bis man den Dreh raus hat. So war es auch bei mir. Ich probierte es immer wieder, und es klappte nicht. Heulend rollte ich zurück in mein Zimmer, und wehe, jemand wollte von mir wissen, wann die letzte Briefkastenleerung sei. Ich war fix und fertig. Wegen der Anstrengung verlor ich einige Pfunde an Gewicht. Niemals in meinem Leben war ich so schlank gewesen. Und trotzdem kam ich mir vor wie ein zentnerschwerer Mehlsack. Wenn ich eine Krankenschwester bitten musste, mir vom Bett in den Rollstuhl oder zurück zu helfen, war das eine schmerzvolle Niederlage. Ich war zwanzig Jahre alt und wurde behandelt wie ein Säugling oder eine Greisin. Für mich als Mensch, der sehr großen Wert auf seine Unabhängigkeit legt, war das die Hölle. Ich hatte doch ohnehin so wenig Privatsphäre. Gerade mal den Platz zwischen dem Schrank, dem Nachtkästchen und meinem Bett. Und nicht mal hier kam ich zurecht.

Eines Nachmittags saß ich heulend neben meinem Bett. Meine Arme zitterten, so lange versuchte ich schon überzusetzen. Ich hatte nicht bei den Schwestern geklingelt, ich wollte es schaffen. Doch ich hatte versagt, und jetzt konnte ich nicht mehr. Ich war völlig erschöpft, entkräftet. Da kam Jasmin hereingerollt und begriff die Situation sofort. Sie schob meinen Nachttisch beiseite und parkte neben mir. Dann umarmte sie mich. Unbeholfen. Nicht mal umarmen konnten wir uns. Irgendwie schaffte ich es, mich in ihrem Häkelpulli zu verheddern, und das Ganze endete schließlich in einem Lachkrampf. Von meiner Seite aus ein klein wenig hysterisch.

Survival Training

Plötzlich hatte ich es kapiert. Es kommt nicht auf die Kraft an, sondern auf die Technik. Kraft braucht man nur selten im Leben. Auf einmal wusste ich, wo ich meine Hände plazieren musste, wie ich den Körper und die Schultern drehen sollte – und dann floss ich hin und her, leicht, fast anmutig und frei. Das war ein sehr glücklicher Augenblick, und ich probierte es immer wieder, weil ich kaum glauben konnte, dass ich es geschafft hatte. Von nun an ging es steil bergauf. Ich bin ja auch ehrgeizig. Wenn was nicht funktioniert, wie ich will, dann ärgert mich das. Deshalb wollte ich auch so lange einen Ball zugeworfen bekommen, bis ich ihn ohne umzukippen auffangen konnte. Durch meine Lähmungshöhe unterhalb der Brust war diese Übung eine Herausforderung für mich.

»Lass uns eine Pause machen, Ines«, schlug Susanne vor.

»Weiter!«, befahl ich. »Bitte!«

Die gutmütige Susanne warf mir noch ein paar Mal sanft den Ball zu. Zum Abschluss des Trainings durfte ich dann das Durchbewegen meiner Beine genießen.

In der krankengymnastischen Therapie bekam ich manchmal Beinschienen verpasst. Die wurden mir meistens noch im Bett umgeschnallt. An der Kniekehle gab es einen Hebel, mit dem ich die Schienen beugen konnte, um mich in den Rollstuhl zu setzen. Im Therapieraum fuhr ich dann mit dem Rollstuhl an das Ende von zwei Stangen, einer Art Barren. Ich fixierte die Gelenke der Schienen, stützte mich ab und ging die Stangen entlang. Ohne Schienen wäre ich zusammengebrochen. Für die inneren Organe ist es wichtig, hin und wieder komplett in der Senkrechten auszuhängen. Ziel dieser Übung ist es zudem, nur mit Hilfe der Schienen und Krücken zu gehen, doch dazu fühlte ich mich nie imstande – denn wenn ich fiele, wie käme ich wieder hoch? Es gibt diverse Apparaturen, um die Organe senk-recht zu lagern. In meinem Alltag fallen solche Aktivitäten meistens in die Abteilung »guter Vorsatz« – und da bleiben sie dann auch.

Sehr gern habe ich im Krankenhaus an Computerkursen teil-genommen und im Anschluss so manches Mahjong gespielt. Das Krafttraining hingegen hasste ich. Allerdings gab es hier eine besondere Herausforderung, denn hinter dem Krankenhaus be-fand sich ein kleiner Berg, und es hieß: »Wenn du es schaffst, diesen Berg aus eigener Kraft mit dem Rollstuhl nach oben zu fahren, wirst du entlassen.«

Manchmal stand ich vor dem für einen Fußgänger kaum erwäh-nenswerten Hügel und konnte mir nicht vorstellen, wie ich die steile Strecke jemals bewältigen sollte. Ich würde niemals entlas-sen werden. Ich würde den Rest meines Lebens im Kranken-haus verbringen.

Die Therapeuten in Bayreuth waren mit Fantasie gesegnet und ließen sich immer neue Spielchen einfallen, uns zu motivieren – auch wenn wir uns manchmal eher traktiert fühlten. Im Roll-stuhltraining sollte ich vorwärts von einem Holzpodest hinunter-fahren.

»Fahren, nicht fallen!«, sagte der Trainer und schob mich zu-rück in den Stuhl. Ich war schon gefährlich nah an der Kante gegangen. Das Erste, was ich im Rollstuhltraining lernte, war das Kippen. Es ist genauso wichtig wie das Übersetzen. Kippen bedeutet, sich auf die Hinterräder zu stellen – und das will gelernt sein. Ich habe eine Weile dazu gebraucht, in meiner Gruppe gab es zwei Naturtalente, die mich je nach Tagesform anspornten oder zur Verzweiflung brachten.

Wir probten das Kippen in der Turnhalle und wurden dort mit Seilen, die von der Decke hingen, gesichert. Und dann hieß es:

probieren, probieren, probieren. Learning by doing. Irgendwann klappte es auch bei mir. Kippen fand ich richtig cool. Bewundernd schaute ich manchen der alten Hasen dabei zu, wie sie lässig irgendwo standen und dann mal eben ganz locker kippten. Das wollte ich auch können! Als ich es beherrschte, machte es mir einen Riesenspaß, meine Familie und Freunde mit einem plötzlichen Kippen zu erschrecken. »Ines! Um Himmels willen! Du fällst raus!«

»Jetzt hat sie uns schon wieder gefoppt!«, schimpfte meine Oma, und mein Opa blinzelte mir anerkennend zu.

Im Rollstuhltraining lernte ich auch, Bordsteinkanten zu meistern. Man fährt zügig an, kippt im richtigen Moment die Vorderräder …

»Im richtigen Moment, Ines, nicht davor und nicht danach!«

»Aber wann ist der richtige Moment?«

»Das lernst du schon noch.«

… und fährt dann die Kante hinauf; die Hinterräder kommen automatisch nach. Die Kante beim Training auf der Straße war deutlich höher als die in der Turnhalle. Niedrige Kanten sind normalerweise kein Problem. Höhere Bordsteinkanten müssen auch gekippt hinuntergefahren werden. Dazu kippt man an, fährt gekippt mit den großen Rädern an die Kante und rollt dann runter. Erst, wenn man unten steht, kippt man die kleinen Räder wieder nach unten. Soweit die Theorie. In der Praxis kippte ich an, fuhr vor, und irgendwie – entweder konnte ich mich nicht halten oder bekam Angst – ruckte der Rollstuhl vorne runter, und ich lag am Boden. Ein Schrei – der Trainingsleiter kniete blass neben mir. »Ines! Ines! Hast du dir weh getan?«

»Heute keine Leerung«, erwiderte ich.

Der Trainingsleiter ließ mich zur Sicherheit untersuchen – alles war gut ausgegangen.

Manchmal spielten wir auch Tischtennis oder Rollstuhlbasketball, das ist ein typischer Rollstuhlsport – Bayreuth hat sogar eine recht erfolgreiche Rollstuhlbasketballmannschaft. Mir blieb es schleierhaft, wie ich den Ball vom Boden heben sollte, wenn ich mich mit einem Arm am Rollstuhl festhalten musste, um mich wieder hochzuziehen. Ich fand diesen Sport zu brutal. Manche knallten mit ihren Rollstühlen aneinander wie beim Autoscooter. Das war mir zu gefährlich. Ich wollte nicht noch mal am Boden liegen.

Heimaturlaub

Andi besuchte mich jeden Tag. Bei manchen Aktivitäten war er sogar dabei – als Bäcker hatte er früh Feierabend. Am liebsten kuschelten wir unter meiner Bettdecke. Das war nicht gern gesehen auf der Station, tat mir aber sehr, sehr gut. Wir flüsterten uns ins Ohr, was wir tagsüber erlebt hatten, ich weinte vielleicht ein bisschen – häufig wegen Marcky, der mir leidtat, denn der kleine Kerl war viel allein. Oft hielten wir uns auch einfach nur fest. Irgendwann bekamen Männer von der Stationsleitung Bettverbot, und wir mussten uns was anderes einfallen lassen, um Nähe zu tanken.

Rückblickend glaube ich, dass ich mich in der Zeit im Krankenhaus aus Unsicherheit sehr an Andi geklammert habe. Allerdings hätte ich mich niemals so behandeln lassen, wie es der rücksichtslose Ehemann einer Mitpatientin tat, die nach einem Reitunfall im Rollstuhl saß. Ihr Mann verkündete lauthals, dass er keine Lust auf Sex mit einer »warmen Gummipuppe« habe. Das Schlimmste daran war, fanden Jasmin und ich, dass die Frau – sie lag zwei Wochen mit uns im Zimmer – nur schrecklich weinte, anstatt diesen Widerling rauszuwerfen. Das hätten wir nämlich gemacht.

Ich machte mir keine Sorgen, dass Andi mich verlassen würde. Ganz im Gegenteil. Er hielt ohne Wenn und Aber zu mir. Das war damals relativ leicht für ihn im Vergleich zu dem, was noch auf ihn zukommen sollte. Im Krankenhaus war ich in guten Händen, und Andi hatte wenig mit meinem Alltag zu tun. Dennoch musste er auch in dieser Zeit viel aushalten, denn ich war oft schlecht gelaunt und motzte ihn an, weil ich unzufrieden mit meinen Fortschritten war. So gut die medizinische Versorgung in Bayreuth sein mochte: der seelische Beistand fehlte komplett. Ich wurde kein einziges Mal gefragt, ob ich psychologische Hilfe benötigte. Die hätte mir und auch Andi sicher gutgetan. Wir wollten nicht nur wissen, wie man einen Rollstuhl in den vierten Stock trägt, wir hätten auch gern gewusst, wie wir als Paar mit meiner Lähmung umgehen sollten. Das erklärte uns niemand.

Dafür erfuhr ich alles über meine Rechte in sozialen Fragen, welche Hilfsmittel mir zustanden, welche Träger die Kosten dafür übernehmen würden, dass der behindertengerechte Umbau meines Autos vom Arbeitsamt finanziert würde, wenn ich berufstätig sei, und so weiter. Aber was mache ich mit meiner Traurigkeit? Und wie schaffen wir das als Paar? Wie kriegen wir den Alltag geregelt? Worauf sollen wir achten? Müssen wir uns von unserem Kinderwunsch verabschieden? Ist es normal, dass die Freundin manchmal motzig ist? Niemand sprach uns Mut zu. Im Nachhinein finde ich das sehr schade.

»Spürst du das?«, flüsterte Andi in mein Ohr und streichelte meine Beine.
»Ein bisschen.«
»Spürst du das? Und das?«
Jeden Tag erkundeten wir meine Sensibilität. Es war wie ein Experiment. Als solches erlebte ich auch den ersten Sex. Ich hatte praktisch zweimal ein erstes Mal. Vorher und nachher.

Alle zwei Wochen durfte ich übers Wochenende nach Hause, weil Jasmin das durfte. Ich hatte so lange gebettelt, bis mir das auch zugestanden wurde. Dummerweise war nun immer eine von uns weg. Ohne Jasmin und ihren lustigen Freundeskreis fand ich es stinklangweilig in der Klinik. Trotzdem hätte ich meine Wochenenden mit Andi nicht dafür hergegeben.

Der erste »Freigang« war wahnsinnig aufregend. Andi holte mich mit Marcky ab. Bevor er mich die vier Stockwerke in unsere Wohnung hoch trug, machten wir einen langen Spaziergang mit Marcky, der sich überhaupt nicht mehr einkriegte vor Freude, mich zu sehen, und mir ständig auf den Schoß sprang.

»Wie im Tierheim«, sagte ich zu Andi. »Da hat er seinen zukünftigen Platz schon gekannt.«

»Das ist ein Hund, kein Hellseher«, widersprach Andi.

Ich war so leicht, dass es für Andi kein Problem war, mich ins Dachgeschoss zu tragen. Er setzte mich auf die Couch und holte den Rollstuhl. Der Flur war viel zu schmal, und genau betrachtet bestand unsere Wohnung aus Türschwellen. Das war mir nie zuvor aufgefallen. Ich hatte mir auch noch nie Gedanken darüber gemacht, dass sich Linoleum und Rollstuhlräder nicht vertragen – der Boden klebt an den Rädern fest. Wenn ich etwas aus meinem Kleiderschrank holen wollte, musste ich Andi bitten. Keine Tasse konnte ich aus dem für mich unerreichbaren Schrank nehmen.

Trotzdem war es sehr, sehr schön, wieder daheim zu sein. Wir waren beide überglücklich und kamen nicht mal dazu, meine Tasche auszupacken. Wir hatten noch genauso viel Lust aufeinander wie früher, auch wenn ich meine Beine nicht bewegen konnte. Ich hätte weinen können vor Freude, als ich mir sicher war, dass ich meine Sensibilität bewahrt hatte.

Schon seltsam: Ich verspüre keine Schmerzen in den Beinen, nehme aber sanfte Berührungen wahr – allerdings gedämpft. Ich merke es, wenn ich mit den Beinen irgendwo anstoße – ein Gottesgeschenk! Auch wenn die Empfindung nicht so ist wie vor der Lähmung, sie ist da, und das ist mir wichtiger, als laufen zu können. Schmerzen habe ich nicht, wenn ich mich stoße. Doch ich bekomme schnell blaue Flecken. So wie meine Beine sich früher im Sommer durch knallrote Knie hervortaten, tun sie es heute ganzjährig mit blauen Flecken.

An der rechten Hüfte habe ich eine Stelle, wo ich gar nichts spüre. Sie ist absolut taub. Wenn mir bewusst wird, dass diese Taubheit überall hätte sein können, von der Brust abwärts … dann breitet sich eine tiefe Dankbarkeit in mir aus.

In dem Bereich um meinen Brustkorb herum, wo in der ersten Zeit dieser festgeschnürte Gürtel saß, spüre ich manchmal einen stechenden Schmerz auf der Höhe der letzten Rippe. Lange Zeit konnte ich mir darauf keinen Reim machen, bis ich eines Tages beim Duschen mit dem Fuß am Badewannenrand hängenblieb. Ich empfand keinen Schmerz, auch nicht, als der Fuß blau wurde, doch plötzlich fuhr mir ein Messer zwischen die Rippen. Da begriff ich, dass dieser Schmerz in dem sogenannten Übergangsbereich gelegentlich auftaucht, wenn ich mich verletze, ohne es zu merken. Ab diesem Moment waren mir die Messerattacken ein wertvoller Hinweis. Seither forsche ich nach, was mir passiert sein könnte, wenn es sticht.

Abgesehen von diesen Schmerzen im Übergangsbereich habe ich zum Glück keine – außer manchmal Rückenschmerzen im oberen Bereich, wenn ich meinen Rücken zu sehr belaste, falsch sitze oder liege. Da meine Rückenmuskulatur enorm arbeiten muss, weil mir die vorderen Haltemuskeln fehlen, ist sie auch anfällig, aber leider bleibt das Training für mich bis heute meistens ein Vorsatz. Durch meine eher schiefe als gerade Lähmung gerate ich auch leicht in eine seitliche Schieflage und muss mich zusätzlich anstrengen, mich gerade zu halten, nicht bloß aufrecht.

Als Fußgänger stellt man sich das Leben im Rollstuhl schrecklich vor, weil man dann nicht mehr laufen kann. Es ist aber nicht das Laufen, es sind ganz andere Dinge, die Probleme machen, wie ich nun nach und nach feststellte.

Als ich mit Jasmin im Krankenhaus lag, war der vom Hals abwärts gelähmte und mittlerweile verstorbene Schauspieler Christopher Reeve oft in den Medien. Er sprach stets davon, eines Tages wieder laufen zu können, obwohl er sogar beatmet werden musste. Jasmin regte sich über ihn auf: »Der soll doch erst mal wieder atmen lernen!«

Sie erfuhr am eigenen Leib, dass die Schritte in eine neue Normalität winzig klein sind – und die Freude über jeden weiteren Millimeter Selbständigkeit riesengroß ist. So war es bei mir, als ich das Katheterisieren lernte, und später, als ich merkte, dass ich wahrnehmen kann, wann ich zur Toilette muss: ein vages Gefühl in der Blasengegend, das mir sagt, dass ich mich beeilen sollte. Viele Rollstuhlfahrer spüren so etwas nicht und katheterisieren nach Uhrzeit und Trinkmenge.

Als Andi mich am Sonntagabend zurück ins Krankenhaus brachte, lag eine neue Patientin bei Jasmin und mir. Lara war schon älter, ungefähr 25, und beim Wandern von einem Felsvorsprung ein paar Meter in die Tiefe gestürzt. Sie kam überhaupt nicht mit ihrem Schicksal zurecht, einer Lähmung ab der Lendenwirbelsäule. Tausendmal am Tag fragte sie Jasmin und mich, warum ihr so etwas passieren musste. Ihr Bett war zu hart oder zu weich, das Essen schmeckte nicht, und das Wetter war viel zu schön, um es im Krankenhaus zu verbringen. Auch ihr hatte der Arzt Hoffnung gemacht, dass in den ersten drei Monaten die Lähmung weichen könnte. Es tat sich aber nichts bei ihr, und das erzählte sie uns ständig.

Dann auf einmal konnte sie die Zehen an einem Fuß bewegen. Schließlich das ganze Bein. Sie brachte es dennoch fertig, Jasmin die Ohren vollzuheulen, dass sie nur ein Bein bewegen könne und wie sie damit leben solle. Ich fand das taktlos und unsensibel. Jasmin war dabei, sich damit abzufinden, ihre Finger nie mehr bewegen zu können – das bedeutete, dass sie für alles Hilfe brauchte: aus der Traum vom selbständigen Leben. Lara verließ das Krankenhaus später auf ihren eigenen Beinen – bis dahin jammerte sie uns rund um die Uhr vor, wie schlecht es ihr gehe. Irgendjemand hat mir mal von einer Studie erzählt, bei der herausgefunden wurde, dass Menschen ihre Einstellung zum Leben nach einem schweren Schicksalsschlag nicht ändern. Wenn jemand gut drauf ist, wird er auch nach einer Lähmung – sobald er den Schock überwunden hat – wieder gut drauf sein. Und wenn jemand nicht gut drauf ist, wird ihn eine Lähmung kaum fröhlicher stimmen. Insofern bin ich mit den besten Voraussetzungen gestartet, denn ich war als Fußgängerin meistens gut gelaunt, und als ich von meinem neuen Leben auf Rädern völlig Besitz ergriff, ging es erst richtig los.

Laras Jammerei stieß mich so ab, dass ich selbst nie wieder jammerte, vor allem nicht in Gegenwart von Jasmin, die sich niemals beschwerte, obwohl sie es am schlimmsten von allen getroffen hatte. Jasmin war glücklich, weil sie so große Fortschritte gemacht hatte. Als sie nach Bayreuth kam, war sie ab dem Hals gelähmt und konnte weder Schultern noch Arme bewegen. Nach und nach war ihre Beweglichkeit bis in die Hände zurückgekehrt.

Seit ich Jasmin kenne, habe ich ein ganz anderes Verhältnis zu meinen Fingern. Was die alles können. Wie die mir helfen. Ich brauche sie ständig. Finger sind kleine große Wunderwerke!

Was für ein Glück, sie bewegen zu können! Und was für ein Glück, dass ich nur gelähmt war. Viele andere Patienten mit Lähmungen hatten schwere Unfälle hinter sich und litten an Knochenbrüchen, Verbrennungen, Organverletzungen … Nein, ich hatte überhaupt keinen Grund, mich zu beschweren. Bei wem auch?

Jasmin hatte sehr viel Besuch. Ihre Mutter kam jeden Tag und brachte gute Laune mit. Ich machte mir damals keine Gedanken darüber, wie sie das schaffte – schließlich lag ihre Tochter gelähmt im Bett. Heute denke ich, dass sie sich großartig verhielt. Sie munterte uns auf. Oft brachte sie Pizza mit oder Riesentüten von McDonald's und spürte feinfühlig, wann wir lieber unter uns bleiben wollten: »Ich geh dann mal!«
Ihr fröhliches Lachen klingt mir heute noch in den Ohren. Von den Ärzten ließ sie sich nichts aufschwatzen. Sie sorgte umsichtig für ihre minderjährige Tochter. So lehnte sie beispielsweise die Tropfen ab, die Jasmins Verdauung regeln sollten.
»Das braucht meine Tochter nicht. Das spielt sich ein. Die Tropfen lassen wir weg.«
»Aber wenn sie dann …«, begann ein Arzt.
Jasmins Mutter unterbrach ihn resolut: »Der Darm benötigt Zeit, um seinen eigenen Rhythmus zu finden, und wie soll meine Tochter damit zurechtkommen, wenn sie nie die Gelegenheit erhält, ihrem Körper die Chance zu geben, das in seinem Rhythmus zu regeln.«
Sie hatte natürlich recht, und Jasmin kam wunderbar ohne Tropfen klar. Daran dachte ich später, als ich die Tabletten vergaß, die ich täglich nehmen sollte, um meine Blase zu kontrollieren.
Jasmins Freund verließ sie, als er von ihrem Unfall erfuhr, den sie im Urlaub mit ihren Eltern hatte. Er besuchte sie kein ein-

ziges Mal im Krankenhaus. Das war bitter. Dafür kam Flo ständig vorbei, mit dem sie locker befreundet war. Ein Blinder hätte gesehen, dass Flo weit über beide Ohren in Jasmin verliebt war. Jasmin wollte davon nichts wissen. Und als Flo ihr eines Tages seine Gefühle gestand, sagte sie: »Guck mich an. Was willst du von mir? Ich bin gelähmt!«

»Ich will nur dich«, erwiderte Flo schlicht.

Und so blieb es. Neun glückliche Jahre später heirateten die beiden, obwohl Jasmin ihre Finger nie wieder bewegen konnte und bis heute rund um die Uhr Hilfe für ihren Alltag braucht – was sie nicht davon abhält, meistens gut gelaunt zu sein.

Flo brachte oft Kumpel mit ins Krankenhaus. Dann gesellte sich auch Stöpsel zu uns, der Zivi der Station. Stöpsel hatte ebenfalls eine Schwäche für Jasmin und kümmerte sich liebevoll um sie und ziemlich nett um mich. Wann immer er es sich zeitlich erlauben konnte, kam er bei uns vorbei. Manchmal saßen wir zu acht im Zimmer und schauten fern oder spielten irgendwas. Eines Tages sagte Jasmin zu mir: »Siehst du, die Zeit vergeht doch ganz schön schnell.«

Sie hatte recht: von Langeweile oder tristem Krankenhausalltag keine Spur. Ganz im Gegenteil, meine Tage waren ausgefüllt mit Training und Programm. So entstand etwas wie Alltag. Das gab mir Sicherheit und Halt in diesem neuen Leben. Und schließlich auch eine Perspektive, denn die Reha hatte ja ein Ziel: die Entlassung in die Selbständigkeit. Allmählich leuchtete sie am Horizont auf.

Der soziale Dienst des Krankenhauses stand mir mit Rat und Tat zur Seite. Eine Mitarbeiterin telefonierte mit meiner Chefin und fragte, ob ich meine Ausbildung fortsetzen dürfe.

»Als Hotelfachfrau wird Frau Korb wohl nicht arbeiten können«, meinte meine Chefin, »doch sie könnte umsatteln auf Hotelkauffrau, das kann sie gut im Rollstuhl bewältigen. Natürlich muss sie in der Berufsschule, was das Kaufmännische betrifft, einiges aufholen. Sie steigt ja mit einem Jahr Verspätung ein, doch ich bin sicher, das schafft sie. Also von unserer Seite steht einer Weiterbeschäftigung nichts im Wege.«

Einmal besuchte mich der Restaurantleiter im Krankenhaus. Das war sehr nett, auch wenn wir beide nicht wussten, was wir reden sollten. Ich war nun schon daran gewöhnt, dass mir manche Menschen unsicher begegneten, und machte nicht mehr den Fehler, das als Ablehnung zu werten. Trotzdem war es traurig, dass mich einige mieden, als hätte ich eine ansteckende Krankheit. Ich war doch noch immer Ines. Das Einzige, was sich verändert hatte, war meine Wirbelsäule. Dies machte mich zur Außenseiterin, und eines Tages fiel mir auf, dass ich mich im Kreis meiner Freunde und Bekanntschaften im Krankenhaus wohler fühlte als unter Fußgängern.

Die Menschen, die ich jetzt kennenlernte, kannten mich nur als Ines mit Rollstuhl. Die hatten überhaupt kein Problem damit. Andere, die mich vorher gekannt hatten, kamen oft nicht darüber hinweg, dass nun alles anders war, und benahmen sich sperrig, gehemmt, komisch. Und so geschah etwas Seltsames: Im Umgang waren sie die Behinderten. Obwohl ich wusste, dass sie das gar nicht wollten, war das je nach Tagesform manchmal wirklich anstrengend für mich. Angesprochen wurde das Thema von keinem. Was sollten sie auch sagen – »Du, ich weiß nicht, wie ich damit umgehen soll, dass du im Rollstuhl sitzt«? Stattdessen sagten sie »Wird schon wieder« und wurden dann rot. Weil eben nichts wieder wurde oder ganz anders, als sie sich das vorstellten. Manchmal fragte ich mich, wie ich mich bei einer plötzlich gelähmten Freundin verhalten hätte. Ehrlich gesagt weiß ich es nicht.

Da ich in Bayreuth noch nicht so viele Kontakte hatte – ich wohnte erst ein Dreivierteljahr dort – schloss ich mich gerne

Jasmins lustiger Clique an. Sie war ohnehin mein Hauptgewinn. Im Kreis von Jasmin und ihren Freunden erlebte ich auch die Sonnenfinsternis im August 1999. Wir saßen oder standen im Garten, alle mit diesen abgefahrenen Brillen, starrten nach oben und hatten das Glück, tatsächlich die ganze Verdunklung mitzubekommen, obwohl es zuvor länger geregnet hatte. Als der Mond sich langsam vor die Sonne schob und es zuerst dämmrig, dann grün-gräulich, fast unheimlich wurde und alle Vögel schlagartig verstummten, dachte ich: So ist es auch bei mir. Etwas Dunkles hat sich über mein Leben geschoben. Bevor ich den Gedanken weiterspinnen konnte, wurde es schon wieder heller. Die Sonne kehrte zurück.

Das schwarze Cabrio

Der große Tag nahte. Mein erster eigener Rollstuhl würde bald geliefert. Wie würde er aussehen, wie würde er sich anfühlen, wie würde er sich fahren? Die Therapeuten im Krankenhaus hatten ein Modell für mich ausgesucht – ich vertraute ihrer Erfahrung, denn Rollstuhl ist nicht gleich Rollstuhl. Es gibt drei große Rollstuhlfirmen, die wiederum verschiedene Modelle anbieten. Manche kommen daher wie schwerfällige Lieferwagen, andere sind klein und sportlich. In der Klinik fuhren fast alle auf *Küschall* ab, eine Schweizer Firma, deren Design angenehm reduziert ist. Ich fand diese Dinger cool, und genauso ein Gefährt sollte ich bekommen.

Sehr wichtig ist das individuell angepasste Sitzkissen, es wird separat bestellt. Auch hier gibt es verschiedene Modelle. Meines ist ein relativ hartes Bienenwabenkissen. Die Bienenwaben verteilen den Druck großflächig; denn Rollstuhlfahrer sind prädestiniert für Druckstellen. Die sind nicht nur lästig, sondern zudem gefährlich. Auch wenn sie klein sind, reichen sie oft sehr tief.

Der Schauspieler Christopher Reeve soll an einer durch eine Druckstelle entstandenen Infektion gestorben sein. Ich erinnere mich gut an einen Patienten im Krankenhaus, der wegen einer Druckstelle wochenlang auf dem Bauch liegen musste. Ich bin sehr glücklich, dass ich diesbezüglich nie Probleme habe. Das Schlimme ist, dass man praktisch nichts dagegen tun kann. Die Muskulatur, die das Sitzen abpolstern würde, fehlt. Meine Poknochen bohren sich in die Unterlage. Das ist sehr unangenehm. Ich bin doch ein klein wenig die Prinzessin geblieben, die ich damals im Kindergarten war – auch ganz ohne Erbse!

Mein erster *Küschall,* genannt K4, war ein Starrrahmenstuhl. Bei dieser Konstruktion können die Räder abgenommen werden, und die Rückenlehne ist umklappbar – übrig bleibt ein rechter Winkel, der unkompliziert, aber nicht ohne Anstrengung ins Auto eingeladen wird. Eine für mich indiskutable Alternative wäre ein Faltrollstuhl gewesen. Bei diesen Modellen befindet sich in der Mitte unter dem Po ein Kreuz zur Stabilisierung. Dort können sie zusammengefaltet und dann verstaut werden. Das ist einerseits sehr praktisch, andererseits wirken sie dadurch sperrig.

Zu meiner großen Freude bekam ich einen angepassten Rollstuhl. Breite, Rückenhöhe, Ober- und Unterschenkellänge – alles muss sitzen wie ein Maßanzug. Ältere Menschen erhalten oft keinen angepassten Rollstuhl, sondern einen vom Lager. Nachdem ich komplett vermessen worden war, durfte ich mir auch eine Farbe wünschen. Schwarz, was sonst! Das fällt am wenigsten auf. Ich möchte nicht, dass Leute sich auf der Straße nach mir umdrehen und raunen: »Ui, guck mal, ein türkisfarbener Rollstuhl!« Ich will, dass es heißt: »Guck, da kommt die

Ines.« Schwarz passt auch zu allen Klamotten und sieht immer gut aus.

Die Wartezeit nach der Bestellung betrug drei oder vier Wochen. Nach gefühlten zehn Jahren saß ich dann zum ersten Mal in meinem Schweizer Cabrio – und erlebte eine Riesenenttäuschung. Da passte ja gar nichts, hinten nicht und vorne nicht, obwohl die Techniker eifrig am Feintuning arbeiteten. Die kluge Jasmin hatte mich vorgewarnt. Meine Reaktion war völlig normal, denn ich war an das Postgefährt gewöhnt, das mir zwar nicht auf den Leib geschneidert, aber vertraut war. Es ist, als hätte man wochenlang Winterstiefel getragen und würde plötzlich in Sandalen schlüpfen – oder umgekehrt.

Ich kam dann allerdings sehr schnell in die Gänge mit meinem sportlichen Gefährt und seiner tiefen Rückenlehne, die mir herrliche Bewegungsfreiheit verschaffte, nachdem ich mich an die neue Instabilität gewöhnt hatte. Hier musste ich aktiv das Gleichgewicht halten, anstatt gehalten zu werden wie in dem gelben Vorgänger.

Ich habe noch nie zwei identische Rollstühle gefahren. Selbst wenn ich Techniker bat, einen neuen Rollstuhl genauso anzupassen wie den alten – er war immer anders. Heute habe ich zwei Stück. Einen für zu Hause und einen für unterwegs – ach ja, und den zum Duschen. Rollstühle sind teuer. Mein erster *Küschall* kostete damals rund 6000 Mark und wurde wie seine Nachfolger von meiner Krankenkasse finanziert. Deshalb bleibt ein Rollstuhl auch Eigentum der Kasse, und wenn sein Besitzer ihn nicht mehr benötigt, kommt er in ein Lager und wird von dort weiter verliehen. Oder man ist eben privilegiert, weil man beispielsweise jung ist, und bekommt eine Maßanfertigung.

So wie man ein Abendkleid nicht zum Einkaufen trägt, gibt es auch für meine beiden Rollstühle verschiedene Einsatzorte. Wenn ich da etwas durcheinanderbringen würde, wäre das ein ziemlich komisches Gefühl. Es ist ungefähr so, wie dass man zu Hause am liebsten mit den bequemen Schlappen rumläuft. Bei einem öffentlichen Abendevent hingegen sind Pumps oder High Heels die bessere Wahl.

Startpunkt

Mitten in Bayreuth unterhielt das Krankenhaus einen sogenannten Startpunkt. Diese rollstuhlgerechte Wohnung diente frischen Rollstuhlfahrern und Rollstuhlfahrerinnen wie mir als erste Station in einem selbständigen Leben. Hier lernten wir, worauf es im Alltag ankommt – wenn keine Krankenschwestern und Zivis rund um die Uhr zur Verfügung stehen. Vor der Wohnung befand sich eine Rampe. Spüle und Herd in der Küche waren unterfahrbar, die Oberschränke elektrisch höhenverstellbar. Schränke waren mit Schiebetüren ausgestattet, und das Bett war höher als handelsüblich. Es gab sogar rollstuhlgerechte Teppichböden und einen Wäschetrockner – über diesen Luxus hatte ich noch nie verfügt.

Doch der Luxus war kein Luxus, sondern bitter nötig, denn Wäsche aufzuhängen – vor allem Bettwäsche – stellt mich vor eine Herausforderung. Ich kann sie weder hochheben noch aufhängen. Sie schleift am Boden oder an den schmutzigen Rollstuhlrädern. T-Shirts und kleine Stücke sind kein Problem, doch ich wollte ja auch hin und wieder die Bettgarnitur wechseln und dazu nicht immer auf Andi warten, auch wenn er mir gerne half.

Zwar war die Wohnung insgesamt in keinem guten Zustand, doch die Basics stimmten. Ich genoss es, mich selbst – und Andi – zu versorgen. Sehr gerne kochte ich – ein Kinderspiel mit dem unterfahrbaren Herd. Andi und ich hatten unser Dachgeschoss, in dem unsere eigenen Möbel standen, gekündigt und wohnten mit dem überglücklichen Marcky, dessen Rudel wieder vollständig war, in der Startpunktwohnung, bis wir etwas Neues finden würden.

Von Montag bis Freitag holte mich nun jeden Morgen ein Zivi ab, damit ich meine Reha im Krankenhaus ambulant fortsetzen konnte. Wenn ich aufstand, war Andi schon weg, und wenn ich nach Hause kam, war er da. Das war fast normaler Alltag. Ich wurde immer selbständiger, denn nun musste ich ohne Hilfe in Rufweite allein übersetzen. Es klappte immer besser, obwohl die Couch sehr weich war. Einmal jauchzte ich vor Freude, weil ich mich überhaupt nicht angestrengt hatte, sondern leicht wie eine Feder hinübergeglitten war. Andi, der gerade kochte, schoss mit dem Schneebesen in der Hand um die Ecke und zog eine Teigstraße hinter sich her. Er sah mich sitzen, wusste sofort, was los war, und strahlte mit mir um die Wette.

Leider fühlte ich mich in der Wohnung nicht richtig wohl. Manche meiner Vorgänger hatten hier eher gehaust als gewohnt und ihre Spuren hinterlassen. Außerdem gehörten die Möbel nicht uns – der Startpunkt war eher eine Ferienwohnung.

Jasmin befand sich immer noch auf Station, doch wir sahen uns jeden Tag bei der Reha, und am Wochenende besuchte ich sie oft. Zu Beginn kam mir das komisch vor. Gehörte nicht ich in das Bett gegenüber? Ich war so lange hier gewesen und hatte trotz aller Schwierigkeiten viel Schönes und Lustiges erlebt. Das enge Zimmer war zu einem Stück Heimat geworden. Eines Tages lag zu meinem Befremden eine andere Frau in »meinem« Bett. Doch auch daran gewöhnte ich mich, denn ich besuchte Jasmin noch sehr lange: Insgesamt blieb sie eineinhalb Jahre im Krankenhaus. Irgendwann im Herbst wartete ich einmal draußen vor dem Krankenhaus auf einen Zivi, der mich nach Hause bringen sollte. Da fiel mein Blick auf den kleinen Hügel, den ich angeblich hochrollen musste, ehe ich entlassen würde. Niemand hatte mich je zu dieser erfundenen Abschlussprüfung gebeten. Sie gehörte zu den Motivationstricks der Therapeuten. Ich drehte mich einmal im Kreis und kontrollierte, ob mich jemand beobachtete. Dann atmete ich tief durch und fuhr an. Lehnte mich nach vorne, um nicht hintenüber zu kippen, und meisterte die erste Serpentine. Und die zweite. Ich fuhr weiter, mein Herz schlug kräftig in meiner Brust. Meine Arme griffen in die Räder, hoch konzentriert, denn die Hände auch bloß ein paar Zentimeter falsch an den Greifreifen gesetzt, würde Schwungverlust und damit erhöhten Krafteinsatz bedeuten. Die dritte Serpentine und die vierte. Was ich mir niemals zugetraut hatte – jetzt hatte ich es geschafft und stand schließlich oben. Mit einem breiten Grinsen rollte ich den Hügel relax zurück hinunter.

»Hey Ines! Wo warst du?«, fragte mich der Zivi.

»Ich hab den Mount Everest erklommen«, erwiderte ich wahrheitsgemäß.

Im Keller des Krankenhauses stand ein VW Golf, auf dessen Polster wohl so manche Träne tropfte – und mancher Fluch, denn hier lernten wir, den Rollstuhl möglichst zügig zu verladen: Räder ab, Rückenlehne nach vorne klappen und das Gestell über uns auf den Beifahrersitz hieven. Der Schweiß floss in Strömen, die Arme zitterten, und neben dem Auto feixte ein Therapeut mit Stoppuhr.

»Ines, das Limit beträgt zwei Minuten, nicht zwei Stunden!«

»Der ist so schwer!«, stöhnte ich.

»Es ist alles eine Frage der Technik!«

»Das macht ihn auch nicht leichter!«

»Doch. Versuch's noch mal … super! Drei Minuten. Und gleich noch mal, aber von vorne. Steig aus und fang noch mal an.«

Ich weiß nicht, wie oft ich von vorne anfing. Es machte mir gar nicht so viel aus, denn es war mein unbedingtes Ziel, Auto zu fahren – und wenn ich den Rollstuhl nicht verstauen konnte, würde ich zu Hause bleiben müssen.

Einmal feuerten Andi und Steffi mich an, klatschten in die Hände und skandierten »I-nes! I-nes!« Da schaffte ich es unter zwei Minuten.

Den Führerschein musste ich nicht wiederholen, ich brauchte nur die Technik erlernen, ausschließlich mit den Händen zu fahren: links ein Knauf am Lenkrad, rechts Handgas und Bremse. Einige Fahrstunden in einem umgebauten Auto genügten, dann hatte ich den Dreh raus und konnte mich zur Prüfung beim TÜV anmelden. Den Prüfer interessierte vor allem, ob ich genug Kraft im rechten Arm für eine Vollbremsung habe. Da meine Arme von der Lähmung überhaupt nicht betroffen sind, bestand ich die Prüfung ohne Problem. Mein Vater kümmerte sich um den Tausch meines Nissan gegen ein grünes Honda-Coupé, einen Civic Automatic, der behindertengerecht hergerichtet wurde.

Weidenberg

Andi und ich suchten eine Wohnung im Erdgeschoss, am besten ohne Treppe. Laut telefonischer Auskunft vieler Vermieter gab es die zuhauf.

»Treppe? Nein, da ist keine Treppe. Gerade mal eine Stufe vorne bei den Klingeln.«

»Und wie hoch ist die?«, wollte ich wissen.

»Die ist praktisch flach.«

Wir fuhren hin. Vor dem Klingelschild gab es vier Stufen – und von flach konnte keine Rede sein. Es verblüffte uns, dass viele

Menschen keine Ahnung hatten, wie es vor ihren Haustüren aussah. Aber es war auch nicht wichtig für sie. Eine Stufe oder fünf, egal. Für mich waren das Hindernisse, die darüber entschieden, ob ich selbständig leben konnte oder nicht.

In Weidenberg, einem beschaulichen Örtchen circa 15 Kilometer von Bayreuth entfernt, fanden wir endlich eine Erdgeschosswohnung mit einem Vermieter, der nichts dagegen hatte, dass das Integrationsamt eine Rampe anbauen lassen würde. Das Integrationsamt bezahlte auch die Rampe zur Terrassentür sowie elektrische Rollläden und einen rollstuhlgerechten Boden. Teppiche bremsen, am besten sind glatte, pflegeleichte Böden.

Meine Eltern halfen beim Umzug tatkräftig mit, und manchmal war es wie früher, denn ich saß keinesfalls faul herum, sondern packte tüchtig mit an. Kleinere Sachen transportierte ich auf dem Schoß, ich räumte Kisten aus und gab wohlüberlegte Anweisungen, wohin die Möbel gehörten. Ich assistierte auch, als die alte Küche aus Freiberg montiert wurde. Herd und Spüle waren leider nicht unterfahrbar, doch ich kam auch so zurecht. Im Bad befestigten wir einen Badewannenlifter. Wenn ich duschen wollte, setzte ich vom Rollstuhl in den Lifter über und ließ mich in die Badewanne ab. Ich bade nur selten, es ist ungemütlich mit dem Lifter. Es entsteht kein schönes Badewannengefühl rund zehn Zentimeter über dem Badewannenboden. Von Fläzen und Einsinken keine Spur!

Mit meinem Vater fuhr ich nach Freiberg, um einige Sachen zu holen und die Omas und Opas zu besuchen, die mir alle vier sehr fehlten – und natürlich Manu, die ich nicht nur als Freundin vermisste, ich brauchte auch ihren Rat, denn Andi benahm sich komisch. Er telefonierte manchmal und legte dann abrupt auf, wenn ich ins Zimmer kam.

»Wer war denn dran?«

»Falsch verbunden«, behauptete er.

»Und da telefonierst du so lange?«, fragte ich.

Schweigend kraulte er an Marcky herum.

Als ich Manu sah, freuten wir uns beide so sehr, dass diese merkwürdigen Telefonate für mich erst mal kein Thema waren. Lieber wollte ich mit Manu einen Rucksack kaufen. Jeder Rollstuhlfahrer hat einen Rucksack hinten am Rollstuhl über den Griffen hängen mit wichtigen und unwichtigen Utensilien des Alltags. Katheter, Taschentücher, Handy, Geldbeutel, Schlüssel – und dies oder das kleine Geheimnis. Da ich meinen Rollstuhl immer dabeihabe, ist auch der Rucksack stets mit von der Partie, was ich sehr praktisch finde. Ich muss meinen Geldbeutel nie suchen! Meine Partner haben den Rucksack später alle gern genutzt: »Ich pack das mal schnell da hinten rein!« Doch manchmal vergaßen sie dann, wo sie ihr Handy verstaut hatten. Mir kann das nicht passieren. Wenn ich ins Auto steige, nehme ich den Rucksack als Letztes ab, und wenn ich aus dem Auto steige, kommt er als Erstes an die Griffe.

In Freiberg schlug Manu dasselbe Ledergeschäft vor, das mir auch durch den Kopf ging. Es war das erste Mal seit meiner Operation, dass wir bummelten … wie früher – und doch ganz anders. Wir schlugen uns tapfer, wenn mir auch manchmal Bilder wie Sternschnuppen durch den Kopf zischten. Wie wir auf vier kecken Tänzerinnenbeinen über den Marktplatz gesprungen waren, so federnd, so kräftig, so graziös.

Manu klebte förmlich am Schaufenster des Lederwarenladens.

»Schau mal, die rote Tasche da. Was meinst du?«

Ich rümpfte die Nase: »Ich suche eine schwarze Tasche, lieber einen Rucksack. Nichts Buntes, auf keinen Fall rot. Der Rollstuhl ist ja auch schwarz.«

»Lass uns mal reingehen«, sagte Manu und hielt mir die Tür auf.

»Kann ich Ihnen helfen?«, wollte eine Verkäuferin wissen.

»Wir brauchen einen Rucksack für den Rollstuhl meiner Freundin«, erklärte Manu. »Und zwar in Schwarz.«

»Ja, wenn Sie bitte da vorne in die andere Abteilung gehen … äh, ich meine …«

Manu grinste: »Ist schon in Ordnung. Wie gehen dann mal da rüber.«

»Ja. Äh. Da ist auch eine Kollegin. Ich bin für die Koffer zuständig.«

Manu schnappte mich und schob mich weg.

»Hey, lass mich selber fahren!«

»Ne, dazu macht es mir viel zu viel Spaß, dich endlich mal in die Richtung zu lenken, wohin ich will!«

Ich schlug spielerisch auf ihren Oberschenkel.

»Weißt du«, sagte Manu und ihre Stimme klang belegt, »als ich dich im Krankenhaus besuchte, war ich unsicher, als ich ›gehen‹ sagte. Wie die Verkäuferin eben. Ich erinnere mich an die Situation, als wäre sie gestern gewesen.«

»Aber das sag ich doch auch!«

»Ja, ich weiß schon. Aber es ist wohl ebenso unangenehm, wie einen Blinden zu fragen, wann man sich wiedersieht.«

»Darüber habe ich mir nie Gedanken gemacht.«

»Du sagst noch viel krassere Sachen«, behauptete Manu.

»Echt?«

»Als du mir gestern am Telefon von Andi und diesen ominösen Falsch-Verbunden-Anrufen erzählt hast …«

»Ja?«

»Du hast glatt gesagt: Ich war wie gelähmt.«

Ich prustete laut heraus: »Das ist mir gar nicht aufgefallen!«

»Kann ich Ihnen helfen?«, fragte uns die Rucksackverkäuferin.

Zurück in Weidenberg, stellte sich heraus, dass Andi keine neue Freundin hatte. Er telefonierte mit seiner Ex, weil er seine Tochter Nelly sehen wollte. Da Andi wusste, dass ich damit nicht so gut umgehen konnte, wie es mir lieb gewesen wäre, versuchte er, diese Telefonate vor mir geheim zu halten, womit er alles noch schlimmer machte. Ich hatte keine gute Phase in der ersten Zeit in Weidenberg. Nur wenig klappte, wie ich mir das vorstellte. Ich war nicht die junge, taffe Frau, die ich sein wollte. Ich war noch lange nicht selbständig, und das machte mich unzufrieden und quengelig.

Ich war angewiesen auf Andi, da die Rampe vor der Tür noch fehlte. Ständig wurde ich vertröstet. Solange die Rampe nicht angebracht und mein umgebautes Auto nicht geliefert war, konnte ich nicht arbeiten und nicht mal Marcky Gassi führen, so dass alles an Andi hing. Er kaufte ein und verrichtete alle Arbeiten, die ich nicht schaffte – aber eben nicht so gründlich und flott, wie mir das vorschwebte, da wir verschiedene Ansichten über Ordnung hegten.

Ich fühlte mich gefangen in der Wohnung und war bestimmt keine liebreizende Gefährtin. Kein Wunder, dass Andi immer öfter mit seiner Ex-Freundin telefonierte. Ging es da wirklich nur um die Tochter? Oder witterte er eine Chance, aus dem beschwerlichen Alltag mit mir auszubrechen? Ich glaubte, Andi mittlerweile recht gut zu kennen, und deshalb konnte ich mir nicht vorstellen, dass er mich einfach so verlassen würde. Doch wenn ihm jemand ein besseres Angebot unterbreitete, wäre er vielleicht weg. Andi brauchte damals oft jemanden, der ihn bei der Hand nahm. Früher war ich das gewesen. Heute musste ich erst mal mich selbst an die Hand nehmen, und nicht mal das gelang mir zu meiner Zufriedenheit.

Endlich erhielt ich den lang ersehnten Anruf aus Freiberg, dass ich mein Auto abholen könnte. Mit meinem Nissan, Andi am Steuer, fuhren wir hin, zurück würde ich mit dem Honda fahren. Ich war aufgeregt, denn es war die erste Fahrt ohne Fahrlehrer an meiner Seite. Andi würde mir kaum helfen können, er war nicht eingewiesen in die Handsteuerung. Die Übergabe klappte reibungslos, und danach fuhren wir zu meinen Eltern. Nach dem Kaffee verkündete Andi plötzlich, er wolle die Gelegenheit nutzen, seine Tochter zu besuchen, wenn er schon mal da sei. Ich bemühte mich um Fassung, doch sie bröckelte Stunde um Stunde – Andi kam erst weit nach Mitternacht zurück. Ich war am Boden zerstört. Für mich war das der Anfang vom Ende. Ich wollte nicht verlassen werden! Wenn ich heute über diese Zeit nachdenke, weiß ich nicht, ob meine Liebe zu Andi so tief war, oder ob ich einfach Angst davor hatte, allein zu sein. Sicher ist, dass ich eine Nummer zu groß für Andi war. Ich war ihm von Anfang an überlegen – und habe ihn oft überfordert. Ich befürchte, unsere Beziehung wäre auch ohne Rollstuhl in die Brüche gegangen.

Auf der Heimfahrt in meinem nigelnagelneuen Auto rückte Andi nach und nach damit heraus, dass er nach Freiberg ziehen wollte. Dort sei seine Heimat. Dort fühle er sich wohler als in Bayreuth.

»Aber da kann ich nicht mit!«, rief ich. »Ich habe einen Ausbildungsplatz in Bayreuth. Und dann das Kopfsteinpflaster in Freiberg. Wie stellst du dir das vor?«

Andi zuckte mit den Schultern: »Es ist auch wegen Nelly. Ich könnte sie öfter sehen.«

»Du meinst, du könntest deine Ex öfter sehen?«, giftete ich ihn an.

»Nein, mein Schatz, so ist es nicht«, stritt er ab, doch ich glaubte ihm nicht.

Dienstagabend kehrten wir zurück nach Weidenberg, Mittwoch packte Andi seine Sachen, und Donnerstag war er weg.

Die Rettung

Meine Welt war zusammengebrochen. Ich war allein, gefangen. Ich hatte keine Freunde in der Nähe, und selbst wenn es welche gegeben hätte – wie wäre ich zu ihnen gekommen, ohne Rampe? Ich vermisste Andi wie noch nie in meinem Leben. Aber vermisste ich wirklich ihn? Oder vermisste ich nur den Mann an meiner Seite? Mein Gesicht war verschwollen vom vielen Weinen, und wahrscheinlich war ich innerlich so gut wie ausgetrocknet. Dass da noch immer neue Tränen nachkamen! Auf und ab fuhr ich durch die Wohnung, wie ein gefangener Tiger, allein. Mutterseelenallein. Ich rief meine Eltern an. Die wollten sofort kommen. Ich gab mich stärker, als ich mich fühlte, und wurde dadurch auch stärker, aber es reichte noch lange nicht, um es lebenslänglich ohne Andi auszuhalten. Ich würde nie mehr einen Freund finden.

»Ich kriege nie wieder einen Mann!«, heulte ich an Steffis braunem Lockenkopf. Wahrscheinlich würde sie bald einen Hexenschuss bekommen, denn seit einigen Minuten schon beugte sie sich zu mir runter und versuchte vergeblich, mich zu trösten. Sie war sofort zu mir gefahren, als ich sie angerufen hatte, und ich war ihr noch an der Haustür in die Arme gefallen. Ihre braunen Augen blickten mich kummervoll an.

»Nie wieder kriege ich einen Mann!«, wiederholte ich. »Wer will denn schon was von einer wie mir!«

»Natürlich kriegst du wieder einen Mann!«, behauptete Steffi. Es klang absolut überzeugt.

Ich dachte an Jasmin. »Guck mich an«, hatte sie zu Flo gesagt, »was willst du von mir?«

Ich schämte mich für meine Schwäche und konnte mir trotzdem nicht vorstellen, dass ich noch mal eine Beziehung eingehen würde. Ich ahnte nicht, dass es einfacher ist, sich in einen Menschen im Rollstuhl zu verlieben, als in einen Fußgänger, der später im Rollstuhl landet. Wer sich in eine Rollstuhlfahrerin verliebt, weiß, was auf ihn zukommt. Mit so etwas konnte Andi nie rechnen, als wir ein Paar wurden.

Steffi zeigte sich wie immer schonungslos direkt: »Jetzt hör auf mit dem Quatsch von wegen du kriegst keinen mehr ab. In Wirklichkeit bist du doch nur gekränkt, weil es ein Mann wagt, dich zu verlassen. So was ist dir nämlich noch nicht passiert, hab ich recht?«

Ich starrte sie entgeistert an. Tatsächlich. Da war was dran. Bisher war stets ich diejenige gewesen, die den Schlussstrich gezogen hatte. Das war also die andere Seite. Interessant … und irgendwie auch ganz spannend. Nein, gar nicht spannend, sondern einfach nur schrecklich!

»Ich komm doch allein gar nicht klar«, schrumpfte mein Selbstbewusstsein erneut.

»Irgendetwas wird schon passieren«, prophezeite Steffi.

Ringo passierte. Am nächsten Tag stand er vor der Tür, einfach so. Ich hatte ihn vor Jahren im Tivoli kennengelernt, und seither tauchte er immer mal wieder auf, als wollte er überprüfen, ob ich nun endlich einsehen würde, dass er der Richtige für mich sei. Das fanden zumindest meine Eltern und einige meiner Freundinnen, denn Ringo war eine super Partie. Als Triathlet hatte er nicht nur eine klasse Figur, er sah auch sonst aus wie der Traumschwiegersohn. Ringo war der nette Mann von nebenan: fröhlich, unkompliziert, hilfsbereit – rundum nett. Viel zu unkompliziert für mich.

Wie immer brachte Ringo Blumen mit. Irgendjemand in Freiberg hatte ihm meine Adresse gegeben und von meinem »Unfall« erzählt. Ringo war öfter dort, da er seine Oma gern besuchte. Er selbst lebte in Westdeutschland. Nie hatte er meinen Geburtstag vergessen und auch sonst hin und wieder ein Päckchen geschickt – eine CD, ein Buch, Pralinen. Viele Jahre lang seufzte meine Mutter bei allen passenden und unpassenden Gelegenheiten: »Warum du den Ringo nicht genommen hast, verstehe ich bis heute nicht!«

Manu verstand es schon, obwohl sie Ringo optisch ziemlich ansprechend fand. Er war einfach zu nett. Doch diesmal war er meine Rettung. Er klingelte gegen Mittag, traf mich verzweifelt an, drückte mich fest an sich, verschaffte sich einen Überblick über die Situation, bat um einen Zollstock, Bleistift und Papier, verschwand für zwei Stunden, kehrte zurück mit allerhand Baumaterial, und am Nachmittag war die provisorische Rampe vor dem Haus fertig. Ringo blieb über Nacht, fuhr am nächsten Tag, und ich hatte nicht nur eine wunderbare Lektion zum Thema Freundschaft bekommen, sondern auch die Gewissheit, dass selbst eine Frau im Rollstuhl Herzen brechen kann.

Erste Hilfe

Da meine Eltern keinen Urlaub erhielten, kamen meine Großeltern zur Ersten Hilfe nach Weidenberg. Zwei Wochen wollten sie bei mir bleiben und mich für den Alltag fit machen, damit ich in der Wohnung alleine zurechtkam. Meine liebe Oma nahm mich in eine harte Haushaltsschule. Opa war als Berater tätig und überraschte uns mit konstruktiven Vorschlägen. Die Probleme lauerten überall. Jetzt konnte ich zwar das Haus verlassen, wenn auch unter großer Anstrengung, da die Rampe zu steil war, doch wenn ich wieder mit großer Anstrengung zurück in der Wohnung war, zog ich eine Dreckspur hinter mir her.

»Ich kann die Räder doch nicht vor der Tür ausziehen!«, rief ich, als Oma kopfschüttelnd das Schlamassel betrachtete.

»Kannst du sie vielleicht abwischen?«, fragte Opa.

»Nein, kann sie nicht, wie soll das denn gehen!«, widersprach Oma. »Aber feudeln kann sie auch nicht. Da fällt sie uns doch vorne über.«

»Da müssen wir was erfinden, damit sie sich festhalten und gleichzeitig wischen kann. Da gibt es doch solche Systeme, da muss man sich gar nicht bücken, wenn man den Lappen ausdrückt.«

»Ja, ja, aber da brauchst du einen Fuß, mit dem du dich auf den Schrubber stellst«, gab Oma zu bedenken.

»Vielleicht gibt es auch ein System, wo man mit dem Stil draufdrückt?«, überlegte ich laut.

»Das bring ich in Erfahrung. Bin schon auf dem Weg!«

Opa zog los, Oma schälte einen Apfel und stellte ihn mir auf einem Teller in kleinen Schnitzen auf den Schoß. Genau wie früher. »Lass es dir schmecken, Ines.«

Es fehlte nur noch, dass sie mich in die Wanne steckte wie sonntags, als meine Eltern noch keine Wanne in ihrer Wohnung hatten. Meistens kam meine Cousine Nicole mit mir zusammen dran. Das Badewasser war so heiß, dass der Spiegel beschlug – lange vor dem Baden wurde es mit Kohlen aufgeheizt. Oma meinte es immer besonders gut, und wir durften auf keinen Fall am Hahn herumspielen, sonst hätten wir uns womöglich verbrüht. Im Wohnzimmer stand damals ein grüner Kachelofen, Küche und Schlafzimmer waren im Winter eiskalt. Ich war trotzdem sehr gern bei meiner Oma, denn vor ihrer Wohnung gab es einen tollen Spielplatz, und außerdem war Nicole oft da. Mit ihr veranstaltete ich allerhand Quatsch. Einmal schraubten wir den Tisch bei meiner Tante auseinander und kriegten ihn dann nicht mehr ordentlich zusammen, auch die Erwachsenen nicht. Der Tisch quietscht und wackelt heute noch.

Bei Oma lernte ich nun auch, aus dem Rollstuhl heraus zu putzen.

»Nur für das Gröbste«, tröstete mich mein Opa. »Damit wir sicher sein können, dass du allein zurechtkommst.«

Der schwere Wassereimer, immer die Gefahr, vornüberzu-kippen, meine Großeltern mit kummervollen Gesichtern und schließlich die Freisprechung meiner Oma: »Der Boden muss ja nicht wie geleckt aussehen.«

»Das geht auch gar nicht. Es ist immer ein wenig Schmutz an den Rädern vom Rollstuhl, Ines kann ihre Straßenschuhe ja nie ausziehen«, stimmte mein Opa zu.

Oma stemmte die Hände in die Seiten und nickte. Ich atmete auf. Wenn sie das jetzt noch meiner Mutter beibrachten, die eine superperfekte Hausfrau war, und von der ich mir wünschte, dass sie stolz auf mich wäre, konnte eigentlich nichts mehr schiefgehen! Ich tat, was ich konnte, aber ich konnte eben nicht mehr so wie früher, und alles dauerte ewig.

Auch das Bett zu beziehen stellte mich vor eine Herausforde-rung, und ich war sehr stolz, dass ich Oma und Opa überraschen konnte, denn ich hatte mir selbst einen Trick überlegt, wie ich dem Bettzeug Herr beziehungsweise Frau werden konnte. Klar war ich danach körperlich fix und fertig. Kleinste Tätigkeiten waren für mich manchmal Schwerstarbeit, was man leicht nach-vollziehen kann, wenn man mal versucht, ohne Beine, Bauch- und untere Rückenmuskeln den Haushalt in Schuss zu halten.

Mein kleiner Marcky war begeistert von meinen Aktivitäten und schenkte mir immer wieder Mut und Durchhaltekraft, wenn ich mal verzweifelt war, weil alles so lange dauerte und ich

meine klitzekleinen Fortschritte nicht schätzte. In seiner und
der Begleitung meiner Großeltern wagte ich es auch, die nähere
Umgebung zu erkunden. Ziel war es, später auch lange Spaziergänge mit Marcky unternehmen zu könnnen. Meinen lieben
Großeltern fiel es manchmal sehr schwer, mich im Handbetrieb
durch unwegsames Gelände rollen zu sehen, doch sie sagten
nichts, seufzten nur hin und wieder verstohlen, und in ihren
Augen glänzten Tränen.

»Dieser beißende Wind!«, schimpfte mein Opa mit rauer Stimme, obwohl sich kein Lüftchen regte. Meistens lobten sie mich:
»Toll Ines! Super machst du das!«

Mein Opa versuchte immer wieder mal, mich zu schieben, wenn
es bergauf ging, doch ich bat ihn: »Danke, Opa, aber lass mich
machen. Wenn ihr weg seid, muss es auch funktionieren.«

»Entschuldigung«, sagte er und nahm die Hände schnell weg,
als hätte er sich an den Griffen des Rollstuhls verbrannt.

Wir fanden eine Strecke, die ich gut bewältigen konnte. Eine
einzige leichte Steigung musste ich überwinden, das klappte von
Tag zu Tag besser. Gern ließ ich mich nach diesen Spaziergän-
gen von Opa über die Rampe nach oben schieben. Ringo hatte
ein wenig zu steil geplant. An Andi dachte ich seit Ringo gar
nicht mehr. Ich war voll beschäftigt mit meinem Survival-Trip.
Manchmal rief Andi an und fragte, wie es mir gehe. »Gut«,
sagte ich dann und beendete das Telefonat schnell, denn obwohl
ich nie an ihn dachte, fühlte ich mich noch immer sehr zu ihm
hingezogen, wenn ich seine Stimme hörte.

Meine Großeltern fuhren mit mir zum Einkaufen nach Bayreuth. Ich parkte auf dem Behindertenparkplatz vor einem
großen Supermarkt, lud den Rollstuhl und dann mich aus und
packte mir eine Klappbox auf den Schoß – Omas Idee, glaube
ich. Oder Opas? Oder gar meine eigene – es ist lange her!

Im Geschäft blieben Oma und Opa diskret hinter mir, als würden wir uns nicht kennen, was mir diebische Freude bereitete und die beiden quälte. Als sie aber merkten, wie viel Spaß mir das machte, fanden sie es auch toll. Nun kam es auf das sinnvolle Beladen der Kiste an. Die schweren Sachen nach unten, Obst nach oben. An der Kasse ausladen, alles wieder einladen und zurück zum Auto balancieren. Einladen. Und dann den Rollstuhl – oh, war der schwer. Auch wenn nur das Gestell übrig blieb, musste ich es über mich auf den Beifahrersitz hieven, und manchmal zitterten meine Arme danach wie beim Training im Keller des Krankenhauses. Als meine Großeltern mitbekamen, dass mich manchmal jemand fragte, ob ich Hilfe benötigte, stellte sich mein Opa eines Tages vor mich und fragte frech: »Junge Dame, brauchen Sie Hilfe?«

»Nein danke«, sagte ich cool und wuppte meinen Rollstuhl auf seinen Platz.

An dem Tag, an dem meine Großeltern zurück nach Freiberg fuhren, wurde die Rampe gebaut. So konnten sie mich mit gutem Gewissen alleinlassen – und für mich fing ein völlig neues Leben an, denn nun würde ich auch wieder arbeiten können. Es ging gleich los mit einer Runde Berufsschule, wo ich am Anfang nur Bahnhof verstand. Schnell wurde mir klar, dass eine Hotelfachfrau ganz andere Aufgaben hat als eine Hotelkauffrau. Also musste ich mich reinknien, was mir viel Freude machte und zudem leichtfiel, denn der Neubau war vorbildlich rollstuhlgerecht gestaltet, und ich musste keine Zeit einplanen, um über Schleichwege von A nach B zu kommen oder Mitschüler um Kraftproben zu bitten. Das Hotel war längst nicht so gut ausgestattet und bestand eigentlich nur aus Treppen – wir entschieden, ich sollte zweimal in der Woche Arbeit abholen und die zu Hause erledigen. Das war mir sehr recht, so musste

Marcky nicht lange allein bleiben. Ich selbst war auch nicht oft allein, denn ich freundete mich mit meinen Nachbarn an.

Jacqueline und Mike stammten aus Thüringen, waren ein wenig älter als ich und hatten einen süßen Sohn: den dreijährigen Jannik. Die junge Familie und besonders Jacqueline nahm mich ein wenig unter ihre Fittiche. Oft lud sie mich zum Essen ein. Beim ersten Mal sagte ich ab, weil ich keine Ahnung hatte, wie ich in den zweiten Stock kommen sollte. Mike las meine Gedanken. »Kein Problem«, lachte er, fragte um Erlaubnis und trug mich nach oben. Diese herzliche Nachbarschaft versöhnte mich vollständig mit meinem schlechten Start in Weidenberg, und ich liebte es, auf den kleinen Jannik aufzupassen, wenn Mike und Jaqueline gelegentlich ausgingen.

Ich fühlte mich immer besser. Steffi und Stöpsel besuchten mich oft. Mit Stöpsel fuhr ich einmal mitten in der Nacht zu McDonald's, und später bummelten wir durch die Fußgängerzone. In seinen Augen konnte ich lesen, dass er mich sehr gern hatte. Das Leben machte mir wieder Spaß. Ich genoss lange Spaziergänge mit Marcky – bis auf einen. Ich merkte es, als ich mich am Wendepunkt unserer Runde befand: Ich musste zur Toilette.

»Schnell, Marcky, heim!«, rief ich ihm zu. »Du musst nicht an jedem Grashalm dein Bein heben.«

Insgeheim beneidete ich ihn darum. Ich spürte, wie meine Blase ein wenig krampfte – und im nächsten Moment war es passiert. Zum Glück schwappte nicht alles auf einmal raus. Ich hätte mir in den Hintern beißen können, wenn ich gekonnt hätte, so genervt und frustriert war ich. In die Hose pinkeln! Mit 20!

»Marcky!«, rief ich ärgerlich.

Er legte den Kopf schräg und schaute mich fragend an. Wedelte vorsichtig.

»Ne, du kannst nichts dafür«, sagte ich. Er wedelte stärker.

»Und eigentlich«, überlegte ich, »ist ja auch gar nichts Schlimmes passiert, oder?«

Marcky wedelte, als würde er gleich abheben wollen.

»Stell dir mal vor, Marcky, wir hätten keine Waschmaschine. Oder keine Rampe vor der Tür. Oder wir würden ganz woanders leben. In der Antarktis zum Beispiel.«

Er schüttelte sich.

»Eben«, sagte ich in der festen Überzeugung, dass mein Hund mich verstand wie sonst niemand.

In der Zeit nach der Trennung von Andi träumte ich sehr intensiv. Oft fuhr ich mit meinem Rollstuhl an eine steile Treppe, stand auf und lief die Stufen leichtfüßig nach oben. Das waren schöne Träume, die beim Aufwachen weh taten. Es gab auch Träume, in denen ich im Rollstuhl saß, aufstehen wollte und nicht konnte. Die taten doppelt weh. Und manchmal kam in meinen Träumen gar kein Rollstuhl vor, und ich tanzte die ganze Nacht. Das war zuerst wunderschön, aber später am traurigsten.

Im November besuchte ich meine Eltern in Freiberg. Es war die erste lange Autofahrt mit meinem umgebauten Honda, und ich war sehr stolz, als Marcky und ich heil ankamen. Irgendwie sprach es sich herum, dass Ines da war, und ich erhielt sehr viel Besuch. Auch Silvio, ein ehemaliger Klassenkamerad, schaute vorbei. Zur Schulzeit war er ein begeisterter Graffitisprayer gewesen. Mit meinen Eltern wohnte ich damals in einem Mietshaus, das der Stadt gehörte. Eines Tages wurde der hässliche Bau zur Freude der Mieter neu verputzt. Es dauerte nicht lange, dann war die Fassade neben der Haustür »getaggt«. So nennt man es, wenn ein Sprayer seine Signatur hinterlässt, um so sein Territorium abzustecken. Nun vertraute Silvio mir an, dass er das damals war.

»Bist du bekloppt?«, rief ich. »Ich habe mich total darüber geärgert! Die schöne neue Fassade.«

Silvio räusperte sich. »Ich war damals eben in dich verliebt ...«

Ich riss die Augen auf: »Du?«

»Sag bloß, das hast du nicht gemerkt?«

»Wie denn! Wir waren doch Freunde!«

»Also für mich war es mehr – und da wollte ich dich mit dem Tagg irgendwie beeindrucken.«

»Nein, du hast dein Revier markiert. Wie Marcky!«, rief ich, und dann bekam ich einen solchen Lachanfall, dass meine Mutter neugierig im Wohnzimmer auftauchte.

Beim Abschied sagte Silvio: »Ich bewundere dich, Ines. Meine Freundin hat mich vor einem halben Jahr verlassen, und meine Welt liegt noch immer in Scherben. Du bist von Andi verlassen worden, sitzt im Rollstuhl und kannst schon wieder lachen.«

»War das vorhin vielleicht nicht komisch?«, fragte ich überrascht und musste schon wieder grinsen.

»Doch«, sagte Silvio mit Trauermiene.

Geheime Zeichen

Die Rückenlehne an meinem Rollstuhl und somit auch die Griffe sind tief angesetzt, um mir Rückenfreiheit zu ermöglichen. Deshalb ist es für Fußgänger unbequem, mich zu schieben. Nur Kinder müssen keinen Buckel machen, doch von denen würde ich mich nicht schieben lassen – außer von meinem Sohn Tim –, denn das will gelernt sein.

Eines Tages begleitete meine Nachbarin Jacqueline mich auf einem Spaziergang. Kurz bevor wir wieder nach Hause kamen, mussten wir eine Kreuzung überqueren.

»Ich schieb dich schnell rüber«, bot Jacqueline an, weil sie mir einen Gefallen tun wollte. Sie hatte sehr wohl mitbekommen, dass Stufen für eine Rollstuhlfahrerin eine andere Herausforderung bedeuten als für eine Fußgängerin. Der Bordstein war an dieser Stelle zwar abgesenkt, doch zwischen den Pflastersteinen sammelte sich Rollsplitt. Die kleinen Rädchen vorne am Rollstuhl sind in ihrer Wendigkeit sehr praktisch, doch für Kanten nicht unbedingt geeignet. Wenn ich selbst am Steuer sitze, habe ich das unter Kontrolle und kippe an. Jacqueline hatte es nicht unter Kontrolle, und ich war so in unser Gespräch vertieft, dass ich nicht aufpasste.

Schon fiel ich vornüber aus dem Rollstuhl, zuerst auf die Knie, fing mich geistesgegenwärtig mit den Händen ab, und lag auf der Fahrbahn. Zwanzig Zentimeter vor meinem Kopf donnerte ein Lkw vorbei. Jacqueline schrie erschrocken auf. Das Auto hinter dem Lkw legte eine filmreife Vollbremsung auf den Asphalt. Das dahinter auch. Es roch nach Gummi und Asbest. Jacqueline war kreideweiß. Das fand ich irgendwie lustig. Dann musste Jacqueline auch lachen, und im Schock lachten wir uns schepps. In diesem Zustand brachte sie mich natürlich nicht hoch. Es dauerte ziemlich lange, bis einer der Autofahrer begriff, dass er aktiv werden musste, wenn er jemals weiterfahren wollte, und mich in den Rollstuhl hob. Ich behandelte den Vorfall als Warnung. Ich musste besser aufpassen und durfte mich nicht so leichtfertig schieben lassen, ohne mich bewusst festzuhalten. Rollstuhlschieben ist Vertrauenssache!

Einmal kippte ich auch ohne Hilfe aus dem Rollstuhl – im eigenen Wohnzimmer in Weidenberg. Vielleicht hatte ich mich zu weit nach vorn gelehnt? Jedenfalls saß ich plötzlich auf dem Boden. Und jetzt? Zum Glück verfiel ich nicht in Panik und malte mir aus, wie lange es dauern würde, bis ich verfault gefunden würde. Ruhig überlegte ich, was ich unternehmen sollte. Um mich herum gab es einen Tisch, eine Couch und Stühle. Alles

Gegenstände, an denen ich mich hochziehen konnte. Am niedrigsten war die Couch, also erkor ich sie zum Ziel und robbte in ihre Richtung, den Rollstuhl im Schlepptau. Was ganz einfach klingt, war überhaupt nicht einfach, doch ich schaffte es, mich hochzuziehen und auf den Bauch zu plumpsen, so dass ich schließlich die Beine nach oben hieven konnte. Ich ruhte mich aus, sammelte meine Kräfte und setzte mich zurück in den Rollstuhl. Diese Aktion dauerte zwar ziemlich lange, doch sie machte mich auch stolz. Wieder eine Extremsituation ohne Hilfe gemeistert!

Einmal in der Woche besuchte mich mein Krankengymnast Holger und bewegte meine Beine durch. Ich liebte diese Termine.

»Sag mal Ines«, fragte Holger mich eines Tages, »kann es sein, dass du an den Beinen eine Spastik entwickelst?«

»Was meinst du damit?«

»Mir fällt auf, dass das linke Bein zuckt, wenn ich den Fuß berühre.«

»Das kenne ich vom Hinlegen«, sagte ich. »Immer wenn ich mich lang mache, zittern meine Beine und der Bauch leicht. Es hört dann aber gleich wieder auf.«

»Das meine ich nicht. Irgendwie ist das heute anders. Schau mal, ich fasse deine Zehen an … und das Bein zittert.«

»Hm«, machte ich.

»Darf ich mal?«, fragte Holger und zog mir die Socke aus. Beide starrten wir auf einen dunkelblauen großen Zehn.

Holger stieß einen Pfiff aus: »Jetzt wird es aber interessant!«

»Ich bin gestern mit dem Fuß an der Couch hängengeblieben«, fiel mir ein.

»Und hast dir den Zehennagel abgerissen«, vollendete Holger meinen Satz und verzog das Gesicht, als hätte er grauenvolle Zahnschmerzen.

»Ja.«

»So was tut sauweh«, sagte er. »Anscheinend wissen deine Muskeln das. Ihr Zittern, als ich den Zeh versehentlich berührte, hat mir das verraten. Das bedeutet, du hast hier ein hervorragendes Messgerät für deine Befindlichkeit.«

»Du meinst, wenn ein Muskel zittert, soll ich klarstellen, dass ich mich nicht verletzt habe.«

»Genau so ist es. Auch wenn du es nicht spürst. Dein Körper spürt es trotzdem.«

Seit diesem Tag sind Spastiken für mich nichts Lästiges mehr, sondern eine Kommunikation mit einer versunkenen Welt – und eine Warnung. Denn manchmal übertreibe ich es und fahre beispielsweise mit einer Packung Fischstäbchen aus der Tiefkühltruhe auf dem Schoß zu lange spazieren. Da fangen die Oberschenkelmuskeln zu krampfen an. Aha! Die frieren. Danke für den Hinweis! Einmal beim Malen kleckerte ich mir gedankenlos Ölfarbe auf die Hose und rieb dann mit großzügig Terpentin daran herum, ohne die Hose auszuziehen. Auch da bekam ich schnell eine Rückmeldung: »Willst du uns vergiften?« Nein, natürlich nicht. Entschuldigung und danke für den Tipp! Leider hatte ich mir die Haut bereits verätzt. Gespürt habe ich nichts davon.

Auf eine Art von Streckspastik könnte ich allerdings verzichten. Manchmal, wenn ich zur Toilette muss und die Hose runterschieben will, spannt sich meine Rückenmuskulatur an, und ich werde nach hinten gezogen. Dann muss ich mich ganz schnell irgendwo festhalten, sonst kippe ich weg.

Im Krankenhaus sah ich einmal einen jungen Mann im Rollstuhl, der so extreme Spastiken hatte, dass er festgeschnallt werden musste. Ich bin sehr froh, dass Spastiken bei mir dezent ausfallen. Eigentlich bemerke nur ich selbst sie. Insofern habe ich es wirklich gut getroffen mit meiner vorhandenen Sensibilität: kein Schmerz-, Hitze- und Kälteempfinden und doch die Gewissheit, dass sich mein Körper bei übermäßiger Belastung durch eine Spastik meldet.

Heute gehe ich jeder dieser Regungen nach und überlege: Ist irgendetwas Ungewöhnliches passiert? Wo könnte ich mich verletzt haben, ohne es zu merken?

Das Silvester zur Jahrtausendwende feierte ich mit meinen Nachbarn. Kurz nach Mitternacht rief Andi mich in einem sentimentalen Moment an, wie ich an seiner Stimme hörte. Ich erzählte ihm, wie gut es mir ging, und das kam anscheinend an. Andi sagte: »Wenn du vor ein paar Monaten genauso gute Laune gehabt hättest, wäre ich nie ausgezogen.«

Tief in mir spürte ich die Gewissheit: Wäre er bei mir geblieben, hätte ich diesen Grad an Selbständigkeit nicht erreicht. Alles war gut so, wie es gelaufen war. Ich schwamm wieder obenauf!

Hochzeit auf Rädern

Meine Mutter erzählte mir von einer Internetseite, die ihr eine Kollegin empfohlen hatte. Dort würden sich Rollstuhlfahrer und interessierte Fußgänger austauschen.

»Du hast doch vom Hotel einen Computer mit Internet gestellt bekommen«, meinte meine Mutter am Telefon, »guck da mal rein.«

Ich schaute noch am selben Abend auf *www.startrampe.net* und blieb hängen. Da wollte ich dabei sein. Natürlich nicht als Ines Korb. Welchen Namen würde ich meiner neuen Identität geben? Am nächsten Tag meldete ich mich an. Ab sofort surfte *Rollmaus* – wenn alle Pflichten erledigt waren – mit Begeisterung auf der Startrampe herum. Hier trafen sich nicht nur Rollstuhlfahrer, sondern auch Fußgänger, junge und alte, und bei den Rollstuhlfahrern die ganze Palette, wie man dazu werden kann: ob durch Unfall, Vererbung, Krankheit, schon immer gewesen oder einfach Pech gehabt. Auch Angehörige von Rollstuhlfahrern chatteten mit – und »Fans«. Ja, die gibt es, wie ich eines Tages erfuhr, als sich ein Gespräch im Chat darum drehte, ob jemand ein »Amelo« sei. Neugierig fragte ich nach: »Was ist das, ein Amelo?«

»So nennt man Leute, die sich als Sex- oder Lebenspartner einen Menschen mit körperlicher Behinderung wünschen.«

»Wie? Das gibt es?«, tippte ich fasziniert zurück. So was hatte ich noch nie gehört.

»Sehr oft sogar. Da ist beispielsweise ein Mann, der Frauen besonders anziehend findet, weil ihnen ein Arm oder ein Bein fehlt.«

»Das glaub ich nicht!«

»Ist aber so. Es gibt auch welche, die fahren besonders drauf ab, wenn der Partner oder die Partnerin im Rollstuhl sitzt.«

»Du machst Witze!«

»Nein, Tatsache. Das kommt sowohl bei Männern als auch bei Frauen vor. Bei Frauen dominieren hierbei vielleicht häufig mütterliche Gefühle und der Wunsch, jemanden zu umsorgen. Bei Männern steht die sexuelle Seite oft im Vordergrund. Also pass auf, Rollmaus (wenn du wirklich eine bist), dass du dich von Amelos fernhältst. Die tarnen sich natürlich und binden dir das nicht auf die Nase.«

Ich besprach den Fall Amelo mit Jasmin, Steffi und ein paar anderen Leuten.

»Jeder Mensch hat irgendwelche Vorlieben. Der eine steht auf Blondinen, die andere auf Bizeps«, meinte eine Bekannte von Steffi.

»Ja, aber die sind doch nicht behindert!«, widersprach ihr Freund und errötete sofort. »Also ich meine ...« Er ließ offen, was er meinte. Vielleicht wusste er es auch nicht.

»Für viele Menschen ist die Vorstellung, dass Behinderte Sex haben könnten, ein Tabu«, mischte ich mich ein. »Irgendwie darf es das gar nicht geben, also dürfen auch keine solchen Vorlieben existieren.«

»Solange es ein gesundes Begehren ist ...«, begann Steffi.

»Hört, hört!«, feixte ihre Freundin. »Was ist denn das, ein gesundes Begehren? Können Behinderte gesund begehren?«
Steffi wurde rot.

»Sie meint«, sprang ich ein, »dass es kein Fetisch sein soll.«

»Ja genau«, stimmte Jasmin zu. »So sehe ich das auch. Und Sex muss natürlich im Einverständnis beider stattfinden. Gerade weil das für manche Behinderte selbst ein Tabu darstellt.« Sie hob den Arm. Wenn sie gekonnt hätte, wäre es wahrscheinlich der Zeigefinger gewesen. »Ein Handicap darf man doch nicht sexy finden!«

»Es gibt auch Frauen mit solchen Riesenbrüsten, dass ich ihnen einen Behindertenausweis ausstellen würde«, meinte ein Blonder mit Pferdeschwanz, ein Kumpel von Stöpsel.

»Und Männer, die auf solche Silikonballons stehen«, ergänzte Stöpsel mit einem Unterton, der mich vermuten ließ, sein Kumpel liebäugle mit Körbchengröße XXL.

»Es geht doch darum«, sagte Jasmin, »dass sich manche Männer mächtig und überlegen fühlen könnten, wenn eine gelähmte Frau beim Sex ihr Beine nicht bewegen kann.«

»Das ist widerlich!«, rief ich empört.

»Wahrscheinlich meinen sie mit Amelo genau solche Männer«, sagte Jasmin. Sie legte ihre Hand auf meinen Arm. »Du musst achtgeben, Ines!«

»Das mach ich, klar! Ich bin ja auch gewarnt worden. Wenn ein Typ sehr viele Frauen aus der Community kontaktiert und sie treffen will, könnte das ein Hinweis sein.«

»Wieso sollen sich Liebe, Erotik und Rollstuhl ausschließen?«, fragte Stöpsel und warf mir einen seiner Spezialblicke zu. Sehr lang. Sehr tief.

»Ich behaupte das nicht«, grinste ich.

Meines Wissens ist Sex für gelähmte Männer problematischer als für gelähmte Frauen. Männer benutzen eine Penispumpe oder andere Hilfsmittel. Aber einmal abgesehen von allen Verirrungen und Verwirrungen: Man kann sich auch ganz einfach in einen Menschen verlieben. Und dieser Mensch kann zufälligerweise im Rollstuhl sitzen.

Ich glaube, Frauen im Rollstuhl haben es im Alltag leichter als Männer im Rollstuhl. Schon oft verzweifelte ich vor Treppenaufgängen und quatschte dann einen freundlich aussehenden Mann an, ob er mich hochtragen könnte. Für einen Mann im Rollstuhl sind solche Situationen schwieriger zu meistern. Auch wenn Frauen nachgesagt wird, prinzipiell hilfsbereit zu sein: Einen Mann die Treppe hochzutragen ist kein Kinderspiel. Und ob ein Mann einen anderen Mann fragen würde … ob der Gefragte das dann überhaupt machen würde? Womöglich hielte man ihn für schwul, und dieser Gefahr gehen die meisten Männer aus dem Weg, wenn sie nur hundert Kilometer gegen den Wind ruchbar wird.

Schade, dass unser Zusammenleben durch so viele Vorurteile begrenzt wird. Und andererseits sehr angenehm, da Vorurteile auch durchschaubar machen. Als Frau im Rollstuhl wecke ich manchmal aus purer Berechnung Beschützerinstinkte. Ich kann gucken wie ein kleiner Hund, der von seinem Frauchen vergessen wurde. In Notsituationen mache ich das glatt. So schamlos bin ich, dass ich meine Behinderung vor steilen Stufen ausnutze und an Mutter- und Beschützerinstinkte appelliere!

Trotz der Erfahrungen und Erkenntnisse von der Startrampe lernte ich auch »normale« Männer kennen, die gern mit mir ausgingen. Und so stellte ich nach nicht mal einem Jahr auf Rädern fest, dass ein Rollstuhl kein Hinderungsgrund für Liebesglück ist. Es ging nicht um Beine oder Räder. Es ging um mich. Diese Erkenntnis haute mich glatt um. Damit hatte ich nicht gerechnet! Und auch nicht damit, Opfer eines liebeskranken Menschen zu werden.

Bis heute weiß ich nicht, ob derjenige, den ich hinter dem Stalking vermutete, tatsächlich dahintersteckte und vielleicht sogar ein Amelo war, denn natürlich verwischte er seine Spuren. Mit Wolfgang, einem Kumpel aus dem Hotel, war ich abends in einer Kneipe. Wir hatten viel Spaß an einem ziemlich großen Tisch, und ich versprühte großzügig Charme nach links und rechts. Wolfgang kannte mich und meine Art ja schon – der vermeintliche Stalker aber nicht und verstand hier wohl etwas falsch.

Tagelang rief er mich immer wieder an, schickte SMS, und als ich ihm sehr deutlich zu verstehen gab, dass ich kein Interesse an einer Beziehung mit ihm hatte, begann der Telefonterror. Tag und Nacht. Ich stellte Telefon und Handy lautlos, sonst hätte ich nicht schlafen können. Doch auch so schlief ich schlecht, denn ich erkannte anhand der Displays, dass er pausenlos anrief. Zudem wohnte ich in einer Erdgeschosswohnung und war ganz allein. Nun fast, Marcky war bei mir. Doch würde Marcky mir helfen können? Dieses Gefühl der Verletzlichkeit im eigenen Reich war sehr unangenehm. Im ersten oder zweiten Stock hätte ich mich wohler gefühlt. Zum Glück gab es meine Nachbarn. Mit Jacqueline vereinbarte ich ein Alarmzeichen.

Eines Tages mailte mir der Stalker auch noch. Das vermutete ich zumindest, denn im Chat nannte sich einer *Sir Lancelot,* und ich wusste, dass der vermeintliche Stalker diesen mittelalterlichen Sagenhelden verehrte. Ich nahm mir vor, so zu tun, als wüsste ich das nicht, und mich dem Feind zu nähern. So würde ich den Spuk vielleicht beenden können, womöglich mit Hilfe der Polizei. Ich wusste, wer er war, er wusste nicht, dass ich es wusste. Doch in Wirklichkeit wusste ich auch nichts, wie sich bald herausstellte.

Sir Lancelot kam als Freund: Markus hatte die Startrampe zufällig entdeckt, als er für eine Freundin, die Katheter verkaufte, im Internet recherchierte, und war dann bei *Rollmaus* hängengeblieben. Wir chatteten. Stundenlang. Dann telefonierten wir. Auch stundenlang. Sobald wir aufgelegt hatten und im Bett lagen, er im Saarland, ich in Bayern, schickten wir uns SMS. Zu Beginn unserer Telefonate hatte ich große Probleme mit Markus' Dialekt. Ich verstand ihn manchmal kaum. Oft sagte ich »Ja«, ohne zu wissen, worauf.

»Isch han geschda noch geleert.«

»Aha«, erwiderte ich und überlegte, was er geleert hatte. Mülleimer? Briefkasten? Bier?

»Ei du wäschd doch, dass bei mir's Abi aanstehd.«

»Ach so, das Abi, na klar!«

Aber was er dafür leeren musste?

Markus verstand mich einwandfrei. Seit ich im Hotel arbeitete, feilte ich an meinem sächsischen Dialekt. Er war schon fast weg.

Meine Mutter war begeistert, als sie mitbekam, dass die ständigen Anrufe, die unser Familientreffen an einem Wochenende unterbrachen, von einem Saarländer stammten. Sie konnte nicht genug von Gerd Dudenhöffer in seiner Rolle als Heinz Becker aus Bexbach und vor allem von diesem Dialekt kriegen.

Eines Tages reichten Markus und mir die Telefonate nicht mehr. Wir verabredeten ein Wochenende, an dem Markus mich besuchen sollte. Obwohl ich glaubte, dass er kein Amelo war, vereinbarte ich mit meiner Nachbarin Jacqueline, dass sie hin und wieder nach dem Rechten sehen sollte.

»Lass den Vorhang einen Spalt offen, dann kann ich durch die Terrassentür reinschauen«, schlug sie vor.

Rendezvous mit Anstandsdame

Wie Markus mal ausgesehen hatte, wusste ich. Sein Bild stand im Netz. Doch es war ein altes Bild und zeigte einen Sechzehnjährigen mit einem schön geschnittenen, ovalen Gesicht und langen Haaren. Und wie sah er jetzt aus? Er schickte ein Foto, und ich kippte fast um. Mit den kurzen Haaren erinnerte er bei schummriger Beleuchtung und mit einer Portion Fantasie an Bruce Willis, meinen Lieblingshelden.

Am Freitag fuhr ich auf und ab und auf und ab. Wann würde Markus' Auto in die Einfahrt abbiegen? Ich war nicht nur nervös, weil ich Herrenbesuch bekam. Das war auch nicht mein erster persönlicher Kontakt zu einem Fußgänger-Chat-Partner.

Ich war nervös, weil ich jetzt schon verliebt war in diesen Saarländer mit der schönen Stimme. Ich war keine Rollstuhlfahrerin, die befürchtete, nie mehr eine Beziehung zu führen. Ich war eine junge Frau von zwanzig Jahren mit Herzklopfen vor einem Rendezvous.

Röhrend bog der rote Flitzer in den Hof. Was tun? Rausrollen? Neben der Tür warten? Ich überließ Marcky den Job, die Situation zu entkrampfen, und er machte genau das Richtige, indem er seine gute Erziehung vergaß und begeistert an Markus hochsprang.

Wow, sah der gut aus! Er küsste mich rechts und links auf die Wange. Wow, roch der gut! Und dann redeten wir über Hundeerziehung, Hundehaare, Hundekuchen und arbeiteten uns währenddessen zum Sofa vor, wo ich für Tee, Kaffee und Kuchen gedeckt hatte. Ich bekam kaum einen Bissen runter. Markus sah noch viel besser aus als auf dem Foto. Seine braunen Augen leuchteten so warm. Und wie sein mitreißendes Lachen das schöne Gesicht zum Strahlen brachte! Schlank und muskulös der ganze Rest. Ich fühlte mich sehr wohl in seiner Gesellschaft.

Als Jasmin anrief und fragte, ob wir mit ins Kino wollten – klar war das verabredet, ein Hintertürchen, falls ich Markus langweilig gefunden und nicht gewusst hätte, wie ich den Abend mit ihm rumbringen sollte – sagte ich zu. Keineswegs aus Langeweile, sondern weil sie ihn kennenlernen sollte. Markus hatte die Zulassung zum Freundinnen-TÜV erhalten und wurde nun vorgeführt. Flo und Stöpsel waren mit von der Partie. Der arme Stöpsel ... Doch er trug es mit Fassung und begegnete Markus offen und herzlich. Wir trafen uns zum Essen und wollten danach in die Spätvorstellung.

»Ich weiß gar nicht, was du hast, der ist doch nicht langweilig – und hässlich schon zweimal nicht«, raunte Jasmin mir zu.

»Nö.«

»Wieso kommt ihr dann mit?«

Ich grinste.

»Verstehe«, schmunzelte sie.

»Was wird hier eigentlich dauernd getuschelt?«, wollte Flo wissen.

»In Wirklichkeit willst du das gar nicht wissen«, seufzte Stöpsel mit gespielter Resignation.

Markus begriff sofort, was von ihm erwartet wurde. Im Kino trug er mich zu meinem Sitz. Den Freundinnen-TÜV hatte er bravourös bestanden, und nun bestand er auch diesen Test, der ihn darauf vorbereitete, was ihm als Partner einer Rollstuhlfahrerin bevorstünde. Markus hob mich ganz natürlich hoch und so zart, als hätte er das schon Hunderte von Malen gemacht. Während des Films griff er nach meiner Hand. Ich überließ sie ihm gern, und als wir weit nach Mitternacht nach Hause kamen, klappte ich keine Couch für ihn auf. Mein Bett war groß genug für zwei.

Samstagvormittag, wir saßen beim Frühstück, klopfte Jacqueline an die Terrassentür.

»Guten Morgen!«, trällerte sie.

Ich rollte zur Tür. Sie riss die Augen auf und gestikulierte wild. Ich nickte leicht.

»Guten Morgen!«, sagte ich und wedelte unauffällig mit der Hand. Jacqueline grinste und verschwand.

»Wer war denn das?«, fragte Markus.

»Meine Nachbarin.«

»Und die kommt jeden Tag und wünscht dir einen guten Morgen?«

»Sie ist supernett«, sagte ich, was ich zu diesem Zeitpunkt auch noch ohne Einschränkung so empfand.

Ein historischer Moment: Das erste Mal alleine stehen.

Ein bisschen Prinzessin bin ich auch heute noch.

Gardetänzerin in Gardeuniform.

*Mancher Verehrer ließ
Blumen sprechen.*

*Ein seltener Moment
im Tivoli: Ich bin nicht
auf der Tanzfläche.*

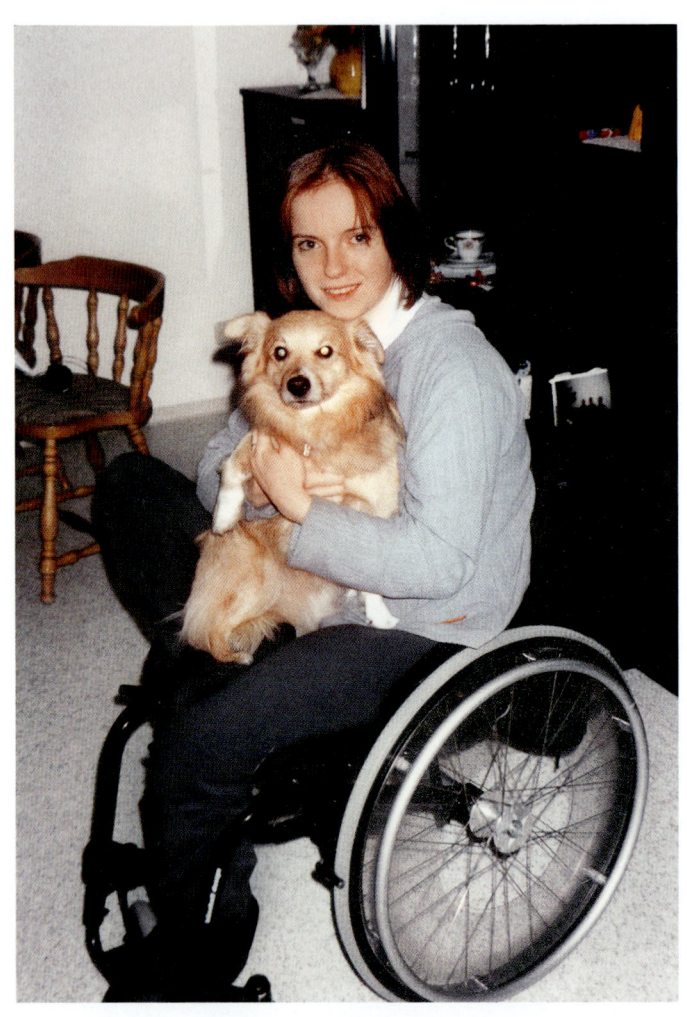

Marcky auf seinem Lieblingsplatz.

Eine ganz normale, glückliche Braut.

Doch schon bald ist Tim der einzige Mann im Haus.

Erste Gehversuche als Model.

*Mein erstes Kampagnen-Foto
erschien in vielen Zeitschriften.*

Ich werde das Kind schon schaukeln.

Nach dem Frühstück ließ ich mich von Markus in seinem roten Flitzer durch die Gegend chauffieren und genoss einen wundervollen Frühlingstag. Die Natur war aufgeplatzt über Nacht. Ein einziges Blühen und Singen und Summen. Zarter grüner Schimmer um die Bäume. Knallgelber Goldregen, knallorange Tulpen, knallblauer Himmel. Und ich verknallt. Knallrot.

Als wir von unserer Spritztour zurück waren, fand ich meine Nachbarin allmählich nicht mehr supernett, sondern nur noch nett, denn in stündlichen Abständen klopfte sie an die Terrassentür oder klingelte. Einmal brauchte sie Mehl, dann wollte sie sich die Fernsehzeitschrift ausleihen, später bat sie um ein Pflaster, weil sich Jannik das Knie aufgeschlagen hatte, und schließlich brachte sie mir einen versehentlich bei ihr eingeworfenen Brief. Hatte sie den extra für so einen Anlass aufbewahrt? Ich staunte und war hin- und hergerissen zwischen gerührt und genervt. Doch als sie mitten in der Nacht bei mir aufs Klo musste, weil sie eine Blasenentzündung hatte und Mike die Toilette blockierte – »ich glaub, der hat sich den Magen verdorben« –, verdarb sie es sich auch mit mir. Ihrer Rolle als Anstandsdame blieb sie dennoch auch am Sonntag treu.

»Willst du ein Stück Kuchen, Ines?«, fragte sie am Vormittag.

»Ach, du hast Besuch, Entschuldigung.«

»Aber die hat mich doch gestern schon mehrfach gesehen!«, wunderte Markus sich.

Ich zuckte mit den Schultern.

Eine Stunde später klopfte es an die Terrassentür: »Wir machen eine Radtour, nur damit du Bescheid weißt, ich meine, ist das okay, schon, oder?«

»Wieso fragt sie dich um Erlaubnis?«, fragte Markus mich.

»Das ist nur Gewohnheit. Sie sagt Bescheid, falls ihre Eltern kommen.«

»Ich dachte, die wohnen nicht hier.«

»Die machen manchmal so Überraschungsbesuche«, improvisierte ich.

»Aha.«

Als Jacqueline sich zwei Stunden später fröhlich zurückmeldete und vor der Terrassentür »Hallo, hallo!« krähte, legte Markus seine Hand zärtlich über meinen Mund.

»Hallo, hallo. Ist da jemand?«, fragte Jacqueline.

»Wir sind nicht da!«, rief ich, ehe sie gegen die Glastür treten würde. Dann bräuchte sie wieder Pflaster. Diesmal für sich.

Markus und ich waren weit weg, und es war sehr schön dort. Als er mich Sonntagabend verließ, glänzten seine Augen feucht.

Schon am nächsten Wochenende kam Markus wieder, auch am übernächsten und dann alle Wochenenden. Sobald wir Jacqueline trafen, lachten wir uns alle drei schepps. Die Fragen nach irgendwelchen Gefälligkeiten – »Hast du mal ein Pflaster für mich?«, »Kann ich mal eben schnell deine Toilette benutzen?« – wurden zum Running Gag, den auch der kleine Jannik begeistert aufgriff – ohne zu verstehen, was daran so lustig war. Ostern brachte Markus seinen Kumpel Olli mit, obwohl ich die Bude bereits voll hatte mit meinen Eltern und meiner Tante. Das große Camping verlief unkompliziert. Olli und mein Vater schliefen im Wohnzimmer, meine Mutter und meine Tante im Gästezimmer. Ich behielt mein Bett und teilte es natürlich mit Markus. Meine Mutter und Tante konnten sich kaum satthören an Markus' Dialekt, und sobald Markus und Olli sich unterhielten, wuchsen ihre Ohren förmlich – egal, um welches Thema sich die Unterhaltung drehte. Hauptsache Familie Becker ließ grüßen.

»Haschde am Samschda aa dei Audo gewäschd? Meiner war am Samschda an'd Reih. Der hat's bidda needisch gehad. Do wa schun e halwi Sandkaul im Fußraum.«

Die Harmonic bei diesem kleinen Familientreffen machte mich sehr glücklich. Und als Markus nach einigen Wochen kurzfristig einen Besuch absagte, weil er seiner Mutter helfen wollte, ergriff ich die Gelegenheit beim Schopf: »Dann komm ich zu dir!«

Zug um Zug: Umzug

Diese lange Strecke bis ins Saarland war eine Herausforderung für mich, und wie immer in solchen Situationen: Zuerst habe ich keine Ahnung, wie ich das schaffen soll, dann macht es mir Spaß, und zum Schluss freue ich mich über den Erfolg. Aufgeregt verstaute ich den Rollstuhl im Auto. Meine bislang weiteste Fahrt nach Freiberg dauerte zweieinhalb Stunden – fast ein Katzensprung gegen die vier Stunden, die mir jetzt bevorstanden. Alles klappte prima. An einem Parkplatz hielt ich an und machte, ohne auszusteigen, diskret Pipi in einen Beutel.

Wenn ich im Auto sitze, bin ich »normal«. Andere sehen mich als Verkehrsteilnehmerin, nicht als Rollstuhlfahrerin. Im Auto muss jeder sitzen, ob er seine Beine spürt oder nicht. Da machte mir das Flirten besonders Spaß. Überholst du mich, überhol ich dich – und es gibt kaum eine bessere Gelegenheit, jemandem schöne Augen zu machen, als im Stau. Was soll man da sonst auch groß anstellen, außer mal zu gucken, wer so neben einem steht. Mein Civic Coupé war ein cooler Flirtflitzer mit getönten Scheiben. Auf der Fahrt zu Markus gab es keinen Stau – und das machte mir überhaupt nichts aus, ganz im Gegenteil.

Markus wohnte bei seiner Mutter im Haus. Sie wusste am Anfang nicht, dass die Freundin ihres Sohnes im Rollstuhl saß. Markus hatte es bislang verschwiegen. Jetzt würde er es allerdings nicht mehr verheimlichen können.

»Mutter, ich muss dir noch was sagen«, eröffnete er ihr kurz bevor ich ankam.

»Ja?«

»Also es ist nämlich so … Also die Ines …«

»Ist schwanger?«, vollendete seine Mutter.

»Nein, sie sitzt im Rollstuhl.«

»Ja und?«, fragte seine Mutter. Und genauso behandelte sie mich. Es spielte keine Rolle, und ich fühlte mich von den Haarspitzen bis zu den Rädern willkommen. Leider war das Haus eine Katastrophe für Rollstuhlfahrer. Das Klo befand sich im Keller, Markus' Zimmer unter dem Dach, dazwischen Küche und Wohnzimmer. Da konnte Markus beweisen, wie stark er war, denn er musste mich ständig Treppen rauf- und runtertragen. Bei frisch Verliebten wie uns fiel das kaum ins Gewicht. Überhaupt war mit Markus alles leicht und locker. Er machte sich keine Gedanken, warum irgendetwas irgendwie war. Da wurde nicht groß gegrübelt und gehadert. Der Rollstuhl war kein Thema für ihn.

»Ich hab mich in diese hübsche Frau verliebt. Dass sie im Rollstuhl sitzt, hat doch damit nichts zu tun«, war seine Standardantwort, wenn das Gespräch in eine gewisse Richtung zielte. Wir wurden allerdings selten auf unsere Konstellation angesprochen – vielleicht, weil wir sie so selbstverständlich lebten.

Markus war zu meiner Freude ein super Rollstuhlschieber, dem ich mich vorbehaltlos anvertraute. Mit Begeisterung lernte er selbst einige Kunststücke im Rollstuhl, das Kippen hatte er im Handumdrehen raus. Nun, vielleicht ist das für einen Fußgänger prinzipiell leichter, wenn man jederzeit auf Beinbetrieb umstellen kann oder in einer Gefahrensituation einfach mal aus dem Stuhl springt, die Knie beugt und abfedert.

Bei mir zu Hause behandelte Markus meine beiden Rollstühle wie Möbelstücke – am liebsten vor dem Computer, das fand er bequem. So etwas hat vor ihm und nach ihm nie wieder jemand gemacht. Für die meisten Leute ist das so, als würden sie jetzt schon mal probieren, wie das wäre, wenn sie später selbst an den Rollstuhl gefesselt wären ... als würden sie damit einen schweren Schicksalsschlag geradezu herausfordern.

Für mich war dieses lockere Verhältnis von Markus zu meinem Sitzmöbel auf Rädern wunderbar. Andi war diesbezüglich nicht so souverän gewesen – aber ihn erinnerte der Rollstuhl ja auch an einen Verlust. Er zeigte ihm, dass Ines nicht mehr gehen konnte. Markus kannte mich nur als Rollstuhlfahrerin. So war es normal. Das begeisterte mich, und ich fand ihn schlichtweg umwerfend. Nicht nur, weil er mich so oft zum Lachen brachte und so unbeschwert an die Dinge heranging. Ich fand ihn einfach cool. Mit seinem Tattoo am Arm, seinem Stoppelschnitt und dem ganzen Drumherum. Er war mein Held. Und wenn er mit ruhiger Hand im Muscle Shirt seinen roten Flitzer durch die Gegend steuerte und die Musik aus den Boxen wummerte, meine Haare im Wind flatterten – ja dann gehörte uns die Welt!

Markus war vierundzwanzig, ich zwanzig. Gerade hatte er sein Abi auf dem zweiten Bildungsweg nachgeholt, ich hatte meine Lehre zur Hotelkauffrau beendet. Als meine Chefin mir zu meinem guten Abschluss gratulierte, den ich immerhin in ein- einhalb Jahren geschafft hatte, ließ sie mich augenzwinkernd wissen, dass ich besser abgeschnitten hatte als die anderen Azubis, die länger Zeit zum Lernen gehabt und nicht den Aus- bildungszweig gewechselt hatten. Das freute mich sehr.

Markus und ich standen beide auf Start. Wir wussten nicht genau, wie es weitergehen sollte, sicher war lediglich, dass wir zusammenbleiben wollten. Markus spielte mit dem Gedanken, Wirtschaftsinformatik zu studieren, was in Bayreuth aber leider nicht möglich war.

»Wenn ich einen Job finde, dann komme ich zu dir«, versprach ich ihm.

Markus' Mutter arbeitete in einem Reisebüro und erkundigte sich für mich bei verschiedenen Hotels. So bewarb ich mich in Zweibrücken im Hotel Rosengarten – und wurde eingestellt. Für die Rezeption! Dort, wohin es mich von Anfang an gezogen hatte und wo ich leider im Schlosshotel nie angekommen war, weil ich in meiner Ausbildung zuerst die Bereiche Restaurant und Housekeeping durchlaufen hatte – und dann war es zu spät gewesen. Es war mutig vom Rosengarten, eine Frau im Rollstuhl im Empfangsbereich zu plazieren – noch dazu, wo man mich kaum sah. Mein Kopf ragte knapp über die Theke. Es war aber auch wirtschaftlich günstig für den Rosengarten, eine Mitarbeiterin im Rollstuhl zu beschäftigen, da der größte Teil meines Gehalts vom Arbeitsamt übernommen wurde.

Für Markus und mich erfüllte sich ein Traum. Wir suchten eine Wohnung in Homburg und wurden dabei von der Hauptfürsorgestelle unterstützt. Die vorgeschlagene Wohnung war zwar nicht groß, doch wir würden ohnehin nicht oft zu Hause sein. Leider gab es Probleme bei der Verlegung des Linoleums, das musste sein, damit ich mit dem Rollstuhl zurechtkam. Der Boden wollte und wollte nicht trocknen, und wir zogen übergangsweise in das Haus von Markus' Mutter, da ich selbst in Bayreuth schon alles aufgelöst hatte.

Nun begann eine nervenaufreibende Zeit, denn Markus musste mich ständig rauf- und runtertragen, wenn ich nicht bei ihm im Zimmer blieb und in einen Beutel katheterisierte. Ohne ihn kam ich auch nicht zur Arbeit – wie sollte ich die steile Wendeltreppe meistern? Markus blieb gelassen. Helden sind nicht aus der Fassung zu bringen. Auch diese Wartezeit ging vorüber, und wir zogen in unsere erste gemeinsame Wohnung. Doch die große Freude hielt nicht lange an, denn schon nach wenigen Wochen mussten wir feststellen, dass die Wände feucht waren, und das ist noch beschönigend: Sie waren klatschnass.

»Was ist das eigentlich?«, fragte Markus eines Morgens und wies an die Wand im Schlafzimmer.

Ich rappelte mich im Bett hoch und kniff die Augen zusammen: »Keine Ahnung.«

Da sprang Markus aus dem Bett. »Ich glaub es nicht!«, rief er. »Das sind die Stufen zum Garten. Die drücken sich an der Wand ab!«

Zuerst musste ich lachen, weil mir das so verrückt vorkam. Doch als Markus den Schlafzimmerschrank beiseiteschob, verging mir das Lachen: alles verschimmelt, sogar die Rückwand des Schranks!

Privileg Behinderung

»Ja hallo, mein Name ist Ines Korb. Sie haben eine Wohnung inseriert, die sich im Erdgeschoss befindet?«

»Ja.«

»Sind da Treppen oder Stufen vor der Tür?«

»Nein, keine.«

Ich verabredete einen Besichtigungstermin, wir fuhren hin und sahen als Erstes zwei Stufen. Die Fähigkeit von Treppen und Stufen, sich unsichtbar zu machen, kannte ich ja bereits.

Ein Makler behauptete einmal am Telefon, es handle sich um drei Stufen vor einer Haustür, »ganz flach«. Es waren sechs.

»O Verzeihung, das hätte ich jetzt nicht gedacht, dass es doch so viele sind! Und bei näherer Betrachtung: So richtig flach sind die eigentlich auch nicht!«

»Ja dann, Wiedersehen«, sagte Markus leicht genervt.

Der Makler wandte sich an mich. »Aber können Sie nicht wenigstens diese paar Stufen gehen? Sie sind doch jung!«

»Nein, ich kann gar nicht gehen.«

»Aber es sind doch nur sechs Stück. Wenn Sie sich anstrengen?«

»Ich kann gar nicht gehen. Keine einzige Stufe.«

Markus drückte meine Hand: »Komm, Ines.«

»Manche Leute denken, es ist bei mir wie bei alten Leuten, die man ein Stück im Rollstuhl schiebt, und dann laufen sie wieder ein paar Meter«, seufzte ich auf der Heimfahrt.

»Die können sich das einfach nicht vorstellen, dass so eine schöne junge Frau wie du ...«, begann Markus und streichelte meine Wange. Ich biss ihm in den Finger.

»Warte nur, bis wir daheim sind!«, drohte er mir verführerisch.

Und das konnte ich wirklich kaum erwarten. Doch wir hatten noch einen zweiten Termin – bei dem sich drei Treppenstufen ebenfalls einfach versteckt hatten.

»Wir finden schon was«, tröstete mich Markus.

»Fußgänger haben einen anderen Blick als Rollstuhlfahrer«, stellte ich wieder mal fest.

»Also ich bin Fußgänger«, sagte Markus, »und ich schaue rum wie ein Rollstuhlfahrer!«

Ich küsste ihn.

»Du bist nicht behindert, du wirst behindert«, zitierte er grinsend einen meiner Lieblingssprüche.

In diesem Zusammenhang mag ich das Wort. Ansonsten habe ich Probleme damit. Wer bezeichnet sich selbst schon gern als behindert – obwohl es mir manchmal weiterhilft. Ich versuche, das positiv zu sehen. Als ich später im Ministerium arbeitete, scherzte ich mit meiner Kollegin Susanne öfter darüber.

»Was, du gehst schon?«, fragte sie.

»Wenn man eine Behinderung hat, muss man als Angestellte eine Stunde weniger arbeiten«, erwiderte ich genüsslich und vergaß nicht hinzuzufügen, wie schwer mir das falle.

Wenn ich einen Fehler machte, was selten vorkam, seufzte ich: »Ich bin halt behindert.«

Und wenn sie mal wieder zu spät kam, weil sie keinen Parkplatz gefunden hatte, war ich mit meinem Parkplatz vor der Tür auch »gern« behindert. Solche Scherze kann man natürlich nur mit Leuten treiben, die es nicht falsch verstehen – und das sind nicht allzu viele.

Mein Bein steht nicht auf Tattoos

Eines Tages bummelte ich mit Markus durch Homburg und zog die Bremse des Rollstuhls vor einem Tattoo-Studio. Seit langem schon wollte ich ein Tattoo – warum nicht jetzt gleich?

»Ich frag mal«, sagte Markus und erfuhr, dass zufälligerweise gerade ein Termin abgesagt worden war.

»Willste den Termin?«, fragte der Tattoo-Meister mich.

Und ob ich wollte! Ich wusste auch, wohin das Tattoo sollte: an den rechten Knöchel, und über das Motiv hatte ich mir bereits Gedanken gemacht: ein Tribal.

Während der Vorbereitungen gab es keine Probleme, doch als die Tattoo-Nadel in mein Bein fuhr, schlug es aus.

»Hey! Was'n das!«, rief der Tätowierer und rieb sich den Oberarm, an dem es keinen Quadratzentimeter in Hautfarbe zu bewundern gab.

»Das ist nicht schlimm«, erklärte Markus. »Das ist eine Spastik, also ein Muskelkrampf.«

»Kriegst du das in Griff?«, fragte der Tätowierer mich.

Witzige Frage. Wenn ich das im Griff hätte, könnte ich auch gehen.

»Ich halte ihr Bein fest«, bot Markus an.

»Also dann«, seufzte der Meister und begann aufs Neue.

Mein Bein schlug aus.

»Leute, so geht das nicht!«

»Jetzt halte ich richtig fest«, kündigte Markus an und legte sich quer über meine Oberschenkel.

Keine Chance. Sobald die Nadel in mein Bein stach, zuckte es. Obwohl ich extra das rechte, unempfindlichere ausgesucht hatte. Am liebsten hätte ich es umarmt. Denn damit zeigte es mir, dass es etwas fühlte, wenn das auch bei mir nicht ankam. Mein Bein wollte nicht gestochen werden. Welches Bein mag das schon. Das war irgendwie sehr schön und natürlich total blöd in dieser Situation.

»Ines, sorry, ich kann das nicht halten. Du bist zu stark für mich«, gab Markus auf.

»Sag bloß, das merkst du jetzt erst?«, schäkerte ich locker – denn ich hatte eine Idee.

»Wie lange bist du noch im Laden?«, fragte ich den Tattoo-Meister.

»Zwei Stunden.«

»Mein Arzt hat seine Praxis drei Straßen entfernt von hier. Ich lasse mir eine Betäubungsspritze geben, und dann machen wir weiter, okay?«

Er zögerte: »Wenn du meinst …«

»Ja, das meine ich.«

»Okay«, willigte er ein, während Markus mich anstarrte, als wäre ich verrückt geworden.

Ungefähr genauso schaute mich auch der Arzt an, als ich ihm erklärte, was ich wollte, nachdem ich mich an den Patienten im Wartezimmer vorbeigedrängelt hatte. Ich war ein Notfall. Der Tattoo-Shop würde in zwei Stunden schließen.

»Sie wollen bitte was?«, fragte der Arzt.

»Ganz schnell eine Spritze, damit ich mich am Knöchel tätowieren lassen kann!«

»Und wie soll ich das abrechnen?«

»Das zahle ich bar.«

»Und wo soll ich spritzen? Ich muss das genau wissen.«

Markus deutete auf meinen Knöchel: »Hier in der Gegend.«

»Eine Gegend ist mir zu unpräzise. Ich muss es genau wissen.«

»Wir sind in zehn Minuten wieder zurück!«, kündigte ich an.

Vom Meister ließ ich mir eine Vorlage aufs Bein zeichnen. So konnte der Arzt exakt betäuben, wobei mein Bein auch ausschlug, was ich solidarisch von ihm fand, da der Arzt auf diese Weise deutlich erkannte, dass ich wirklich ein Notfall war.

»Ja, ja, das ist die Oberflächensensibilität«, sagte er mehr zu sich als zu uns. »Die Tiefensensibilität für Schmerz, Hitze, Kälte ist weg. Ihr rechter Fuß ist auch besser durchblutet, oder?«

Ich nickte: »Der linke wird schneller mal blau als der rechte, ich nehme an, weil er schlechter durchblutet wird.«

»Ich erinnere mich, das haben wir schon einmal getestet. Gut, dass Sie zu mir gekommen sind, Frau Korb. Und jetzt viel Vergnügen bei Ihrem Termin – und wenn wir uns wiedersehen, zeigen Sie mir das Kunstwerk. Aber das ist dann kein Notfall, in Ordnung?«

»Klar!«, grinste ich.

Mein Tribal wurde wirklich ein kleines Kunstwerk und ich konnte mich kaum daran sattsehen. Auch andere sollten es bewundern – zum Beispiel Manu. Ihr wollte ich das Tattoo so bald wie möglich vorführen, als würde es sonst verblassen, und da sie nicht zu mir kam, besuchte ich sie in Freiberg.

»Cool!«, nickte Manu anerkennend.

Wir gönnten uns eine Riesenportion Eis, und danach wollte ich mir ein neues Handy kaufen, ein wirklich stabiles, das auch einen Sturz vom Rollstuhl überleben würde – das hatte meinem alten nämlich das Genick gebrochen.

Bewundernd schaute Manu mir beim Autofahren zu. Ich kam mir vor wie ein Alien.

»Hey, das ist ganz einfach, das könntest du auch!«

»Alles mit einer Hand!«

»Es ist nicht schwer.«

»Du gibst Gas wie bei einem Motorrad?«

»Ja.«

»Hat es lange gedauert, bis du dich daran gewöhnt hast?«

»Nein, das ging ganz schnell.«

»Und was machst du, wenn du zum Beispiel mal schneuzen musst oder eine neue CD einlegst?«

»Dann lass ich das Gas los, und die hinter mir überholen mich vielleicht und denken: Typisch Frau am Steuer, mal gibt sie Gas, mal nicht.«

Manu kicherte.

»Das heißt, dass ich oft in den Rückspiegel schauen muss«, ergänzte ich. »Also besonders, wenn ich das Gas loslasse.«

Leider konnte ich Manu nicht zeigen, wie souverän ich einparke, denn die Behindertenparkplätze in der Stadt waren alle besetzt. Dabei entdeckte ich nur an einer Windschutzscheibe einen Berechtigungsausweis. Schade, dass so viele Menschen diese Parkplätze gedankenlos besetzen. Es geht hier nicht nur um eine kürzere Wegstrecke für einen behinderten Menschen, viele Plätze sind extra breit, damit man einen Rollstuhl ausladen kann, und der Bordstein ist oft abgesenkt. Nach einer zehnminütigen Suche parkte ich auf einem normalen Längsparkplatz, und als wir zwei Stunden später mit einem neuen Handy und ein bisschen Schnickschnack zurückkamen, war mein Auto dermaßen eingeparkt, dass ich mit meinem Rollstuhl nicht mehr zum Auto fahren konnte.

»Diese Idioten!«, regte Manu sich auf.

Ich regte mich nicht auf. Ich war mit der Problemlösung beschäftigt, denn dieser Fall kommt häufig vor. Allerdings gehörte der muskulöse, sonnenstudiogebräunte attraktive Kerl, der uns beschwingt entgegenfederte, nicht zu den üblichen Requisiten.

»Hallo!«, winkte ich ihm zu.

»Kennst du den?«, raunte Manu beeindruckt.

»Noch nicht«, grinste ich.

Der Mann blieb stehen.

»Können Sie mir bitte helfen?«, rief ich.

Manu riss die Augen auf und starrte auf den Bizeps des Mannes, der das enge T-Shirt zu sprengen schien. Dann grinste sie auch.

»Wo brennt's?«, fragte der Mann.

»Leider ist mein Auto zugeparkt. Ich komme mit dem Rollstuhl nicht an die Fahrertür. Ob Sie mich vielleicht zum Auto tragen und reinsetzen könnten?«

Er überlegte kurz, zwinkerte mir dann zu: »Ist mir ein Vergnügen.«

Manu flitzte los, die Fahrertür aufzusperren.

Er packte mich. Ich lag in seinem angenehm festen Griff und kam mir dabei vor wie eine Braut, die über die Schwelle getragen wird. Schließlich landete ich butterweich im Auto.

»Danke!«

»Keine Ursache.«

Manu versuchte mit rotem Gesicht, meinen Rollstuhl zu verstauen.

»Nein, Manu, du musst zuerst die Räder abmachen.«

»Ach so!«

»Ja genau, und dann an dem Strick hier ziehen, der die Seitenteile hochhebt, und jetzt noch die Rückenlehne umklappen, danke.«

»Geschafft!« Sie plumpste auf den Beifahrersitz und kicherte: »So was machst du also öfter?«

»Wenn es sein muss, ja.«

»Das war ja wohl nicht so direkt unangenehm.«

»Kann man nicht sagen«, gab ich zu.

»Obwohl es wahrscheinlich manchmal schon doof ist«, überlegte Manu laut, »wenn man … also wenn man so hilflos ist.«

»Ja. Ist oft ziemlich beschissen«, erwiderte ich ehrlich. »Aber ich habe gelernt, damit umzugehen. Es bringt mir nichts, wenn ich niemanden um Hilfe frage. Da mache ich stundenlang rum, meine Kräfte schwinden, und zum Schluss bin ich bloß noch verzweifelt. Zum Glück muss ich nicht oft fragen. Meistens komme ich gut zurecht.«

»Du hast dich früher schon viel getraut. Du warst immer so … mutig.«

»Aber das war doch jetzt überhaupt nicht mutig. Das war einfach eine naheliegende Lösung für ein Problem«, widersprach ich.

»Ja, sicher. Mutig bist du trotzdem. Und was ganz Besonderes.« Manus Stimme klang auf einmal wie durchlöchert. Sie legte ihre kleine Hand auf meinen Oberschenkel. »Du hast den Kontakt zu mir gehalten, damals, als du im Krankenhaus warst. Ich hätte mich vielleicht nicht dazu aufgerafft. Wie so viele andere aus Freiberg, die einfach nicht wussten, was sie sagen sollten. Jedenfalls bist du heute dieselbe Ines wie früher! Wildfremde, muskelbepackte Unterhosen-Models anquatschen und sich über Schwellen ins Auto heben lassen.«

Ich grinste, obwohl ich tief in meinem Inneren sehr genau spürte, dass ich nicht mehr dieselbe Ines wie früher war. Manchmal tat das verdammt weh.

Neustart mit Hindernissen

In der Gemeinde Kirkel bezogen Markus und ich eine schöne und trockene Wohnung. Leider befanden sich am Hauseingang zwei Stufen, doch der Vermieter hatte nichts gegen eine Rampe einzuwenden. In den letzten zwei Jahren war ich siebenmal umgezogen. Ich war fix im Packen und mein Hausrat überschaubar. Ich wusste genau, was ich wirklich brauchte. Innerhalb weniger Tage brachten wir den Umzug über die Bühne. Endlich würden wir einen normalen Alltag miteinander erleben: Ich hatte meinen Job im Hotel, und Markus studierte an der FH.

Die Frühschicht mochte ich am liebsten. Sie begann um sechs Uhr morgens, und die Zeit verging wie im Flug. Es war viel zu tun bei Frühstücksbetrieb und Auschecken. Die geteilte Schicht – genauso früh beginnen, doch dann eine lange Pause am Nachmittag und abends noch mal einrücken – strengte mich an, denn sie bedeutete viermal Rollstuhl ein- und ausladen. Sechs Kilo mit einem Arm über mich drüberheben. Mit dem linken Arm Rollstuhl übers Lenkrad, mit dem rechten zugreifen und ihn mit beiden Armen auf den Beifahrersitz bugsieren. Im Hotel nahm niemand auf mein Handicap Rücksicht. Das fand ich einerseits prima, denn ich wollte wie alle Mitarbeiter behandelt werden. Andererseits wäre es mir eine große Erleichterung gewesen, wenn ich den Rollstuhl nur zweimal, nicht viermal hätte ein- und ausladen müssen. Und es war ja nicht nur der Rollstuhl. Es war auch die steile Rampe vor dem Haus, die mir das Heimkommen und Wegfahren vergällte.

Der Job machte mir großen Spaß, und ich bekam von Restaurant- und Hotelgästen viel positive Resonanz.

»Ach, hier ist ja noch jemand!«, rief mancher Gast, wenn er mich entdeckte, denn ich saß wirklich sehr tief – normalerweise erwartet man an der Rezeption stehende Angestellte. Nach einer

Weile nervte es mich allerdings, dass ich immer wieder gefragt wurde, warum ich im Rollstuhl sitze, wenn auch der Rollstuhl als solches nie ein Thema bei meiner Arbeit war.

»Soll ich mir vielleicht ein Schild umhängen?«, fragte ich Markus.

Er grinste: »Beim nächsten Mal sagst du: Es geschah in Afrika am Kongosawamumba-Delta, als das Krokodil auf mich zugaloppierte.«

Vor Lachen konnte ich kaum antworten: »Krokodile galoppieren nicht!«

»Dann war es ein als Krokodil verkleideter Löwe?«

»Nein, ich bin beim einhändigen Drachenflug über den Kilimandscharo abgestürzt und …«

»Wo liegt der überhaupt?«

»Afrika?«

»Ja genau!«, rief Markus. »Du bist direkt vor die Füße des Krokodils gefallen.«

Wir erfanden noch eine Reihe von Abenteuergeschichten, die ich selbstverständlich alle für mich behalte. Echte Heldinnen erkennt man daran, dass sie nicht mit ihren Taten protzen!

Meine Kolleginnen und Kollegen schrieben ihre Stunden auf. Wer in der geteilten Schicht arbeitete, machte pro Tag mindestens eine bezahlte Überstunde. Ich fand es ungerecht, dass meine Überstunden ignoriert wurden. Denn ich bekam meinen Lohn vom Arbeitsamt und wurde nicht nach Stunden bezahlt wie die anderen. Das Hotel legte nur wenig drauf und sah auch keine Veranlassung, das zu ändern, als ich meinen Chef darauf ansprach. Ich machte meinen Job sehr gut, die Gäste sparten nicht mit Lob, ich leistete viel – und erhielt weder Anerkennung noch korrekte Bezahlung. Hier würde ich nicht alt werden, und das tat mir leid. Ich mochte den Umgang mit den Gästen sehr. Doch für dumm wollte ich mich nicht verkaufen lassen.

Am besten gefiel es mir, wenn es richtig rundging, zum Beispiel bei Doppelbelegungen oder Veranstaltungen im Restaurant. Je mehr Trubel, desto besser. Nur her mit den Problemen – ich löste sie alle. Einmal fand eine Aufsichtsratssitzung statt, und einer der Vorstände wollte mich unbedingt abwerben. Solche Begebenheiten beflügelten mich. Ich flirtete noch immer gern und hatte im Hotel reichlich Gelegenheit dazu. Ein Postbote schenkte mir einen Schlüsselanhänger. Ein Koch konnte gar nicht genug von mir kriegen und bekam dann Ärger, weil er in die Küche gehörte, nicht an die Rezeption.

»Ich lasse mich hier nur inspirieren«, antwortete er schlagfertig.

Wenn ich nach der Schicht heimfuhr, fühlte ich mich, als lebte ich in zwei Welten. Das kunterbunte hektische Hotelleben und das beschauliche Wohnungsleben. Letzteres wurde für mich zunehmend zum Gefängnis, denn so schön die Wohnung auch war: Ich war gefangen. Die Rampe vor der Tür war steil. Das erschwerte meine Selbständigkeit. Wieder mal wurde ich behindert. Ein Fußgänger kann sich das so vorstellen, als lägen vor seinem Haus einige riesige Baumstämme, und jedes Mal, wenn er rein oder raus will, muss er über die drüberklettern. Da überlegt man es sich zweimal, ob man das Haus wirklich verlassen will.

Bei mir war es mit dem Klettern nicht getan. Ich musste den Rollstuhl ins Auto einladen. Ein Kraftakt. Und wieder ausladen, wenn ich irgendwohin fuhr. Und dann noch mal ein- und ausladen. So blieb ich zu Hause auf der Couch. Markus störte das nicht. Es war ohnehin sein Lieblingsplatz. Aber mich störte es. Ich wäre gern unternehmungslustiger gewesen, auch ohne seine Hilfe. Ich hätte so gern. Ich wäre so gern. Die Umstände waren gegen mich, ich war von Hindernissen umzingelt. Ich selbst war Ines mit allem, was dazugehörte. Aber an mir hing dieser Rollstuhl, und der hatte seine eigenen Regeln, und wenn ihm was nicht passte, wenn er wo nicht durch- oder reinpasste, dann war das Spiel für Ines aus.

Mein Herzenswunsch war ein eigenes, rollstuhlgerechtes Haus. Ein Haus, das mir meine Selbständigkeit zurückgeben würde. Ich wünschte mir auch einen Lift für den Rollstuhl, einen sogenannten Ladeboy, damit ich ihn nicht mehr ins Auto heben musste. Bei meinem nächsten Autoumbau würde ich mir diese Technik installieren lassen. Ein weiterer großer Wunsch betraf den *Swiss-Trac,* eine elektrische Zugmaschine, die ich vor den Rollstuhl spannen könnte. Und vielleicht noch ein Handbike. Sonst noch was? Ach, wie viel hätte ich früher gewusst. Doch mit meiner eingeschränkten Mobilität hatte ich auch viele kleine Wünsche verloren. Stöckelschuhe? Wozu? Klamotten? Ja gerne, aber eben nicht mehr alle. Miniröcke? Undenkbar! Viel zu unpraktisch, ich müsste ja dauernd dran ziehen, damit nicht zu viel sichtbar wird.

Meine jetzigen Wünsche waren gering in der Zahl und teuer in der Anschaffung – unerschwinglich für mich. Die Krankenkasse zahlte nur die Basics – aber dafür war ich dankbar: zwei Rollstühle, den für draußen und den zum Duschen, Badewannenlifter, Katheter, Pflegebett, sehr bequem mit höhenverstellbarem Lattenrost. In den meisten Ländern wird gelähmten Menschen nicht mal ein Rollstuhl zur Verfügung gestellt. Sie müssen alleine sehen, wo sie bleiben.

In Deutschland finanziert das Arbeitsamt Berufstätigen einen Teil der Anschaffungskosten eines Fahrzeugs sowie den Behindertenumbau inklusive Ladeboy, wenn nötig. Beim Training im Krankenhaus hatte ich nicht damit gerechnet, dass mich das Rollstuhlverladen langfristig so anstrengen würde, ich hatte gedacht, das sei alles eine Frage der Technik, sonst hätte ich schon bei meinem ersten Umbau einen Ladeboy bestellt.

Es gibt verschiedene Varianten, den Rollstuhl im Auto zu verstauen. Er kann in einer Box auf dem Autodach transportiert werden oder im Kofferraum, wozu ein langer Arm ausgefahren wird, der den Rollstuhl verlädt. Doch diese Prozedur dauert ewig, und es macht »Piep-piep-piep!«, weshalb auch wirklich jeder gucken muss, was da los ist. Dann stehen die Leute womöglich um einen rum und fragen vielleicht auch noch – nein danke! Lieber unauffällig und schnell weg.

Ich litt immer stärker unter dem Gefühl des Eingesperrtseins. Es war mir klar, dass mich niemand einsperrte, dass ich selbst für diesen Missmut verantwortlich war, doch ich konnte ihn leider nicht abstellen. Oder doch – ein bisschen. Ich versuchte, es mir zu Hause gemütlich zu machen. Ich fing zu malen an, in Öl. Das machte mir große Freude, und dazu bleibt man ja auch gern im Haus. Ich unternahm lange Spaziergänge mit Markus und Marcky, das war auch schön, doch ich war eben nicht so selbständig, wie ich das gerne gewesen wäre.

Wir verabredeten uns mit Freunden von Markus und gingen am Wochenende aus. Ich selbst hatte noch keinen eigenen Freundeskreis, was wiederum auch an der Barriere vor unserem Haus lag. Um Leute kennenzulernen, muss man sich unters Volk mischen. Markus störte es nicht, dass ich so wenig eigene Aktivitäten entwickelte. Es fiel ihm vielleicht nicht mal auf. Aber ich brauche das Gefühl der Freiheit. Ich muss raus können. Das ist enorm wichtig für mich. Es geht um die Möglichkeit. Ob ich sie in Anspruch nehme oder nicht, bestehen muss sie – und ich möchte selbst darüber bestimmen, wann ich diese

Möglichkeit nutze. Nicht, wenn jemand anders mich mitnimmt, die Rampe runterfährt, den Rollstuhl verlädt. Wann ich will.

Das dunkle Zimmer

Meine Mutter hatte schon oft davon gesprochen, dass sie sich um eine Schadenersatzforderung kümmern wollte. Ich sagte stets: »Ja, Mutti. Mach das. Danke. Dann muss ich mich nicht damit beschäftigen.«

Und meine Mutter machte. Eines Tages kam ein Schreiben von der Versicherung des Krankenhauses mit einem ersten Angebot, einer kleinen Vorauszahlung, immerhin fünfstellig.

»Das wird mir zu heiß«, sagte meine Mutter. »Jetzt ist der Zeitpunkt gekommen, wo du einen Anwalt einschalten solltest. Wir dürfen keine Fehler machen. Stell dir vor, wir nehmen das Angebot an und fallen auf einen Trick herein, wodurch wir auf alle weiteren Ansprüche verzichten. So was machen die gern. Die haben keine realistische Vorstellung, welche Sonderausgaben eine Rollstuhlfahrerin hat. Nein, nein. Jetzt muss ein Anwalt her.«

Ich recherchierte nach einem im Patientenrecht erfahrenen Anwalt. Mit Markus fuhr ich zum ersten Termin. Gut, dass er dabei war, wie wir vor der Kanzlei erkannten. Markus musste von nun an immer mit, um mich die Stufen zum Büro des Anwalts hochzutragen.

Der Anwalt war klein und rundlich, Mitte fünfzig, und wirkte sehr kompetent, obwohl er wenig sprach. Ständig putzte er seine Brille, als würde ihm das beim Denken helfen. Komischerweise war die Brille nie wirklich sauber, bei jedem Putzen hinterließ er einen neuen Fingerabdruck und begann bald wieder von vorne.

»Was erhoffen Sie sich?«, fragte er beim ersten Termin, an dem er so viel sprach wie sonst nie mehr.

»Ich wünsche mir eine Entschädigung, die es mir ermöglicht, ein rollstuhlgerechtes Häuschen zu bauen. Ich will nicht ständig umziehen, und nirgends passt es wirklich. Ich möchte endlich wieder selbständig sein. Ebenerdig wohnen, ohne Rampe. Und es soll schnell gehen!«

Der Anwalt sagte bedächtig: »Da wird kein Häuschen herausspringen. Es wird schon ein anständiges Haus werden.«

Er behielt recht. Leider dauerte die Angelegenheit mehrere Jahre, und das belastete mich sehr. Ich hätte das alles gern rasch hinter mir gelassen, doch es zog sich. Ewig. Der Anwalt schrieb einen Brief. Nach einem gefühlten halben Jahr antwortete die Versicherung. Der Anwalt bat mich zum Gespräch. Markus trug mich hoch. Der Anwalt sagte zwei, drei Sätze, putzte seine Brille. Dann trug Markus mich wieder runter, und ich heulte, bis wir zu Hause waren, und manchmal noch länger.

Wir verhandelten nicht mit dem Krankenhaus, sondern mit der Versicherung, und die wollte, das liegt in der Natur der Sache, nicht zahlen. Ihre Angebote deckten nicht mal die Kosten, und mein Fall war so kompliziert, dass der Anwalt sehr lange für seine Erwiderung brauchte. Er machte seine Arbeit hoch professionell, doch die Dauer der Verhandlungen ging mir an die Substanz. Manchmal konnte ich an keinen guten Ausgang für uns glauben. Zu Markus sagte ich: »Nie im Leben wird das was. Entweder sterb ich vorher, weil sich das so endlos hinzieht, oder ich brech es ab, weil ich nicht mehr kann.«

Markus sagte nichts dazu. Wann immer ich verzweifelte, hüllte er sich in Schweigen.

Mit jedem Termin und jedem Brief, mit jedem Anruf des Anwalts war für mich alles wieder präsent. Als würde jemand einen Schalter anknipsen und all das in grelles Licht stellen, woran ich mich nicht erinnern wollte. Wie ich von einem Springinsfeld zur Rollstuhlfahrerin geworden war. Alles war so gegenwärtig, als würde es eben erst geschehen. Solange die Verhandlungen nicht abgeschlossen waren, konnte ich das Zimmer dieser Vergangenheit nicht abschließen und den Schlüssel wegwerfen. Immer wieder musste ich hinein, eine Frage beantworten, einen Befund suchen. Ich fühlte mich ungerecht behandelt, und für diese Ungerechtigkeit wollte ich eine Entschädigung.

Meine Gedanken kreisten um den Chefarzt, der es nicht mal für nötig befunden hatte, mich im Krankenhaus in Bayreuth zu besuchen. Der gut gemeinte Besuch seines zerknirschten Assistenten war für mich keine Wiedergutmachung. Ich saß im Rollstuhl und musste damit leben, und die Versicherung versteckte sich hinter irgendwelchen Paragraphen, und der Chefarzt operierte fröhlich weiter und dachte wahrscheinlich gar nicht an mich. Er sollte von der Versicherung und der Krankenhausverwaltung eins auf den Deckel kriegen. Er sollte hin und wieder an seinen Fehler erinnert werden, so wie ich täglich, stündlich daran erinnert wurde. Bei jedem Zur-Toilette-Gehen. Bei jedem Das-Haus-verlassen-Wollen. Bei vielen Handgriffen und bei meiner kompletten Lebensplanung, die nicht mehr davon bestimmt wurde, was ich wollte, sondern davon, was überhaupt möglich war ... gelähmt von der Brust abwärts.

Markus ärgerte sich auch über die Hinhaltetaktik der Versicherung, doch er sagte nicht viel dazu, und wenn ich weinte, schwieg er ohnehin. Also weinte ich nicht mehr. Bringt doch nichts. Letztlich sollte es vier Jahr dauern, bis ein Vergleich zustande kam. Der Anwalt behielt recht. Es sprang kein Häuschen dabei raus, sondern ein wunderschönes rollstuhlgerechtes Haus mit Garten.

Von der Reha ins Wirtschaftsministerium

2001 nahm ich zum ersten Mal eine Reha in Anspruch, und zwar ambulant. Morgens fuhr ich eine gute halbe Stunde nach Illingen, ließ mich den ganzen Tag verwöhnen und fuhr abends wieder zurück. Na gut, ich musste zwischendurch auch viel warten auf Massagen, Krankengymnastik, Krafttraining und andere Anwendungen – unterbrochen von einem leckeren Mittagessen. Dennoch genoss ich diese Reha sehr. Endlich mal ein geregelter Tagesablauf! Bei der Reha gab es weder Schichtdienst noch Überstunden. Ich hatte sogar einen Anwärter zum Kurschatten. Er war schon ein wenig älter, und seine Glatze erinnerte mich an Meister Proper. Der Chef vom Restaurant mochte mich auch gut leiden, brachte mir oft Erdbeeren und lud mich zu Champagner ein. Das gefiel mir alles recht gut.

Eigentlich sollte diese schöne Zeit bloß drei Wochen dauern. Letztlich dauerte sie zweieinhalb Monate, und daran war ich nicht ganz unschuldig. Ich wollte nicht mehr ins Hotel zurück, nachdem es dort kurz vor meiner Reha eine unschöne Szene mit meinem Chef gegeben hatte.

Wegen der Schichtdienste sah ich meine Familie nur selten. Als endlich ein Besuch meiner Eltern anstand, bat ich lange im Voraus, an diesem Wochenende freizubekommen, was auch genehmigt wurde. Am Samstagmorgen, wir schliefen alle noch, klingelte das Telefon. Am liebsten hätte ich es weiterklingeln lassen, doch ich wollte meine Eltern nicht wecken und nahm das Gespräch an. Wie zu erwarten, war es das Hotel.

Meine Kollegin verzichtete darauf, mir einen guten Morgen zu wünschen: »Hier ist die Hölle los, komm sofort!«

»Ich habe frei!«

»Ja, so schön möchte ich es auch mal haben! Peter ist krank, ich bin mit den Azubis allein, also komm jetzt sofort!«

»Hör mal, meine Eltern sind da. Das ist jetzt wirklich sehr ungünstig. Bitte versuche, jemand anderen zu finden. Wenn du niemanden findest, ruf noch mal an, dann komme ich.«

Meine Kollegin rief nicht mehr an. Obwohl das eigentlich ein gutes Zeichen war, hatte ich ein mulmiges Gefühl und konnte mich an meinen freien Tagen kaum entspannen. Als ich am Montag meinen Dienst antrat, bekam ich eine Standpauke von meinem Chef. Warum ich meine Kollegen im Stich lassen würde! Warum ich trotz des Notfalls nicht gekommen sei!

Es interessierte ihn nicht, dass er mir selbst freigegeben hatte, und ich dennoch bereit gewesen wäre, einzuspringen, falls sich keine andere Aushilfe hätte finden lassen. Er schrie mich so laut und ungerecht an, dass mir die Tränen kamen. Noch dazu, dass er kaum etwas für meine Arbeitskraft bezahlte. Das Arbeitsamt entlohnte mich. So einen Auftritt musste ich mir nicht bieten lassen! Ich war nicht seine Dienstmagd oder blöd, ich war bloß behindert.

Markus' Vater brachte mir bei einem Besuch am Wochenende ein Jobangebot für eine Sekretärin mit. Ich stellte mich im saarländischen Wirtschaftsministerium vor und bekam nach einem Test einen Arbeitsvertrag angeboten. Erst danach fiel dem Beamten ein, dass ich mit Rollstuhl vielleicht gar nicht an meinen Arbeitsplatz gelangen würde.

»Hm, hm«, machte er immer wieder und grübelte. Dann ließ er sich sogar einen Plan vom Gebäude kommen, den er ausgiebig studierte. Schließlich fand sich eine Lösung über einen Nebeneingang und ein paar Schleichwege. Die dadurch verlorene Zeit würde ich durch den Parkplatz vor dem Haus locker wieder wettmachen.

Wie durch Zauberei wurde meine Reha noch einmal verlängert, bis ich den neuen Job antreten konnte – sehr entspannt, relaxt und gut gelaunt am 15. Oktober 2001. Dem Hotel weinte ich überhaupt nicht hinterher, obwohl es mir an der Rezeption gut gefallen hatte. Letztlich wogen die netten Gäste das schlechte Betriebsklima nicht auf.

Im Wirtschaftsministerium führte ich nun den altmodischen Titel »Vorzimmerdame«. Ich nahm Telefonate entgegen, vereinbarte Termine, tippte Bescheide und Briefe. Halbtags leistete mir eine Kollegin Gesellschaft. Unser Chef war nicht nur Referatsleiter, sondern auch Geschäftsführer des *Science Park Saarbrücken,* in dem junge Unternehmen beim Start in die Selbständigkeit unterstützt werden. So erledigte ich auch Aufgaben, die das Ministerium nicht direkt betrafen. Das Telefon klingelte ständig, und die Arbeit machte mir großen Spaß.

»Worum geht es denn?«

»Er ist in einer Besprechung.«

»Moment, ich frag mal nach.«

»Ich stelle durch.«

»Da kann ich Ihnen auch weiterhelfen.«

»Ich werde es notieren, bitte buchstabieren Sie.«

»Ich kümmere mich darum.«

Weniger gern kümmerte ich mich um die Korrespondenz. Am Telefon war ich in meinem Element. Oft fragte ich mich, wie die Leute, mit denen ich telefonierte, wohl aussahen. Ich kannte ja nur die Stimmen. Mit manchen entwickelte sich im Lauf der Zeit ein netter Kontakt.

Mein Vorgesetzter war überaus kompetent und rundum wunderbar. Er war ein Schaffer – so sagt man im Saarland –, wie er im Buche steht. Er kam früh und blieb stets länger als ich. Meine frechen Sprüche nahm er mir nicht übel – ganz im Gegenteil. Verliebt war ich im Übrigen nicht in ihn. Ich konnte ihn einfach gut leiden. Und ich mochte unseren lockeren Tonfall, der den Tag beschwingte. Schnell waren wir ein eingespieltes Team.

Wenn er im Vorzimmer stand und das Telefon klingelte, konnte ich, während ich »Guten Tag Herr Schmid« in den Hörer sagte, in seinem Gesicht lesen, ob er das Gespräch annehmen wollte. Je nachdem stellte ich durch oder eben nicht.

»Er ist leider gerade in einer Besprechung. Kann er Sie zurückrufen?«, wählte ich einmal eine beliebte Variante aus dem Repertoire einer Vorzimmerdame.

Kaum hatte ich aufgelegt, verschränkte mein Chef die Arme vor der Brust, schüttelte den Kopf und sagte mit gespielter Fassungslosigkeit: »Die lügt, ohne rot zu werden!«

Manchmal kam er mit einem niedlich verknitterten Gesicht zu mir: »Frau Korb. Ich habe da so eine … Exceltabelle …«

Dabei handelte es sich meistens um die Nebenkostenabrechnung für den *Sciene Park*. Die Arbeit am Computer fiel mir leicht. Schnell hatte ich im Referat einen Ruf als Computerexpertin, und wenn Kollegen Probleme hatten, holten sie mich zur Hilfe. Auch das machte mir einen Riesenspaß – und ich lernte immer mehr, schließlich wollte ich mich nicht blamieren!

Markus hatte kein solches Glück in der Berufswelt. Er hatte sein Studium abgebrochen und arbeitete in einem Callcenter. Leider gefiel ihm die Arbeit dort nach einer Weile nicht mehr. Jeden Abend erzählte Markus mir, wie unglücklich er mit seinem Job und wie unfähig sein Chef sei. Das tat mir sehr leid für ihn, und ich freute mich riesig, als er eine Stelle als Verkäufer für Heimkinos fand. Markus war begeistert – doch leider hielt das nur wenige Monate an.

Auch seinen neuen Vorgesetzen hielt Markus für total inkompetent: »Alles könnte so gut laufen, wenn dieser Chef nicht wäre.«

»Es gibt immer einen Chef«, versuchte ich ihn zu trösten.

»Du kannst leicht daherreden. Du hast ja das große Los gezogen mit deinem Boss.«

Er auch mit mir, dachte ich und sagte: »Das mag schon sein. Trotzdem kann man nicht immer gleich das Handtuch werfen, wenn irgendwas nicht so läuft, wie man will. Nirgends stimmt es zu hundert Prozent. Man muss immer auch Kompromisse eingehen.«

Markus schaltete den Fernseher ein, womit er unser Gespräch abschaltete.

Es machte mich unglücklich, wenn er unglücklich war, und ich wusste nicht, wie ich ihm helfen sollte. In seinem gelernten Beruf als Maurer wollte Markus nicht arbeiten, studieren wollte er nicht, und mit seinem Chef wollte er auch nichts zu schaffen haben.

Aber einen Hund wollte er: »Einen großen Hund.«

»Wir haben doch unseren Marcky!«

»Ja, schon. Aber der ist so klein!«

Hunde sind nun mal kein Thema, mit dem man bei mir auf taube Ohren stößt, und so vereinbarte Markus einen Termin bei einem Züchter von Bordeaux-Doggen. Die waren zwar goldig, aber faltig und versabbert, auch wenn eine ganz besonders hübsche Sita zum Fressen süß schwer in meinem Arm schnaufte. Da erinnerte ich mich an die Briard-Hunde aus dem Sanitätshaus meines Vertrauens. »Lass uns mal solche angucken«, schlug ich Markus vor.

Diesmal vereinbarte ich einen Termin bei einem Züchter in St. Wendel. Dreizehn Welpen im Wohnzimmer, die Möbel an den Wänden gestapelt. Ich war verloren angesichts dieses drolligen Gewusels. Markus las in meinem Gesicht, was ich mir wünschte, hob mich aus dem Rollstuhl und setzte mich mitten zwischen die Welpen. Ein kleiner Rüde konnte gar nicht genug von mir bekommen, krabbelte über mich drüber, nuckelte an meinen Fingern, fiepte und schleckte. Ich fand ihn sehr niedlich, doch wir wollten eigentlich eine Hündin.

»Es ist ein S-Wurf«, sagte die Züchterin.

Da fiel mir die kleine Sita ein – und kaum kam mir der Name in den Sinn, steckte ein weibliches Hundebaby seine Schnauze in meine Hand.

»Sita?«, fragte ich.

Das Hündchen wedelte mit dem ganzen Hinterleib. Alles klar! Leider war Marcky nicht so begeistert wie wir. Von wegen Welpenschutz: Beleidigt schnappte er nach dem Neuzugang. So kannten wir unseren Marcky gar nicht. Zum Glück gewöhnten sich die beiden dann doch aneinander, und nach einigen Tagen hatte Sita Marcky um ihre Pfoten gewickelt und konnte mit ihm machen, was sie wollte. Er ließ sich sogar dazu hinreißen, mit ihr zu spielen, Sita musste ihn nur lange genug ins Genick stupsen. Es war eine große Freude, den beiden zuzusehen. Und egal, wen wir riefen, Sita oder Marcky, sie kamen immer beide angerannt.

Der überfahrene Schleier

Auch ich hatte diesen Mädchentraum früher gehegt. Ganz in Weiß mit kilometerlanger Schleppe. Die Frau nimmt den Namen des Mannes an, später bauen die beiden ein Haus, kriegen Kinder und sind glücklich. Alles total normal – und unerreichbar für mich. Ich würde schon an der Schleppe scheitern. Ich würde spätestens beim Wenden drüberfahren, und dann wäre sie nicht mehr weiß, sondern hätte hässliche schwarze Streifen. Aus der Traum?

Eines Tages erzählte mir meine Mutter am Telefon von der Grube Elisabeth in Freiberg, einem ehemaligen Bergwerk, wo in einer kleinen Kapelle standesamtliche Hochzeiten stattfanden.

»Aha«, sagte ich und vergaß es bald wieder, aber offensichtlich nicht vollständig.

Einige Wochen später kuschelten Markus und ich auf der Couch, sahen irgendeinen Film und unterhielten uns zwischendurch. Ich weiß nicht, wie wir auf das Thema Heiraten kamen, vielleicht handelte der Film davon, jedenfalls meinte er oder ich:

»Man könnte ja mal heiraten.«

Und er oder ich erwiderte: »Ja. Könnte man.«

»Wo wir eh schon zusammenwohnen.«

»Stimmt.«

»Auch wegen der Hunde.«

»Wieso denn das?«

»Rudelbildung und so.«

Da fiel mir das Telefonat mit meiner Mutter ein, und ich fragte sie noch einmal nach der Kapelle. Sie schickte Fotos und kümmerte sich dann vor Ort um die Organisation der Hochzeit, die ein halbes Jahr später stattfinden sollte. Viel Geld hatten wir nicht, aber viele Ideen. Mein Hochzeitskleid ersteigerte ich bei eBay. Alle Vorbereitungen klappten trotz der weiten Entfernung reibungslos. Sollte so was möglich sein, eine Hochzeit ohne Pannen? Nein, natürlich nicht. Am Tag vor der Trauung platzte an meinem Rollstuhl ein Reifen, und so gab es doch noch die dazugehörige Aufregung. Ein sehr netter Mitarbeiter eines Sanitätshauses half: »Damit ein geplatzter Reifen nicht mit einer geplatzten Hochzeit endet!«

Nein, sie fand statt, am 7. September 2002, und dieser Tag war einer der glücklichsten meines Lebens im Kreis meiner Familie, Freundinnen und Freunde. Alle waren sie da, und auch das Wetter spielte mit. Ganz klassisch, wie es sich gehört, schlief ich die Nacht vor der Trauung bei meinen Eltern. Früh am Morgen kam die Friseurin, die mich auch schminkte. Dann fuhren meine Eltern mich zu der Kapelle an der ehemaligen Grube, wo

Markus mit einem Brautstrauß in Herzform aus Rosen auf mich wartete. Nach der standesamtlichen Trauung ging es im Konvoi und kräftig hupend zum Hotel Silberhof in Freiberg, wo wir wunderbar verköstigt wurden. Alles war genauso schön, wie ich es mir als Kind vorgestellt hatte. Auf den Fotos sehe ich mindestens so glücklich aus, wie ich mich fühlte. Es sind alles Hochzeitsbilder ohne Rollstuhl, das hatte ich mir gewünscht. So verwirklichte ich meine Träume von früher doch noch. Ich bin auf den Bildern eine ganz normale Braut, und natürlich legte ich Wert darauf, mein Tattoo ins rechte Licht zu rücken!

Männer sind anders. Frauen auch.

Eines Abends, als Markus wieder mal unseren Riesenfernseher einschaltete, dachte ich: »Jetzt sind wir ein richtiges Ehepaar. Ehepaare sehen abends fern.« Da senkte sich eine seltsame Stimmung wie ein goldener Käfig über mich. In dem saß ich ja noch immer, auch wenn ich jetzt nicht mehr Ines Korb, sondern Ines Kiefer hieß. Den Käfig hatte ich mitgenommen. Obwohl mir klar war, dass es einzig und allein an mir lag, die Tür zu öffnen, schaffte ich es nicht. Und Markus schaffte es nicht, mit dem Rauchen aufzuhören, obwohl er es mir oft versprach und sogar behauptete, er habe aufgehört. Am meisten ärgerte ich mich, wenn ich ihn behandelte wie ein ungezogenes Kind. Das passierte ganz schnell. Und dann bockte er. Sagte keinen Ton mehr.
Seitdem ich in der Schule eindrucksvoll gelernt habe, wie schädlich das Rauchen ist, macht es mich verrückt, wenn Menschen, die ich liebe, rauchen. So war das schon bei meinem Vater gewesen. Als Kind flehte ich ihn an, mit dem Rauchen aufzuhören.
»Also gut«, sagte er eines Tages beim Umgraben im Schrebergarten, nahm einen tiefen Zug von seiner Zigarette, warf sie in

ein Erdloch und schaufelte es zu. »Hiermit habe ich die Raucherei begraben.«

Überglücklich sprang ich um ihn herum. Leider konnte er sein Versprechen damals noch nicht halten – genau wie Markus, und obwohl ich wusste, dass er das nicht aus böser Absicht tat, ärgerte ich mich darüber. Im Nachhinein glaube ich, dass ich Markus oft überforderte und wir im Alltag überhaupt nicht zusammenpassten. Es beruhigte mich aber, dass meine Beziehungsprobleme sich nicht von denen anderer Frauen unterschieden. Wir scheiterten an den Klassikern. Er kochte beispielsweise sehr gern – und danach sah die Küche wie ein Schlachtfeld aus. Unsere Differenzen hatten nichts mit dem Rollstuhl zu tun. Wir waren einfach zu verschieden.

Trotzdem war es eine schöne Zeit. Als junges Ehepaar waren wir noch immer sehr ineinander verliebt und unternahmen an einigen Wochenenden wunderbare Ausflüge. Manchmal fuhren wir auf Hundeausstellungen und blieben übers Wochenende. In dem Chrysler Voyager, den ich vom ersten Vorschuss der Versicherung zu Markus' großer Freude kaufte, hatten wir genug Platz, und Marcky und Sita waren begeistert, wenn das Rudel eng zusammenrückte. Diese Abenteuertrips liebte ich.

Sehr gern gingen wir auch ins Kino. Markus trug mich zu meinem Sitz – wie bei unserem ersten Rendezvous. Damals wog ich circa 55 Kilo, aber er schaffte es wie Bruce Willis, ohne dass sich sein Atem auch nur ein bisschen beschleunigte. Allerdings nahm er mich weniger filmreif huckepack, das war für uns beide am angenehmsten. Unangenehm waren die Blicke der Leute: »Wieso trägt der die rein, was hat die?« Nach der Vorstellung warteten wir, bis alle draußen waren, um nicht noch mal aufzufallen. Auch wenn manche meiner Freundinnen meinen, es müsste ein tolles Gefühl sein, getragen zu werden – ich mag das nicht, denn es zeigt mir allzu deutlich, dass ich Hilfe brauche.

Hin und wieder besuchten wir auch ein Musical – wobei ich nach meinem ersten Theaterbesuch geglaubt hatte, das Thema Musical abschließen zu müssen. Man soll niemals nie sagen!

Sitzstreik

Markus' Trauzeuge Christian und seine Frau Susi fragten uns, ob wir Lust hätten, mit ihnen zum *Tanz der Vampire* nach Stuttgart zu fahren. Ich war noch nie bei einem Musical gewesen und freute mich sehr darauf. Christian kümmerte sich um die Karten – und sagte bei der Bestellung ausdrücklich, dass einer der vier Sitze für eine Rollstuhlfahrerin bestimmt sei. Freudig teilte er uns mit, dass er super Plätze in der Mitte nahe der Bühne reserviert habe. Doch der Einlassdienst wollte mich nicht auf meinen Platz lassen: »Rollstuhlfahrer dürfen da nicht hin.«

»Moment mal«, mischte Christian sich ein, »ich habe ausdrücklich gesagt, dass ...«

»Ja, das mag schon sein. Fakt ist, dass Rollstühle auf den dafür vorgesehenen Plätzen parken müssen.«

»Hören Sie, ich trage meine Frau auf ihren Platz und ...«, versuchte es Markus.

Hinter uns bildete sich eine Schlange. Alle starrten mich an. Am liebsten wäre ich im Erdboden versunken. Ich wollte nicht auffallen. Ich wollte bloß schnell auf meinen Platz.

»Das geht wegen der feuerpolizeilichen Bestimmungen nicht«, blieb die Frau vom Einlass hartnäckig. Sie war nicht unfreundlich, sie machte einfach nur ihren Job, trotzdem fühlte ich mich wie geohrfeigt.

»Sehen Sie«, wandte sie sich direkt an mich, »wenn etwas passiert, müssen Sie schnell rausgeschoben werden, und deshalb können Sie nicht auf einem normalen Platz sitzen.«

»Aber wer soll mich denn schieben, wenn ich nicht neben meinem Mann sitze? Glauben Sie, ein Wildfremder käme auf die Idee, mir zu helfen, wenn es brennt oder Panik ausbricht? Es gibt keinen sichereren Platz für mich als neben meinem Mann!«

»Es tut mir leid, so sind die Bestimmungen.« Die Frau um die Fünfzig wies irgendwohin. »Da vorne können Sie im Rollstuhl sitzen.«

»Sie meinen, ich soll die ganze Vorstellung über weit weg von meinem Mann im Rollstuhl sitzen?« Entgeistert starrte ich sie an. Woher sollte sie auch wissen, dass dieser Rollstuhl nicht für langes Sitzen geeignet war? Wenn ich das geahnt hätte, hätte ich meinen bequemeren Rollstuhl mitgenommen, in dem mich Sitzen nicht anstrengt. Dann wäre ich sozusagen in Hausschlappen vorgefahren, nicht in der Stöckelsandalette. Es ist schwierig für mich, ohne Tisch vor mir, auf dem ich mich zur Stabilisierung abstützen kann, länger im »High Heels«-Rollstuhl zu sitzen. Mein Hausschlappenrollstuhl ist hingegen bequem zum Sitzen, aber äußerst unbequem beim Fahren. Mit zwei Rollstühlen im Theater aufkreuzen? Womöglich hätten wir dann einen zweiten Platz bezahlen müssen …

Die Frau vom Einlass war nicht zu erweichen. Sie drehte uns den Rücken zu und kümmerte sich um die Schlange, die sich gebildet hatte. Ich zitterte vor Wut, Empörung, Fassungslosigkeit und konnte es nicht verhindern, dass mir Tränen über das Gesicht liefen. Markus streichelte sie mitfühlend und zärtlich weg, dann hob er mich aus dem Rollstuhl und trug mich zu dem reservierten Platz. Christian und Susi folgten uns.

»Hier gehen wir nicht mehr weg!«, bekräftigte Markus.

Und das mussten wir auch nicht – doch das lag nicht an unserer Hartnäckigkeit, sondern daran, dass der Einlassdienst offensichtlich mit Doppelbelegungen zu kämpfen hatte und völlig überfordert war. Im Lauf der Jahre habe ich mehrfach beobachtet, dass Rollstuhlfahrer, die ebenso stur auf ihren bezahlten Plätzen beharrten, aus dem Theater getragen wurden.

Ich recherchierte und fand heraus, dass es hier um die Einhaltung der Brandschutzverordnung geht. Obwohl ich das im Großen und Ganzen verstehe, war der Abend in Stuttgart für mich eine niederschmetternde Aktion. So sehr hatte ich mich auf die Vorstellung gefreut – und so wenig bekam ich davon mit. Ich wollte auch nicht – wie wir uns vorgenommen hatten – in der Pause mit den anderen ein Glas Champagner trinken und mein schönes neues Kleid ausführen. Ich wollte ganz klein sein und nicht gesehen werden und versteckte mein verweintes Gesicht tief im Sitz.

Heute bin ich mit Musicals versöhnt, und ich habe mir den *Tanz der Vampire* sogar noch mal angeschaut, und diesmal passte alles, obwohl ich auf einem Rollstuhlplatz saß – in meiner »Hausschlappe«. Immer wieder gibt es solche Momente, in denen es grausam ist, auf den Rollstuhl angewiesen zu sein. Immer wieder aufs Neue muss ich lernen, mit schwierigen Situationen umzugehen, Erfahrungen zu sammeln und es beim nächsten Mal besser zu machen.

Von der ersten Rate der Versicherung kauften wir nicht nur den Chrysler Voyager, sondern auch ein Handbike. Das Wetter war wunderbar in diesem Sommer, und Markus und ich nutzten jede Gelegenheit, abends an Feldern und Wiesen entlangzupesen – er mit den Rollerblades, ich mit dem Handbike. Wenn er müde wurde, hängte er sich hinten bei mir ein – und ich freute mich über meinen Konditionszuwachs. Schaffte ich zu Beginn nicht mal 10 km/h, erreichte ich am Ende des Sommers locker eine Durchschnittsgeschwindigkeit von 12 km/h.

Am Hockenheimring trafen sich einmal in der Woche Inline-skater, und die Strecke war auch für Rollstuhlfahrer geöffnet. Klar, dass Markus und ich hier unsere Runden drehten.

Als wir in diesem Jahr mit meinen Eltern in den Urlaub an die Ostsee fuhren, konnte ich nicht genug von den Touren mit Marcky und Sita kriegen. Markus war so begeistert vom Zelten, dass er auch tagsüber gern drinblieb. Mich hielt nichts im Zelt. Ich war ständig unterwegs. Das Handbike ist wie ein Fahrrad für Rollstuhlfahrer, die Arme übernehmen das Treten. Es ist auch geländegängig, und ich konnte mich abseits der Straßen auf Feldwege wagen. In diesem Sommer wuchsen meine Oberarm-muskeln deutlich, für meinen Geschmack zu deutlich, weshalb ich mein Training reduzierte. Schließlich stand das Handbike ganz in der Garage, denn als Markus und ich uns trennten, nahm er den Voyager mit, und ich hatte keinen Platz in meinem kleinen Honda, um das Handbike zu transportieren.

Ich tröstete mich damit, dass dieser Sport auf Dauer nicht gut für mich gewesen wäre. Rollstuhlfahrer haben oft Gelenkprobleme in den Schultern und Ellenbogen, weil sie für alles Hände und Arme benutzen. Arme sind nicht dafür gemacht, den Menschen vorwärtszubewegen. Doch allein deswegen hätte ich nicht mit dem Handbikefahren aufgehört. Phasenweise stricke ich auch gern, obwohl das ebenfalls belastend für meine Gelenke ist. Es ist ein gutes Gefühl zu wissen, dass mein Handbike da ist. Es steht in der Garage, und ich könnte jederzeit wieder durchstarten!

Der Herzenswunsch

»Kinder kriegen können Sie trotzdem.« Ich dachte oft an die Worte der Ärztin aus dem Krankenhaus, und noch öfter über-legte ich mir, ob ich tatsächlich Kinder haben könnte, auch wenn ich Kinder bekommen könnte. Das Kriegen erschien mir dabei weniger fraglich als das Versorgen. Wie sollte ich das schaffen? Eigentlich hatte ich nur einen Arm, mit dem zweiten musste ich mich selbst festhalten. Wie sollte ich mein Kind vom Boden aufheben, wie sollte ich es wickeln, füttern, ihm Halt geben? Was würde ich tun, wenn mein Kind vor mir über eine starkbefahrene Straße laufen würde? Ich könnte nicht einfach aufstehen, und ich glaubte auch nicht an eine Wunderheilung, bei der die gelähmte Mutter plötzlich aus dem Rollstuhl springt, um ihr Kind zu retten, auch wenn es solche rührenden Szenen in von der Taschentuchindustrie gesponserten Filmen gibt.

Ich überlegte hin und her. Tagelang. Wochenlang. Vor allem nächtelang. Ich ging schwanger mit meinem Kinderwunsch. Ich bewegte ihn in mir. Überprüfte ihn von allen Seiten. Durfte ich das überhaupt? War es egoistisch, einem anderen Menschen eine behinderte Mutter zuzumuten? Aber wenn ich es doch lieben würde, mein Kind, über alles lieben. Ich wollte es nicht in Gefahr bringen, weil ich selbst nicht gut aufpassen könnte. Aufpassen schon. Bloß laufen nicht. So wuchs mein Wunsch und wuchs und war bald stärker als jede Gefahr. Als ich dann merkte, dass mein Wunsch so dick war wie ein neunmonatiger Babybauch, brachte ich ihn vor Markus auf die Welt.

Er wollte kein Kind. Aber er hatte auch nicht heiraten wollen.

»Ich wünsche mir ein Kind«, sagte ich.

»Na gut«, sagte er zu meiner großen Überraschung. »Aber nur eins.« Verdutzt starrte ich ihn an. Markus grinste, schaute Richtung Schlafzimmer und sagte frech: »Na dann komm!«

Ich setzte die Pille ab, die für eine Rollstuhlfahrerin wegen der erhöhten Thrombosegefahr ohnehin gefährlich ist. Ich ging in die nächste Runde: Will ich wirklich ein Kind, also um des Kindes willen, oder will ich mir nur beweisen, dass ich das auch kann? Mein Wunsch so groß und unbedingt. Und noch eine Runde: Will ich das Kind, weil ich ein Dickkopf bin und nur ungern von meinen Plänen abweiche? Und diese Pläne lauteten nun mal heiraten, Haus bauen, Kinder kriegen. So überlegte ich kreuz und quer und im Kreis, während wir uns doch schon entschieden hatten. Mit Markus sprach ich nie über meine Zweifel. Ich kannte ihn mittlerweile gut genug, um zu wissen, dass ihn solche Gedankenspielereien überforderten. Wenn etwas kompliziert wurde, kannte er nach wie vor nur eine Strategie: schweigen. Insofern hätte ich von ihm keine Antwort erhalten – also verschonte ich ihn. Mich nicht.

Wie kann ich das Kind vom Boden aufheben? Wie kann ich es stillen? Was mache ich, wenn es sich verletzt und ich schnell Hilfe brauche? Für jeden Ernstfall und für jede Gefahrensituation fand ich eine Lösung und wurde immer sicherer. Irgendwann begriff ich, dass ich niemals alle Eventualitäten ausschließen könnte. Alles, was ich tun konnte, war, mich darauf einzulassen und so gut wie möglich vorzubereiten. Und das hatte ich längst getan, und Markus auch, auf seine Weise.

Er sagte: »Ich mach mich doch nicht im Voraus verrückt! Wenn es so weit ist, dann werden wir schon sehen.«

Zu seiner Verblüffung war ich damit einverstanden. Er wusste ja nichts von meinen monatelangen Abwägungen. Normalerweise wäre es meine Aufgabe gewesen, ihn darauf hinzuweisen, wie wichtig das gründliche Planen ist, um später nicht von Problemen überrascht zu werden, die man hätte vorhersehen können.

»Nichts kann man vorhersehen«, war Markus überzeugt. Trotzdem fragte er mich nun manchmal, ob ich etwas Wissenswertes herausgefunden hätte bei meiner Internetrecherche nach einer schwangeren Rollstuhlfahrerin. Leider fand ich keine, nur Mütter, die nach der Geburt ihrer Kinder auf den Rollstuhl angewiesen waren. Allzu viel Zeit hatte ich auch nicht, denn nach zwei Monaten fühlten sich meine Brüste irgendwie seltsam an. So gespannt und prall. Auf einmal bekam ich Nasenbluten. Hatte ich nicht irgendwo gelesen, dass das ein Zeichen sein könnte? Nachmittags holte ich mir einen Schwangerschaftstest aus der Apotheke. Nach dem Abendessen verließ mich die Geduld. Ich konnte unmöglich bis zum Morgenurin warten, ich musste das jetzt sofort wissen.

»Ich bin schwanger«, sagte ich zu Markus.

Er sprang nicht auf und riss mich an sich. Er wirbelte mich nicht durch die Gegend. Er zog keinen Brillantring aus der Tasche. Er entkorkte keinen Champagner. Er hielt mich einfach fest. Ganz, ganz fest und schenkte mir damit alles, was ich mir wünschte. In dieser Nacht machte ich kein Auge zu. Mir ging so viel durch den Kopf – wie das alles werden würde, ob meine Ideen, wie ich das Kind im wahrsten Sinne des Wortes schaukeln würde, auch klappen würden. Das blieb so während der gesamten Schwangerschaft, obwohl in meinem Kopf eigentlich gar kein Platz dafür war, denn in mein Oberstübchen war ein Architekturbüro eingezogen.

Das Traumhaus

Das Saarland ist recht hügelig, deshalb war es schwierig, ein gerades Grundstück zu finden – Voraussetzung für rollstuhlkompatibles Wohnen. Der Hausverwalter unserer Wohnung gab uns einen Tipp, als wir schon fast mutlos waren, weil jedes besichtigte Grundstück irgendeinen Makel hatte. Das kleine Stück Land lag im Bayerischen Kohlhof, wie die Gegend heißt, und war tatsächlich eben. Markus und ich verliebten uns sofort. Der Hausverwalter empfahl uns auch einen Architekten, der zuerst eine Katastrophe zu sein schien und sich später als Glücksfall herausstellte, denn er unterbreitete uns keinerlei Vorschläge. Stattdessen sagte er zu mir: »Mole Se sich's mal uff, wie Se sich's vorstelle, dann gucke mea mol.«

Also zeichnete ich und machte mir Gedanken, entwarf und verwarf und sah immer klarer vor mir, was ich wollte. Der Architekt brachte das in einen vernünftigen Maßstab, ich verwarf und entwarf neu – so ging es viele Male hin und her. Ich verschob Wände, klebte, puzzelte und diskutierte mit Kollegen über Details – alles unmittelbar vor meiner Schwangerschaft. So entstand nach und nach mein Haus, maßgeschneidert auf meine Bedürfnisse.

Das Planen machte mir große Freude. Welche Wege im Haus mussten kurz, welche durften länger sein? Die Türklinken würden tiefer angebracht werden als gewöhnlich. Die Fenster sollten höher beginnen, um sie vor neugierigen Hundenasen zu schützen, und dennoch so tief, dass ich rausschauen kann. Selbstverständlich würde der Rollstuhl überall viel Platz haben. Ich plante breite Türen und Flure, damit ich mich drehen und ohne Rangieren an jemandem vorbeikommen kann. Ein komfortables Bad war mir ebenfalls wichtig, mit zwei unterfahrbaren Waschbecken, einer große Dusche und einer riesengroßen Badewanne zum Genießen und Plantschen.

Die Küchenplanung hätte ich gern Profis überlassen, doch als ich in einem Küchenstudio nach einer unterfahrbaren Spüle und einem ebensolchen Herd fragte und angestarrt wurde, als hätte ich mich nach einer frei im Raum schwebenden Feuerstelle erkundigt, beschloss ich, auch hier selbst zu ent- und verwerfen. Ich würde schließlich damit leben und wollte mich nicht mehr anstrengen und ärgern. Diesmal sollte alles perfekt sein. Und genauso wurde es: Mein Traumhaus, das ich dank des Vergleichs schuldenfrei beziehen konnte. Allerdings konnten wir uns keine großen Sprünge erlauben und nicht von allem das Beste wählen, ich plante mit Bedacht.

Wann immer ich Markus um Rat fragte, erwiderte er: »Du musst damit zurechtkommen.«

»Ich will aber wissen, was du willst!«

»Ich will, was du willst.«

Am Anfang machte mich das schier verrückt, später fragte ich ihn einfach nicht mehr. Einmal wollte er auch etwas: Sämtliche Kabel für die Musikanlage, Boxen und den Beamer sollten unsichtbar unter Putz verlegt werden. Was das betraf, war Markus ein Ästhet. Gern erfüllte ich ihm diesen Wunsch. Ich selbst erfüllte mir den Wunsch nach einem Garten mit rundum verlegten Pflastersteinen, damit ich bequem um das ganze Haus fahren kann.

Für einen ungeduldigen Menschen bedeutet ein Hausbau eine echte Herausforderung. Es war eine riesengroße Freude für mich, mein neues Daheim wachsen zu sehen. Heute noch versetzt mich Rohbaugeruch in Hochstimmung. Und in meinem Bauch wuchs auch etwas – was für ein unbeschreibliches Glücksgefühl! Die ersten Ultraschallfotos waren längst an die künftigen Groß- und Urgroßeltern verschickt. Markus und ich waren – wie es sich für junge Paare in anderen Umständen ziemt – Dauerkunden bei Ikea. Wir erlebten eine aufregende Zeit voller Vorfreude. Hin und wieder schnappte Markus sich den zweiten Rollstuhl, und wir rollten nebeneinander über die glatten Flure der Möbelhäuser. Das gefiel mir nach wie vor so gut an Markus, dass er keine Berührungsängste mit einem Rollstuhl hatte und sich auch gerne selber in einen setzte, besonders bei einer kilometerlangen Kassenschlange samstags bei Ikea. Wenn Markus ebenfalls per Rollstuhl unterwegs war, kam er wenigstens nicht auf die Idee, mich irgendwohin zu schieben. Männer und Frauen verfolgen bei Ikea naturgemäß verschiedene Fährten. Da ließ ich mir nur ungern in die Räder pfuschen!

Einmal trafen wir einen alten Bekannten von Markus, der völlig verstört reagierte, da Markus nun auch im Rollstuhl saß – konnte das Schicksal so grausam sein –, und immer nur fassungslos den Kopf schüttelte.

»Was ist dir denn passiert?«, fragte er betroffen.

»Das war in Afrika«, begann ich. »Ein als Krokodil verkleideter Löwe ist auf ihn zugaloppiert und hat …«

Markus stand auf.

»Ein Wunder!«, kicherte ich übermütig.

Markus hörte nie wieder von diesem Bekannten.

Nestbau

Im November 2004, ich war im vierten Monat schwanger, zogen wir in mein Traumhaus, und ich merkte schnell, dass es mich, was das Putzen betraf, komplett überforderte. Ich verzichtete darauf, Markus um Unterstützung zu bitten. Mir war klar, dass das nicht klappen würde. Zum Glück fand ich eine wunderbare Reinigungskraft: Karin, die mir bis heute die Treue hält.

Unsere wenigen Möbel verschwanden fast in den großen Räumen. Wenn es nach Markus gegangen wäre, hätten wir viel dazugekauft. Doch ich haushaltete sparsam mit dem Rest, der von der Versicherungssumme übrig geblieben war. Zu einem Wasserbett ließ ich mich überreden. Nach der ersten Nacht, in der ich schwitzte wie in einer Sauna, war ich fix und fertig. Ich wollte die Neuanschaffung sofort umtauschen. Markus brachte um acht Uhr morgens mit rotem Gesicht – das kam selbstverständlich nicht von der Matratze – in Erfahrung, dass der Monteur zu heißes Wasser eingefüllt hatte.

Dieses Versehen sorgte am selben Vormittag bei einer kleinen Feier im Kreis meiner Kollegen für Heiterkeit. Eine Kollegin gab Fleischkäsewecken aus. Ich griff beherzt zu, dann wurde mir übel und noch übler und kotzübel. Auf der Toilette im Ministerium musste ich mich übergeben. Wie ich nach Hause kam, weiß ich nicht mehr, ich erinnere mich aber an den schlimmsten Brechdurchfall meines Lebens. Ich war zu schwach zu allem und behielt nichts bei mir. Spät abends brachte Markus mich in die Uniklinik, und wir erfuhren, dass ein aggressiver Darmvirus die Runde machte. Da ich bereits im fünften Monat war, sollte ich zur Beobachtung in der Klinik bleiben.

Die Ärzte hätten mich gern noch länger behalten, doch am übernächsten Tag war Weihnachten, und so durfte ich heim. Ich war sehr froh – und dann fassungslos. Zu Hause sah es genauso aus, wie ich es verlassen hatte. Neben dem Bett stand meine Teetasse, auf dem Boden lagen die Taschentücher, in der Spüle gammelte Geschirr. Markus bemerkte meine entsetzten Blicke.

»Ich hatte keine Zeit, ich musste ja die Hunde Gassi führen.«

Ich holte Luft, um etwas zu erwidern, als das Telefon klingelte. Mein Vater wollte wissen, wie es mir gehe, und bekam meinen Ärger ab. Er murmelte etwas wie »typisch schwanger« und wurde so zu einem armen Würstchen, das zwischen zwei Semmelhälften steckte, denn nun bekam er auch Ärger mit meiner Mutter.

»Was soll denn das heißen, typisch schwanger!«, hörte ich sie rufen und fiel sofort ein: »Ja genau, was soll das heißen?«

Mein Vater sagte gar nichts mehr, meine Mutter und ich verstanden uns blind: »Auch wenn du nicht schwanger wärst, hätte er aufräumen können! Was ist denn schon dabei! Wieso soll das alles auf dir lasten? Du bist berufstätig!«

»Markus auch«, nahm ich ihn in Schutz, denn er stand zerknirscht vor mir, einen Truthahn auf dem Tablett, und signalisierte, dass er den zur Buße ganz allein zubereiten würde.

Im neuen Jahr 2005 arbeitete ich nur noch im Januar. Eigentlich hätte ich länger arbeiten wollen, doch bei einem Termin in der Uniklinik unterhielt sich ein Arzt nach der Routineuntersuchung ausführlich mit mir. Er wollte wissen, wie ich im Hinblick auf meine Behinderung mit der Schwangerschaft zurechtkäme, und ich erwiderte, dass ich keine Probleme hätte, nur der schwere Rollstuhl, den ich über mich drüber auf den Beifahrersitz hieven müsse, würde mich belasten. Der Arzt riss die Augen auf und dann einen gelben Zettel vom Block: »Um Himmels willen! Mit diesem Unsinn hören Sie sofort auf!«
Meine Kollegen trugen meinen vorzeitigen Mutterschutz mit Fassung, mir tat es leid, dass ich sie nicht noch ein paar Wochen unterstützen konnte – mit mir fiel eine Ganztagskraft aus. Doch wider Erwarten vermisste ich meine Arbeit überhaupt nicht. Ich stürzte mich begeistert in den Nestbau, strich Schränke, bastelte Lampen und einen Storch, den Markus vor dem Haus aufstellte. Auf einmal blieb ich freiwillig und gern daheim und unterließ es strikt, den Rollstuhl zu heben. Im Nachhinein wundere ich mich, dass ich nicht selbst auf die Idee kam, das könne gefährlich sein. Ist doch eigentlich logisch. Aber vielleicht hatte ich mir so viele Gedanken über ungelegte Eier gemacht, dass ich keine Kapazitäten frei hatte für die naheliegenden Dinge.
Die Schwangerschaft verlief ohne Beschwerden, einzig Wassereinlagerungen in meinem rechten Handgelenk bremsten meinen Nestbautrieb manchmal. Ich fühlte mich körperlich absolut fit, doch ich wurde immer unbeweglicher, weil ich gnadenlos dick war. Sicher, das gehört bei einer Schwangerschaft dazu, doch im Sitzen sieht jeder Bauch doppelt dick aus, und ich war eine ständig sitzende Schwangere und meine Kugel riesig. Es

kam mir vor, als würde nicht nur der Rollstuhl, sondern auch Ines rollen. Nachdem ich einen bestimmten Umfang überschritten hatte, ging es mir wieder besser, nun war ich eindeutig schwanger und nicht bloß fett.

Markus und ich freuten uns beide sehr, sehr, sehr auf unseren Sohn, obwohl wir sicher gewesen waren, ein Mädchen zu bekommen. Ein Ultraschallbefund hatte uns diese Gewissheit geraubt – und da standen wir nun ohne Idee für einen Namen. Schöne Mädchennamen kannte ich mehr als genug. Da war lediglich die Auswahl schwierig. Aber schöne Jungennamen?

»Uns fällt schon noch was ein«, meinte Markus.

Es fiel uns aber nichts ein, zumindest nichts, was länger als fünf Minuten überzeugte.

Zwei Wochen vor der Geburt blieb Markus zu Hause, um mir zu helfen – nicht nur im Haushalt, sondern auch auf der Toilette, vor allem beim Hose-Hochziehen, was inzwischen beschwerlich geworden war, und beim Übersetzen in den Duschstuhl. Eine Hebamme zeigte uns bei einem Hausbesuch an einer Puppe, wie wir das Baby wickeln sollten. Während ich mit feuchten Händen ziemlich nervös herumzitterte, wickelte Markus die Puppe mit einem entspannten Lächeln auf den Lippen – als würde er täglich ein Dutzend Babys versorgen.

»Das kenne ich von meiner kleinen Schwester«, erklärte er der verdutzten Hebamme.

Sie zwinkerte mir zu: »Mit so einem Mann an der Seite kann nichts schiefgehen.«

»Das will ich wohl meinen!«, tönte Markus selbstbewusst.

Ich war nicht so zuversichtlich. Ich hatte noch nie ein Baby gewickelt. So ein zartes, kleines Wesen. Ich fühlte mich unsicher ohne praktische Erfahrung. Also musste ich das durch Theorie wettmachen und überlegte mir Strategien für jede Situation. Ich recherchierte viel im Internet, fand jedoch in den Foren für Rollstuhlfahrerinnen keine einzige werdende Mutter. Manche meiner mühsam erarbeiteten Theorien und Vorgehensweisen stellten sich später als nicht durchführbar heraus, und viele Probleme, für die ich Lösungen gefunden hatte, tauchten nie auf. Doch einige Situationen meisterte ich genau aus dem Grund, weil ich mir vorher überlegt hatte, wie ich vorgehen wollte.

Zum Beispiel die Sache mit dem Wickeltisch. Handelsübliche Wickeltische bestehen aus einem Unterschrank mit Auflage. Wie sollte ich mit solch einer Konstruktion mein Kind versorgen? Ich bin keine Äffin und würde mit den Armen gar nicht an das Baby herankommen. Ich brauchte einen unterfahrbaren Wickeltisch. Markus' Vater umzäunte unseren alten Esszimmertisch mit einem schönen Holzgeländer, passte die Wickelauflage an – und fertig war mein Wickeltisch.

Wo sollte sich das Kind tagsüber aufhalten? Wir liehen uns einen Kinderwagen von Nachbarn.

Wie beschützen wir das Kind vor allzu liebevollen Hundezungen? Ich besorgte einen Laufstall mit verstellbarem Unterteil. Das war ohnehin Bedingung, da ich mein Kind ja nicht vom Boden würde hochheben können.

Nun brauchte ich nur noch ein unterfahrbares Bett. Solche sogenannten Kinderpflegebetten gibt es, wie ich im Internet recherchierte, für kranke Kinder. Telefonisch und per Mail lernte ich in kürzester Zeit ein Dutzend Sachbearbeiter bei meiner Krankenkasse und in Ämtern kennen und bekam überall die gleiche Auskunft: Nur ein behindertes Kind habe Anspruch auf ein Kinderpflegebett, eine behinderte Mutter nicht.

»Und wie soll ich mein Kind versorgen, wenn ich es nicht hochheben kann, wenn ich darauf angewiesen bin, mit dem Rollstuhl unter sein Bett zu fahren, um es aufnehmen zu können?«, fragte ich. Niemand beantwortete mir das. So musste ich meinen Nestbau unterbrechen, um in einen Papierkrieg zu ziehen. Ich argumentierte mit meiner elterlichen Versorgungspflicht dem Kind gegenüber, die ich ohne das Bett nicht würde erfüllen können. Eine Sachbearbeiterin fragte mich, ob ich mich prinzipiell überhaupt in der Lage sehe, das Kind zu versorgen. Als würde ich mir darüber nicht selbst Tag und Nacht Gedanken machen.

Im Sanitätshaus meines Vertrauens entdeckte ich schließlich ein solches Kinderpflegebett und unterfuhr es mal probehalber. Prima! Genau so etwas brauchte ich. Ein netter Mitarbeiter legte eine große Puppe in das Bett, die ich problemlos heraushob. Dieses Bett musste ich haben.

»Wie viel kostet es?«, erkundigte ich mich.

»Um die zweitausend Euro.«

In dieser Frage hätte ich es auf einen Prozess ankommen lassen, denn die Unterscheidung zwischen behindertem Kind und behinderter Mutter ist für mich nicht nachvollziehbar. Ich hätte gern einen Präzedenzfall für andere Rollstuhlfahrerinnen geschaffen. Doch dann bekam ich den Bescheid, dass mir ein gebrauchtes Bett kostenfrei überlassen würde. Ich sollte lediglich die Reinigungs- und Aufbereitungskosten sowie eine neue Matratze bezahlen, rund 500 Euro. Als das elektrisch höhenverstellbare Bett geliefert wurde – witzigerweise war es jenes, das ich im Sanitätshaus meines Vertrauens »Probe gefahren« hatte –, sah es aus wie neu und erfüllte mich mit Zuversicht, da ich mich mit diesem Hilfsmittel wieder ein Stück sicherer fühlte.

Tim ist da!

Eigentlich konnte ich mir das nicht vorstellen: Ein Mensch wuchs in mir. Was für ein riesengroßes Wunder! Oft saßen Markus und ich auf der Couch, seine Hand auf meinem Bauch, wir lauschten und spürten und strahlten uns an. Ich fühlte, dass da etwas war. Etwas, was sonst nicht da war. Ein leichter Druck von innen, wie ein Hauch, und ich war wieder einmal überglücklich, dass mir diese Sensibilität geblieben ist.

Als Geburtstermin war Ende April errechnet, doch nach ausführlichen Beratungen mit den Ärzten wurde beschlossen, das Baby, dessen Name nun auch feststand, am 5. April per Kaiserschnitt zu holen.

Es gibt eine Klinik in Heidelberg, wo gelähmte Mütter ihre Kinder auf normalem Weg zur Welt bringen können. Die Theorie besagt, dass die Gebärmutter ein Muskel ist, der weiß, was er zu tun hat. Es wäre nicht nötig, dass die werdende Mutter selbst aktiv mitarbeitet – was sie wegen der Lähmung ja nicht kann. Doch um diese natürliche Geburt zu erleben, hätte ich Wochen vorher in der Klinik sein und genau beobachtet werden müssen. Wieder wäre ich weit weg von daheim in der Fremde allein in einem Krankenhaus. Ich entschloss mich dagegen. Eine solche Erfahrung hatte ich bereits hinter mir. Die natürliche Geburt erschien mir auch zu gefährlich. Was wäre, wenn das Baby stecken bliebe? Ich konnte ihm nicht helfen, ich hatte keine Kontrolle über meinen Unterleib.

Am Montagabend brachte mich Markus ins Krankenhaus. Nach einer Ultraschalluntersuchung gingen wir Schnitzel essen. Dienstagmorgen wurde ich früh abgeholt, kam aber leider nicht gleich in den OP, sondern lag noch eine Weile im Vorraum herum. Markus war nun endlich auch aufgeregt. Und ich erst!

Obendrein standen mir Spritzen bevor. Eine PDA wurde gelegt, die Vollnarkose lehnte ich ab. Ich wollte geistig klar sein, obwohl ich Angst davor hatte. Schließlich würde mein Bauch aufgeschlitzt werden. Davon sah ich natürlich nichts. Ich schaute auf einen grünen Vorhang. Markus saß neben mir. Von Romantik keine Spur. Eher Bahnhofsstimmung. Ständig ging jemand rein und raus, die Leute unterhielten sich über Alltägliches … und gleich würde mein Kind auf die Welt kommen. Das fand ich irgendwie seltsam. Plötzlich hörte ich einen Schrei. Und da war Tim auch schon. Die Hebamme zeigte uns das Baby, ich konnte ihm einen schnellen Kuss geben, dann verschwanden sie. Ich schickte Markus los: »Sieh zu, dass du dranbleibst!« Dann heulte ich eine Runde.

Die Geburt dauerte circa fünf Minuten, das Zunähen 45.

»Ist das langweilig«, beschwerte ich mich bei dem netten Anästhesisten.

»So was habe ich ja noch nie gehört, dass eine Geburt langweilig ist!«

»Ich meine ja auch eher das Vernähen.«

»Nein, das ist nicht langweilig, sondern spannend«, widersprach er und erklärte mir detailliert, was jenseits des grünen Vorhangs geschah. Da ich mich in einer Uniklinik befand, waren auch einige Studenten unter den Leuten am »Bahnhof«. Einmal hörte ich die Stimme des leitenden Arztes oder Professors, der zu einer Studentin sagte: »Das ist die schönste Naht, die ich jemals gesehen habe.«

Das versöhnte mich. Warten lohnt sich manchmal doch.

Einmal hörte ich ein Gespräch von zwei Frauen, die sich nach dem Kaiserschnitt über ihre Narbenschmerzen unterhielten. Das klang ziemlich unangenehm. Ich spürte nichts. Dies war eine jener Situationen, in denen das Gelähmtsein Vorteile bringen kann. Da mich kein Schmerz ausbremste, bestand allerdings die Gefahr, dass ich mich überbelastete. Immer wieder sagte ich mir vor: langsam!

Leider war mein Bauch noch immer dick. Und von meinem Baby keine Spur. Allein lag ich in einem Aufwachraum. Das konnte doch nicht wahr sein! Ich hatte gerade ein Kind zur Welt gebracht! Wo war meine Familie? Endlich kam Markus mit Tim, der schon kräftig saugte. Eine Hebamme zeigte mir, wie ich ihn anlegen sollte. Kaum hatte er ein paar Mal gesaugt, wurde er mir wieder weggenommen. Es dauerte eine Ewigkeit, bis ich ihn endlich behalten durfte. So lag er auf meinem Bauch und atmete, und ich schaute ihn an. Stundenlang. Selig. Wenn Markus ihn aufnahm, war ich fast ein wenig eifersüchtig. Ich wollte mein Baby nicht hergeben. Es sollte nur auf meinem Bauch liegen.

Markus wurde angeboten, im Krankenhaus zu übernachten, doch er musste zu Marcky und Sita. Das machte mir nichts aus, wofür ich mich fast ein bisschen schämte. Es gab nichts Schöneres auf der Welt, als den kleinen Tim anzuschauen – und zu stillen. Ein unbeschreibliches Glücksgefühl, für das ich einige Tage kämpfen musste, denn es klappte zu Beginn nicht, und mir wurde angedroht, dass man zufüttern müsste. Das wollte ich auf keinen Fall. Und schließlich schafften wir es ohne.

Bis zum fünften Monat stillte ich Tim voll und bis zu seinem zehnten Monat nachts. Diese Momente erlebte ich als reines Glück. Ich kann mir keine innigere Beziehung zu einem Menschen vorstellen. Überhaupt hätte ich es nicht für möglich gehalten, derartige Gefühle einem anderen Menschen gegenüber zu empfinden. Ich würde mein Leben geben für meine Kinder. Das Muttergefühl ist das intensivste Gefühl meines Daseins, und das haute mich glatt um. Auf einmal war alles anders. Vor Glück und Dankbarkeit wusste ich nicht, wohin mit mir. Vielleicht fiel mein Babyblues deshalb so klein aus. Am zweiten oder dritten

Tag im Krankenhaus rollte ich ins Bad, Markus und Tim blieben im Zimmer. Vor dem Waschbecken überkam es mich, und ich musste fürchterlich weinen.

»Was ist denn los?«, fragte Markus besorgt.

»Ich weiß es nicht. Ich will das nicht. Aber ich kann es nicht stoppen.«

So einen Anfall erlitt ich am nächsten Tag noch einmal, dann war der Babyblues verklungen.

Im Krankenhaus lag Tim in einem Bettchen auf Rollen neben meinem Bett. Wenn ich ihn auf meinen Bauch legen wollte, musste ich nach der Schwester klingeln; ohne Hilfe konnte ich ihn nicht aufnehmen, da ich drei Hände gebraucht hätte. Zwei für das Baby und eine, um mich zu stabilisieren. Eine nette Krankenschwester übte mit mir, Tim seitlich so aufzunehmen, dass sein Köpfchen Halt in meiner Armbeuge oder an meiner Schulter fand. Diese Kleinigkeit versetzte mir einen Riesenschreck – ich scheiterte bereits daran, mein Kind aufzunehmen.

»Zu Hause bist du viel besser ausgerüstet«, tröstete Markus mich. »Da hast du das Spezialbett.«

»Das wird schon«, nickte ich in gespielter Zuversicht. Innerlich fühlte ich mich völlig überfordert und manchmal auch verzweifelt. Wie sollte ich das alles schaffen?

Das Wickeln überließ ich im Krankenhaus den Schwestern oder Markus, denn mit dem dortigen Wickeltisch kam ich nicht zurecht. Um die Hunde auf den Neuzugang einzustimmen, steckte Markus eine volle Windel von Tim in eine Plastiktüte und legte sie Sita und Marcky vor: Geruchskontrolle. Als er mich nach fünf Tagen Klinik nach Hause holte, stellten wir den Tragekorb mit Tim in den Flur und ließen die Hunde erst mal schnuppern. Sie fanden Tim lange nicht so toll wie wir und widmeten sich für sie interessanteren Dingen wie Markus' Schuhen.

Baby an Bord

Auf einmal waren wir allein mit dem Baby. Komisches Gefühl. Keine Schwestern mehr da, die wir fragen konnten. Kaum lag Tim in seinem Bett, weinte er und hörte nicht mehr auf. Verzweifelt riefen wir die Hebamme an. Sie stellte einige Fragen und gab uns dann den Tipp, sein vielleicht zu großes Bett kuscheliger zu gestalten: »Babys haben es gern eng um sich.« Genauso war es.

Markus und ich verabredeten, dass ich Tim nachts stillen würde, das Wickeln sollte er übernehmen. In der ersten Nacht zu Hause weckte ich Markus, als ich meinen Teil unserer Vereinbarung erfüllt hatte. Ich musste ihn ziemlich lange rütteln, »Kind!«, ehe er murrend und mit geschlossenen Augen die Hände ausstreckte.

»Augen auf!«

Das dauerte wieder Ewigkeiten, und genauso lief es in der nächsten und übernächsten Nacht. Markus' Strategie war von Erfolg gekrönt. Nach nicht mal einer Woche übernahm ich auch das nächtliche Wickeln. Anstatt aufzustehen holte ich mir alles, was ich dazu brauchte, ins Bett. Eine wasserdichte Unterlage, eine saubere Windel, die Plastiktüte für die schmutzige Windel, Feuchttücher, Creme. Unser Bett war groß genug, um all das in eine Ecke zu schieben und bei Bedarf auszubreiten. So funktionierte es wunderbar. Ich machte das gern, und Markus, der ja arbeiten musste, konnte weiterschlafen.

In der ersten Zeit hatten wir viel Besuch. Alle wollten das Baby sehen. Erst nach und nach wurde es ruhiger. Markus ging zur Arbeit, und ich war allein mit Tim. Jeder Tag stellte mich vor neue Herausforderungen. Als er noch so winzig klein war, hatte ich große Probleme, Tim zu transportieren. Ich konnte ihn nicht

vor mir halten, sonst hätte ich den Rollstuhl nicht bewegen können, da fehlte mir nicht nur eine dritte, sondern auch eine vierte
Hand. Ich konnte ihn auch nicht auf einem Arm an die Schulter
halten, denn zum Anschieben brauche ich wie gesagt zwei Hände. Um auf meinem Schoß zu sitzen, war er zu klein. Ihn dort
abzulegen, erschien mir zu riskant.

Da kam ich auf die Idee, mein Stillkissen so zu formen und
am Rollstuhl zu befestigen, dass Tim beschützt in der Mulde
zwischen Bauch und Kissen in meinem Schoß liegen konnte.
Er würde nicht rauskugeln oder -fallen, und ich war mobil. Ge-
hende Mütter tragen ihre schreienden Babys, ich fuhr meinen
kleinen Schatz spazieren, rechts und links um die Couch herum.
Wehe, ich hielt mal an! Müde werden durfte ich nicht in der
nervenaufreibenden Zeit der Dreimonatskoliken, sonst ging der
Alarm los.

Mein Auto war zu klein für den Familienzuwachs. Da der Rollstuhl auf dem Beifahrersitz verstaut wurde, konnte ich Tim
nicht vorne mitfahren lassen, er hätte hinten sitzen müssen.
Doch der Honda hatte nur zwei Türen. Wie sollte ich da an ihn
rankommen? Ich hätte ihn in seiner Babyschale weder einladen
noch anschnallen können. Ich brauchte dringend ein anderes
Auto, endlich mit einem elektrischen Rollstuhleinzug. Das
Arbeitsamt interessierte sich nicht für meine veränderten Fa-
milienverhältnisse. Ob ich zehn Kinder habe oder zwei ist denen
schnuppe. Die sind dafür zuständig, mir die mobile Möglichkeit
zu bieten, an meinen Arbeitsplatz zu gelangen.

Klar wollte ich wieder arbeiten, ich wusste sogar schon, wann.
Es gab eine Menge Formulare und Anträge auszufüllen, bis ich
alles in die Wege geleitet hatte für mein neues Auto mit Ladeboy. Der Honda Jazz wurde nach einer gefühlten Trabi-Warte-
zeit geliefert, und Markus brachte ihn zum Umbau. Ich konnte

es kaum erwarten, dieses neue Fahrzeug in Besitz zu nehmen, mit dem ich noch mal einen großen Schritt in die Selbständigkeit tat. Denn nun würde ich keinen Rollstuhl mehr über mich hieven müssen, das erledigte ab sofort der diensteifrige Ladeboy.

Der funktioniert übrigens nur mit einem Faltrollstuhl – also einem Modell, das ich eigentlich nicht haben wollte, weil ich es zu wuchtig und klobig finde. Doch zu meiner großen Freude entdeckte ich ein Faltrollstuhlmodell ohne die unschöne Kreuzkonstruktion unter dem Sitz. Natürlich von meiner Lieblingsfirma. So stand dem Ladeboy nichts mehr im Weg. Ich brauche den Rollstuhl nur einzuhängen und ein Knöpfchen zu drücken. Ein Segen der Technik. Danke!

Der Rasen, der Müll, der Mann

Der Rasen wuchs. Nichts passierte. Markus schien es nicht wahrzunehmen. Ich versuchte, geduldig zu sein. Irgendwann konnte ich mich nicht mehr zurückhalten.

»Willst du nicht mal den Rasen mähen?«, fragte ich und achtete darauf, dass meine Stimme freundlich und harmlos klang.

»Hm?«, machte Markus wenig begeistert.

»Je höher das Gras wird, desto mehr Mühe kostet es«, wollte ich ihn motivieren.

»Ja, ja. Ich mach schon.«

Er machte aber nicht, und ich konnte dem Rasen beim Wachsen zusehen. So gern hätte ich das selbst übernommen, doch wie hätte ich es schaffen sollen! Es stimmte mich ungehalten und manchmal wütend, dass ich um alles bitten musste. Und das nicht einmal, sondern zwanzig Mal.

»Markus, der Rasen!«

»Ja, ja«, murrte er.

»Kannst du das bitte an diesem Wochenende erledigen?«

»Ja, mach ich.«

Am Montag war der Rasen noch immer nicht gemäht, und wenn ich das bemängelte, hieß es womöglich, ich würde Markus daran hindern, die Dinge in seinem Rhythmus zu erledigen. Das mochte schon sein, doch wenn der Müll stank, dann war mir der Rhythmus meines Göttergatten schnurzegal.

Ich beklagte dieselben Baufehler an Männern wie Fußgängerinnen. Rasen mähen, Müll wegbringen – das konnte doch nicht wahr sein! Wir lebten in einem Traumhaus, unser Traumkind war gesund und munter … und ich regte mich über einen vollen Mülleimer auf! Ich wollte das nicht. Ich freute mich nicht darüber, dass ich im Alltag feststeckte, was ich mir nach der Notoperation im Krankenhaus ja sogar gewünscht hatte: stinknormalen Alltag leben zu dürfen. Stinknormal.

O ja, der Müll stank. Warum merkte Markus das nicht? Er machte den Eimer auf, der am Überquellen war, und ließ trotzdem noch was auf den Berg fallen. Irgendwann rutschte es dann daneben auf den Boden – so ein Pech aber auch, da konnte man nichts machen. Schicksal. Dabei war es für ihn viel einfacher als für mich, den Eimer zu leeren, und es war sein Job, so hatten wir das besprochen. Kochen, Rasen und Müll: Markus. Rest: Ines.

»Markus, der Müll ist voll.«

»Markus, der Müll ist immer noch voll.«

»Markus, der Müll quillt über.«

Irgendwann schaffte ich den Müll raus. Es wäre eine Illusion zu glauben, Markus hätte das bemerkt. Ihm fiel weder der volle noch der geleerte Eimer auf. In mir brodelte es. Ich verlangte keine großartigen Anstrengungen von ihm. Es ging nicht darum, das Haus neu zu streichen oder eine Laube zu zimmern. Es handelte sich um zehn Schritte, die er nicht für unsere Familie zu leisten bereit war. Das kapierte ich nicht, so etwas kannte ich nicht. Mein Vater half immer im Haushalt mit. Man war doch ein Team und hielt zusammen! Da brauchte man doch nicht diskutieren! Markus belehrte mich eines Schlechteren.

Zwei, drei Mal hielt ich das Experiment durch, ihm nicht hinterherzuräumen. Ein einziges Wochenende genügte, um das Haus in einen Schweinestall zu verwandeln. Wo Markus sich aufgehalten hatte, standen Kaffeetassen, manche voll, weil er vergessen hatte zu trinken, andere halb voll oder leer. Oft war der Kaffee übergeschwappt. Wenn er eine Schere brauchte, ließ er sie danach liegen, er ließ überhaupt alles stehen und liegen, die Dinge schienen ihm einfach aus der Hand zu gleiten. Markus trug das Geschirr irgendwohin, und da blieb es dann. Er kam nicht im Traum auf die Idee, etwas an seinen Platz zurückzubringen. Wenn er sich ein Nutellabrot schmierte, blieb das offene Nutellaglas mit dem schokoverschmierten Messer liegen. Tagelang. Manche Fliege freute sich darüber. Und wehe, ich wagte es, ihn darauf hinzuweisen. Das nervte ihn total.

Überhaupt war er oft genervt und gereizt. Wir lebten in so einer schönen Umgebung unter optimalen Bedingungen – warum würdigte er das nicht? Manchmal dachte ich an die Zeit mit Andi zurück. Mit ihm hatte ich wegen unserer unterschiedlichen Auffassungen über Ordnung auch öfter Auseinandersetzungen gehabt. Doch Andi bekam dann keinen Anfall wie Markus, der entweder gar nichts oder wenig sagte oder jähzornig explodierte, wenn etwas nicht so klappte, wie er wollte.

»Hab doch mal ein bisschen Geduld«, bat ich ihn und musste an guten Tagen innerlich grinsen. Denn an Geduld mangelte es mir ja auch – allerdings nicht bei der Arbeit. Ich kann ewig Herumfummeln und etwas immer wieder versuchen. Ich kann bloß nicht gut warten. Das wiederum gelang Markus fantastisch, und zwar mit Hilfe des Fernsehers. Er schaltete den Apparat ein und seine Umgebung aus. Weg war er. Wehe, ich erdreistete mich, ihn an den Rasen zu erinnern!

So fand ich mich in der Rolle der ewig meckernden Ehefrau. Das fühlte sich scheußlich an. Heute glaube ich, dass unsere Beziehung länger gehalten hätte, wenn wir nicht Eltern geworden wären. Ohne Verantwortung für Tim und das Haus kamen wir prima zurecht. Wir waren ein gutes Team, solange es wenig Verpflichtungen gab. Kein Kind, auf dessen Bedürfnisse man achten musste, mit dem man rausgehen und spielen musste, keine zwei Hunde, die Gassi geführt werden wollten, kein Garten inklusive Rasen.

Manchmal fühlte ich mich nun sehr allein, denn die Verantwortung ruhte auf meinen Schultern – und Markus behandelte mich wie einen Störfaktor, der ihn an der Ausübung seiner geruhsamen Freizeit hinderte. Markus hatte sich durch seine Vaterschaft kaum verändert und empfand meine Vorschläge als Angriffe auf seine Bequemlichkeit. Ich hatte mich sehr verändert. Wir waren nun Eltern, und ich legte Wert auf andere Lebensgewohnheiten. Ich wollte nicht mehr auf der Couch lümmeln und beim Fernsehen irgendetwas essen. Ich bestand darauf, dass die Familie die Mahlzeiten am Esstisch einnimmt – ohne Fernseher –, diese Stabilität und Struktur wollte ich meinem Kind mitgeben. Frühstück, Mittagessen, Abendessen. Markus protestierte, ich setzte mich durch. Manchmal kam ich mir vor wie meine eigene Mutter, schob den Gedanken dann aber schnell weg. Meine Eltern hatten niemals beim Essen auf dem Sofa gelungert, ferngesehen und gekrümelt.

Ich hatte den Eindruck, mich durch die Mutterrolle weiterentwickelt zu haben. Markus war stehengeblieben. Das Kind hatte er zwar gewollt, doch die damit einhergehenden Veränderungen überforderten ihn. Ich konnte nicht mehr über unsere Ver-

schiedenheit hinwegsehen. Ohne Tim war sie leicht zu über-
brücken gewesen. Nun entwickelten wir uns in unterschiedliche Richtungen. Manches konnte ich ausbalancieren, anderes
schmälerte meine Gefühle für Markus. Dazu gehörte, dass er
sich nicht so für Tim interessierte, wie ich mir das wünschte,
auch wenn er ihn sehr, sehr liebhatte. Seine Entspannung auf
der Couch war ihm oft wichtiger, als mit seinem Sohn zu spielen, auch wenn er den Kleinen gern auf dem Schoß hatte – beim
Fernsehen. Multimedia war ihm nach wie vor das Teuerste, und
er steckte viel Geld in sein Hobby: Musikanlagen und DVDs.
Außerdem rauchte er weiterhin, und das belastete unsere Haus-
haltskasse zusätzlich, schließlich bekam ich lediglich Erzie-
hungsgeld.

Vielleicht hätten wir eine Chance gehabt, wenn Markus mit mir
über die Dinge gesprochen hätte, die ihn belasteten. Er redete
aber nicht. Auf seinem Lieblingsplatz Couch konnte er wunderbar verdrängen. Auch, dass er eine Familie hatte. Und zwei
Hunde, von denen er mindestens einen unbedingt gewollt hatte.
Auf dem Sofa neigte er zur Wurzelbildung. Ich musste ihn fast
rausprügeln: »Geh doch mal länger Gassi!«

Murrend machte er sich nach mehreren Aufforderungen auf die
Socken. Er ging immer dieselbe Strecke mit den Hunden. Tim
nahm er nicht mit, obwohl ich ihn so sehr bat. Markus fand es
nicht chic, den Kinderwagen zu schieben. Auch die Bauchtrage
kleidete ihn nicht so recht. Es war Sommer. Ich wollte, dass Tim
an die frische Luft kommt, und stellte ihn in den Garten. Was
blieb mir anderes übrig? Wie sollte ich gleichzeitig einen Kinderwagen und einen Rollstuhl schieben? Ich musste mir etwas
einfallen lassen.

Frei!

Auf der Reha-Messe in Düsseldorf entdeckte ich den sogenannten *Trac* einer Schweizer Firma, von dem ich bislang nur gelesen hatte. Das Wunderding war genauso toll, wie ich es mir vorgestellt hatte, und ich investierte den größten Teil meiner verbliebenen Versicherungssumme. Die kleine, leistungsstarke Zugmaschine, die ich im Handumdrehen am Rollstuhl an- oder abkuppeln kann, zieht mich nicht nur durch die Stadt, sondern auch über Stock und Stein. Für Tim, Marcky, Sita und mich begann ein neues Leben. Markus ließen wir auf der Couch zurück.

Mit dem rollstuhlgerechten Haus hatte ich mein Leben im inneren Bereich perfekt organisiert. Mit dem Trac eroberte ich nun die Umgebung. Ich setzte Tim in den Kindersitz, pfiff nach den Hunden und startete zu stundenlangen Touren. So, wie ich die Gegend als Kind mit dem Fahrrad erkundet hatte, machte ich es nun mit dem Trac. Es war herrlich! Dass ich überallhin gelangte, wohin ich wollte! Dass ich niemanden fragen musste »Kannst du mich mal bitte dorthin schieben?«, weil ein Weg zu holprig oder matschig war.

Manchmal sang ich vor Freude oder jauchzte. Und Tim jauchzte mit, und die Hunde wedelten wie verrückt. Der Trac ließ mich nie im Stich, viele Kilometer hält sein Akku. Im Gegensatz zu einem elektrisch betriebenen Rollstuhl ist er wendig und geländegängig, da ich ja nicht den Rollstuhl wechselte, sondern nur eine Zugmaschine an meinen ohnehin sportlichen Rollstuhl kuppelte. Für Tim war der Trac wie ein Kinderwagen. Je heftiger er auf wurzeligen Waldwegen durchgeschüttelt wurde, desto tiefer schlief er. Im Sommer spannte ich einen Sonnenschirm über uns auf. Ich war beladen wie ein kleiner Lkw mit all den Utensilien und dem Proviant für Tim, die Hunde und mich.

Für unsere Familie war der Trac der Schlüssel zur Freiheit.

Auch für Markus, der nun ungestört seinen Hobbys nachgehen konnte. Eines Tages fiel mir auf, dass ich ihn unterwegs nicht vermisste. Ich sehnte mich nicht danach, diese Erlebnisse mit ihm zu teilen. Ich war glücklich mit mir, Tim und den Hunden. Das verwirrte und überraschte mich. Es ging also auch allein. Ich brauchte niemanden, damit es uns gutging, damit wir mobil waren. Es war alles eine Frage der Technik.

Chefallüren

Markus litt immer mehr unter seinem Job und verbreitete zu Hause nur noch schlechte Stimmung. Wenn er überhaupt etwas erzählte, so betraf das seinen inkompetenten Chef, der nicht begriff, wie gut Markus' Ideen waren, und sie arrogant abschmetterte. Manchmal schaute ich tagsüber auf die Uhr und dachte: Nur noch zwei Stunden, dann kommt Markus. Ich freute mich nicht, und das erschreckte mich. Seine schlechte Laune war wie eine Wolke, die sich auf uns herabsenkte.
Als Markus wieder einmal lamentierte »Wenn ich doch keinen Chef mehr hätte, wenn ich doch mein eigener Chef wäre«, erwiderte ich: »Warum nicht? Was spricht dagegen?«
Kurz darauf fanden wir die Branche, in der Markus sich selbständig machen könnte. Ich erinnere mich nicht, wie es dazu kam, doch als wir es ausgesprochen hatten, lag es klar auf der Hand beziehungsweise auf dem Fuß. Markus interessierte sich schon seit langem für Birkenstockschuhe – ein Geschäft für coole Gesundheitsschuhe gab es weit und breit nicht.

»Um Himmels willen!«, riefen meine Eltern.
Ich beschwichtigte sie: »Markus braucht eine Chance. Er hat in den letzten Jahren so oft Pech gehabt ...«

»Pech nennst du das?«, fragte mein Vater.

»Ja, Vati, er hat wirklich viel Pech mit seinen Chefs gehabt und …«

»Chef ist Chef. Damit muss man klarkommen.«

»Ja, Vati, sicher. Aber vielleicht ist Markus auch ein Typ, der eben mit Chefs nicht so gut kann, und deshalb …«

»Das kann man lernen«, unterbrach er mich erneut.

Verdutzt starrte ich das Telefon an. So widerspruchslustig kannte ich meinen zurückhaltenden Vater kaum.

»Jedenfalls ist es einen Versuch wert. Wenn es nicht klappt, kann Markus ja wieder als Angestellter arbeiten, und wer weiß, vielleicht tut ihm so ein Ausflug in das Dasein als Chef ganz gut.«

»Hm«, machte mein Vater. »Wenn du meinst.«

Ich fand Markus' Idee großartig – und nicht nur ich. In der Birkenstockzentrale in Vettelschoß stießen wir auf offene Ohren und wurden in unserem Vorhaben unterstützt, stylische und gesunde Schuhe zu verkaufen. So ein Konzept gab es nicht im Saarland. Markus hatte eine Marktlücke entdeckt. Und dann ging es Schlag auf Schlag. In Blieskastel mietete Markus ein Ladengeschäft; die Miete wurde von der Stadt gefördert, die Interesse an der Ansiedlung neuer Läden hatte. Markus' Start in die Selbständigkeit wurde zudem vom Arbeitsamt unterstützt. Dennoch mussten wir einen kleinen Kredit für die Ladenausstattung aufnehmen. Ich stürzte mich mit Begeisterung in die Inneneinrichtung: welche Farben, welche Regale, wo soll die Theke stehen, wo die Couch für Kundengespräche?

Bei der Eröffnung waren alle begeistert. Der Laden war nicht nur gemütlich, sondern vom Angebot her erste Klasse – und obendrein richtig cool. Es sah so aus, als hätten Markus und ich im gemeinsamen Schaffen unsere Krise überwunden. Tagsüber kümmerte sich Markus um sein Geschäft – als gut gelaunter Verkäufer war er in seinem Element –, ich machte von zu Hause aus den Papierkram und die Rechnungen. Für mich war allerdings klar, dass ich das nicht langfristig übernehmen wollte, denn ich plante, bald ins Ministerium zurückzukehren, was unter finanziellen Aspekten auch vernünftig war.

Die Nummer eins: Tim

Ich hatte mir vorgenommen, ein Jahr Babypause einzulegen, und einen Krippenplatz für Tim beantragt. Dieser Krippenplatz war der erste seiner Art in unserem Kindergarten in Limbach. Mit meinem Sohn startete die erste Krippenkindergruppe, und das war mir sehr recht, da er in diesem Status viel Aufmerksamkeit erntete und ich meine Vorstellungen mit einfließen lassen konnte. Zwei Wochen, bevor ich meinen Dienst im Ministerium antrat, trainierten wir die Trennung von der Mama. Oder muss ich sagen: die Trennung vom Kind? Für mich war das kein leichter Schritt.

Tim war begeistert von so vielen Kindern, die ihn neugierig musterten. Doch er bot ihnen eindeutig zu wenig Unterhaltung – ein auf dem Rücken liegendes, großäugig staunendes Baby –, und schnell wandten sich die Kindergartenkinder interessanteren Dingen zu. Verabredet war, dass ich Tim morgens bringen würde, nach dem Mittagessen würde er ein Schläfchen machen, dann würde ich ihn holen – ich fing im Ministerium erst mal halbtags an. In den zwei Wochen Eingewöhnungszeit für Tim und mich wurde ich zu einem Teil des Kindergartens. Die Kinder behandelten mich, als gehörte ich dazu, und beanspruchten mich fleißig. Ich sollte sie spazieren fahren, vorlesen, mit ihnen spielen. So machten sie es mir leicht, mich von Tim zu lösen, der wie ein kleiner Prinz das Geschehen interessiert verfolgte. Für die Kinder war mein Rollstuhl kein Thema. Ganz am Anfang erklärte ich ihnen, dass ich nicht laufen kann, weil in meinem Rücken etwas kaputt ist. Wenn sie älter waren, fragte ich sie: »Weißt du, wo die Wirbelsäule ist?«

»Ja, klar weiß ich das«, antwortete die kleine Mira.

Ich fuhr mit meinen Fingern an ihrer Wirbelsäule entlang.

Sie kicherte: »Das kitzelt!«

Mira schloss ich ganz besonders ins Herz, und das beruhte wohl auf Gegenseitigkeit. Dauernd bat sie mich um kleine Gefälligkeiten.

»Machst du mir bitte den Reißverschluss zu? Kannst du mir mal die Schuhe binden?«

Seltsam – es kam mir fast so vor, als wollte sie mit mir den Umgang mit einem größeren Kind üben und mir Mut machen. Für mich würde alles immer einfacher, denn je größer das Kind, desto weniger müsste ich mich zu ihm bücken – und desto mehr könnte es für mich tun. Die Selbständigkeit meines Kindes würde mich nicht be-, sondern entlasten. Mein Kind könnte mir nicht nur weglaufen, es könnte mir auch helfen.

»Mira, bringst du mir bitte eine Tasse?«

»Klar, mach ich!«, und da sprang sie schon weg, meine kleine Freundin.

Die Kinder behandelten meinen Rollstuhl wie die Tatsache, dass Simon nicht ohne seinen Teddy einschlief oder Melanie keinen Tee mochte. Die Ines sitzt im Rollstuhl, das ist so und Punkt.

In dieser wunderbaren Truppe war mein Schatz bestens aufgehoben. Trotzdem heulte ich Rotz und Wasser, als ich ihn das erste Mal verließ. Und auch beim zweiten und dritten Mal. Einmal fuhr ich zu Ikea, um mich abzulenken. Ich hatte dann noch ein bisschen Zeit und gönnte mir ein Stück Kuchen. Da wurde mir auf einmal klar, dass ich nun viel mehr Freiheit hatte. Mit einem breiten Grinsen holte ich Tim ab, der mich strahlend begrüßte, die Arme weit offen für seine Mama, deren Herz sich bei diesem Anblick mal wieder verflüssigte.

Leider wurde ich im Ministerium als Halbtagskraft nun in einer anderen Abteilung eingesetzt. In der Personalabteilung klingelte das Telefon nur selten. Es gab auch wenig Parteienverkehr, und Termine brauchte ich nicht zu vereinbaren. Stattdessen hatte ich viel zu tippen. Das gefiel mir nicht besonders, und ich war froh, dass ich nur einen halben Tag dort verbrachte, der sich dafür wie ein ganzer anfühlte. Meine Kollegen waren nett, und im Großen und Ganzen war ich zufrieden, wenn auch nicht begeistert wie in meinem ehemaligen Referat.
Einmal traf ich eine Kollegin von damals.
»Ach, Sie sind schon wieder da! Wie alt ist Ihr Kind denn?«
»Ein Jahr.«
»Und wer passt jetzt auf ihn oder sie auf?«
»Tim ist in der Krippe.«
»So früh!« Sie riss die Augen auf.
Mach mir ruhig ein schlechtes Gewissen, versuch es, du wirst es nicht schaffen, dachte ich und sah das fröhliche Gesicht meines Sohnes vor mir. Was konnte ihm Besseres passieren, als im Kreis von anderen Kindern aufzuwachsen?
»Ich war als Kind auch in der Krippe«, bewaffnete ich mich mit einem entwaffnenden Lächeln. »Mir hat das damals sehr gut gefallen.«

Gelegentlich bot ich Markus an, nach der Arbeit im Ministerium zu ihm zu fahren und ihm im Laden zu helfen.
»Nein danke, das ist nicht nötig«, lehnte er ab.
Das war mir auch recht – ich riss mich nicht darum. Bis heute weiß ich nicht genau, was dahintersteckte. Manchmal denke ich,

es lag daran, dass er vermeiden wollte, mit Zigarette erwischt zu werden, denn das Rauchen hatte er laut eigener Auskunft mal wieder aufgegeben, und wenn er abends nach Rauch roch, lag das daran, dass er sich in verqualmten Räumen aufgehalten hatte.

Mir blieb verborgen, dass der Laden längst nicht mehr so gut lief wie zu Beginn – und wie er hätte laufen können. Markus hätte Werbung machen müssen, Flyer verteilen, Verkaufsaktionen planen. Woher sollten die Leute wissen, dass es diesen coolen Laden gab, wenn er nichts unternahm, um das publik zu machen! Die Marketingabteilung von Birkenstock hatte uns Kundschaft bis aus Saarbrücken prognostiziert bei diesem erfolgversprechenden Konzept des Spezialgeschäfts mit Alleinstellungsmerkmal. Doch ein bisschen was musste man schon dafür tun. Es genügte nicht, morgens den Laden aufzusperren und bis abends hinter der Theke zu hängen, Musik zu hören, im Internet zu surfen, zu rauchen und auf Kunden zu warten.

Als ich Markus eines Mittags mit meinem Besuch überraschen wollte, kippte ich fast um. Ein Bild hat sich in mein Gedächtnis eingebrannt. Er saß hinter der unordentlichen Theke, und in den Ecken stapelten sich die Kartons. Die Pflanzen waren vertrocknet, die Regale mit einer Staubschicht bedeckt. Die schöne Idee, die wir mit so viel Liebe in die Tat umgesetzt hatten, war nur noch ein schäbiger Abklatsch. Hier wurde kein Kunde zum Kaufen animiert, sondern zum Weglaufen. Ich war entsetzt.

»Markus! Wie sieht es denn hier aus!«

Er zuckte mit den Achseln. Auch mit diesem Chef kam er nicht zurecht, und es dauerte kein Jahr mehr, bis Markus die *Schuhkischt* schließen musste.

Punkte zählen

Abgestillt hatte ich – in meine Klamotten von früher passte ich trotzdem nicht mehr. Ich fühlte mich total fett und hüllte mich in Schlabberlook. Wenn ich mir im Spiegel begegnete, schaute ich weg.

»Im Sitzen hat jeder einen kleinen Bauch!«, versuchte Heike mich zu trösten. Ich hatte sie beim Spazierenfahren mit Tim kennengelernt. Ihr Sohn Niklas war nur wenige Wochen jünger als Tim und sah seiner Mutter so ähnlich, dass es mich jedes Mal aufs Neue verblüffte. Er war Heike sprichwörtlich aus dem Gesicht geschnitten, was man von mir und Tim nicht behaupten konnte.

»Ich spreche nicht von einem kleinen Bauch, sondern von … Wie sagen die Bayern? Von einer Wampe.«

»Ines! Sei nicht so streng mit dir. Du hast eine Schwangerschaft hinter dir.«

»Ja, mit der Betonung auf hinter mir. Der Bauch ist aber noch immer da«, beschwerte ich mich. »Deiner ist schon fast weg.«

»Veranlagung«, meinte sie achselzuckend und legte mir eine Hand auf die Schulter. »Außerdem sieht man meinen Bauch auch noch, wenn ich sitze.«

Mit dem Sitzbauch hatte ich leider früh Bekanntschaft machen müssen, als ich zur Rollstuhlfahrerin wurde. Doch zwischen Sitzbauch und Schwabbelbauch liegen Welten, genauer Kilos, und die gedachte ich nun loszuwerden. Auch meine Arme waren mir zu dick und das Gesicht. Die ganze Ines war mehr Moppel als Model.

Ich wollte mich wieder wohl fühlen in meinem Körper. Im Ministerium hörte ich zufällig, wie sich zwei Kolleginnen über ein Punktesystem unterhielten, und auch der Begriff *Weight Watchers* fiel. Neugierig hakte ich nach und erfuhr, wie diese

Methode funktioniert. Sie gefiel mir auf Anhieb, denn eine Radikalkur hätte ich niemals gemacht. Ich wollte vernünftig, gesund und langfristig abnehmen, nicht mal schnell drei Kilo, die ich in drei Wochen wieder auf den Rippen hätte. Ich esse gern. Also brauche ich eine Diät, bei der ich essen darf, aber eben mit Verstand. Zu meiner Erleichterung musste ich nicht persönlich bei den Treffen der *Weight Watchers* erscheinen, ich konnte auch via Internet kontrolliert abnehmen. Ich meldete mich an und erhielt hilfreiche Informationen und auf mich persönlich zugeschnittene Diätvorschläge. Alles war einfach erklärt, und das motivierte mich, meine Ernährung von Grund auf umzustellen.

Der schlanke Markus kochte sehr gern und sparte dabei weder mit Sahne noch Butter. Ohne zu murren erfüllte er meine Bitte nach kalorienarmem Essen, oft kochte ich aber auch selbst. Wenn es Nudeln gab, kamen ab sofort zwei Saucen auf den Tisch. Einmal die sämige Sahnesauce für Markus, einmal die saftige Tomatensauce für mich. Es dauerte nicht lange, da spürte ich die ersten Erfolge – und ich konnte sie auch an der Waage ablesen. Das spornte mich erst recht an. Markus fand mich wahrscheinlich ein wenig albern, doch gutmütig nahm er mich einmal in der Woche huckepack, damit ich mein aktuelles Gewicht erfahren konnte.

Die Pfunde purzelten Woche für Woche. Ich fühlte mich rundum wunderbar, und auch mein Selbstbewusstsein, das in den zeltartigen Klamotten gelitten hatte, erblühte zu neuer Pracht. »Jippieh! Noch ein Pfund weg!«, jubelte ich am Wiegetag. Markus murrte irgendetwas. Offensichtlich bedauerte er die verlorenen Pfunde allmählich – oder gefiel ihm mein erstarktes Selbstbewusstsein nicht? Je dünner ich wurde, desto dünner wurde unsere Beziehung.

Einmal lud mich Heike zum Limbacher Feuerwehrfest ein, ihr Mann war dort Mitglied. Gerade für Kinder sei dieses Fest eine Attraktion, und auch Erwachsene hätten ihren Spaß. Ich fragte Markus, ob er mitkommen wolle. Ich wünschte mir, er würde ja sagen. Wir hatten lange keinen Familienausflug mehr unternommen. Schließlich wohnten wir hier, und es wäre bestimmt nett, ein paar weitere Einheimische kennenzulernen. Doch die Feuerwehr verlor gegen Fernseher und Couch. Markus blieb zu Hause, da er in der *Schuhkischt* so einen anstrengenden Tag gehabt hatte.

Ich war die einzige Mutter mit Kind ohne Vater an diesem Samstagnachmittag. Andere Väter trugen ihre Söhne und Töchter auf den Schultern, platzten vor Stolz, wenn sie eine Leiter hochkletterten, Opas und Omas fotografierten, dass es nur so blitzte … und ich? Ich war ganz allein. Nein, ich hatte keinen Grund, mich zu beschweren. Ich war mit Tim da. Die Feuerwehrmänner waren besonders nett zu ihm und zeigten ihm alles. Doch sie waren nicht sein Vater. Dem war die Couch wichtiger.

»Soll ich Ihren Sohn mal in den Löschzug setzen?«, fragte mich ein Feuerwehrmann.

Eigentlich war Tim zu klein, um sich dafür zu begeistern, doch die Geste rührte mich, und sie tat weh, weil sie von einem Wildfremden kam. Ich nickte.

In diesem Augenblick begriff ich, dass unsere Familie nicht mehr existierte. Hat sie jemals existiert, fragte ich mich und schob den Gedanken schnell weg. Ein komisches Gefühl überkam mich. Ich schaute zur Seite und entdeckte einen Feuerwehrmann, der an einer Wand lehnte und mich anstarrte.

Was glotzt der so, dachte ich und drehte ab, um Tim zu holen und nach Hause zu fahren. Eine kleine Hoffnung – vielleicht konnte ich Markus doch noch motivieren. Doch daheim fragte er mich nicht mal, wie es war, und seinem Gesicht entnahm ich, dass er die Feuerwehr vergessen hatte. Es war nicht wichtig für ihn. Wichtig war das, was auf der Mattscheibe passierte.

Wenige Tage später wollte der Personalchef von mir wissen, ob es sein könnte, dass ich unterfordert sei. Ich erschrak ein wenig. Machte ich den Eindruck, ich sei unglücklich mit meinem Job? Das wollte ich nicht, denn ich ging ja gern arbeiten, wenn mir die Arbeit auch nicht allzu viel Spaß machte. Ich wusste nicht, was ich sagen sollte, und blieb bei der Wahrheit. Ich nickte.
»So etwas dachte ich mir schon«, schmunzelte der Personalchef. »Es gibt derzeit einmalig die Möglichkeit für Regierungsangestellte mit Abitur, ein dreijähriges Studium zu absolvieren, wie das ja von den Beamtenanwärtern bekannt ist. Nach diesen drei Jahren und bestandenen Prüfungen können die Absolventen verbeamtet werden. Nun, Frau Kiefer, was meinen Sie?«
Es verschlug mir die Sprache – und das passiert nicht oft. Dieser Chef kannte mich doch kaum!
»Es ist eine einmalige Chance«, legte er nach.
Endlich meldete sich meine Stimme zurück: »Vielen Dank. Das klingt toll! Und dass Sie an mich denken. Aber ich hab doch einen kleinen Sohn …«
»Der Unterricht findet am Vormittag statt.«
»Am Vormittag«, wiederholte ich perplex.
Er lachte: »Schlafen Sie eine Nacht drüber! Meiner Einschätzung nach wären Sie genau die Richtige für dieses Studium. Sie haben einen wachen Verstand, eine rasche Auffassungsgabe, sind fleißig und intelligent, können gut mit Menschen umgehen. Damit will ich sagen: Die Personalabteilung sollte keine Endstation für Sie sein.«
»Danke«, stammelte ich und brauchte eine Weile, ehe ich mich von dieser Überraschung erholte.

So ein großartiges Angebot! Wollte ich noch mal die Schulbank drücken? Ein Studium? Das bedeutete viel lernen. Ich war keine achtzehn mehr. Ich war Mutter, und ich hatte Eheprobleme. Wie sollte ich das schaffen? Ich würde mich grenzenlos überfordern. Aber das war eine Riesenchance! Sie reizte mich. Weiterkommen! Etwas Neues lernen! Raus aus dieser langweiligen Personalabteilungstipperei! Ja! Nein, Ines, mach langsam. Du mutest dir meistens zu viel zu, und dann stresst du dich. Du möchtest vor allem für Tim da sein – wie soll das gehen, wenn du Tag und Nacht lernen musst?

Wer sagt denn, dass ich Tag und Nacht lernen muss?, meldete sich eine begeisterte Stimme.

Das ist so beim Studieren, erwiderte die Besserwisserin.

Quatsch! Das Lernen ist mir immer leichtgefallen, ließ sich die Begeisterte nicht ausbremsen.

Ja, als du jünger warst, widersprach die Vorsichtige.

»Ines!«

Der Schrei einer Kollegin, die ich beinah über den Haufen gefahren hätte, stoppte meinen inneren Dialog, wenigstens vorübergehend. Abends erzählte ich Markus von dem Angebot. Er war mir keine Hilfe mit seinem Standardsatz: »Das musst du wissen.«

Ich schlief wenig in dieser Nacht und kam zu dem Ergebnis, dass nicht Ines als Einzelperson über diese Veränderung entscheiden würde, sondern Ines als Mutter. Ich würde das Angebot annehmen, wenn ich Tim dabei nicht vernachlässigen müsste. Am nächsten Vormittag zog ich einige Erkundigungen ein, und was ich erfuhr, klang vielversprechend. Die Schule endete täglich um 13 Uhr. Da hatte ich sogar noch ein Zeitpolster, um einzukaufen, ehe ich Tim von der Krippe oder später vom Kindergarten abholen musste. Lernen konnte ich, wenn er schlief, und am Wochenende.

Ja, das klang alles wunderbar … Wo war der Pferdefuß? Wahrscheinlich würde ich gar nicht in die Schule reinkommen, weil ich mit dem Rollstuhl an der Eingangstür hängenblieb, oder es gab kein Behinderten-WC. Ich vereinbarte einen Besichtigungstermin und konnte es nicht fassen. Direkt vor dem Eingang empfing mich ein Behindertenparkplatz. Im Erdgeschoss gab es eine Behindertentoilette. Die Rektorin führte mich durch das Gebäude und versprach mir: »Sollten Sie sich für das Studium entscheiden, sichere ich Ihnen zu, dass Ihr Kurs drei Jahre lang im Erdgeschoss bleibt. Eigentlich wollten wir diesen Jahrgang in den ersten Stock verlegen. Wir würden das aber verschieben.«

Mein Herz klopfte bis zum Hals. Tränen schossen mir in die Augen. Ich rief den Personalchef an und sagte zu. Ab dem 1. Oktober 2006 würde ich studieren!

Zeit der Abschiede

Marcky machte mir Sorgen. Beim Spazierengehen wurde er immer langsamer, trottete hinter uns her, und er fraß auch nicht mehr gerne, was ungewöhnlich war, weil er seinen Napf normalerweise in Rekordzeit leerte — selbstverständlich ohne zu kauen: ein Happs und weg. Eines Nachmittags, ich schälte gerade einen Apfel für Tim, krampfte Marcky. Sein kleiner Körper zitterte wie unter Strom, und seine gesamte Muskulatur war hart angespannt. Ich packte Tim und Marcky ins Auto und raste zum Tierarzt. Der untersuchte Marcky kaum und drückte mir eine Schachtel Tabletten in die Hand: »Es ist wahrscheinlich das Herz.«

Zwei Tage später der nächste Anfall. Kein Ton kam aus der weichen Hundeschnauze. Doch der kleine Kerl krampfte und zitterte und hörte nicht mehr auf. Ich fuhr erneut zum Tierarzt, den bebenden Hund im Fußraum der Beifahrerseite. An roten Ampeln legte ich meine Hand auf seinen gequälten Körper und fuhr dann heulend weiter. Lieber Gott, bitte hilf Marcky! Die Behindertenparkplätze in der Nähe des Tierarztes waren wie so oft mit Fußgängerautos besetzt. Ich rief in der Praxis an und bat, jemand möge sofort den Hund holen. Zwar kam die Arzthelferin schnell, doch Marcky wurde wieder nicht gründlich untersucht. Der Arzt drückte mir eine weitere Schachtel Tabletten für 40 Euro in die Hand. Ich war zu verzweifelt, um das einzig Vernünftige zu tun: sie ihm an den Kopf zu werfen.

Am nächsten Tag fuhr ich mit Marcky in eine Tierklinik. Dort wurde er geröntgt. Sogar ich als Laiin erkannte den riesigen Lebertumor und die Metastasen in der Lunge, die eine Ärztin mir auf den Bildern zeigte. Von einer Sekunde zur nächsten war mir übel. Marcky saß vorsichtig wedelnd vor mir, legte den Kopf schräg, so als wollte er mich fragen, warum ich so traurig sei. Ich bückte mich zu ihm, er gab mir Pfötchen. Die Kraft, auf meinen Schoß zu springen, hatte er schon lange nicht mehr. Ich kraulte sein weiches Fell.

»Und jetzt?«, fragte ich. Tränen rannen mir übers Gesicht.

»Wir können noch eine Ultraschalluntersuchung durchführen«, sagte die Ärztin.

»Bringt das was?«

»Nein, eigentlich nicht. Wir haben den Befund ja schon. Leider ist der Krebs weit fortgeschritten. Für eine Operation ist es meiner Meinung nach zu spät. Marcky ist ja auch schon recht alt, nicht wahr?«

»Ich weiß gar nicht genau, wie alt er ist. Zehn oder elf.«

Die Ärztin schüttelte den Kopf. »Nein, das glaube ich nicht. Ich halte ihn für wesentlich älter. Vielleicht fünfzehn oder sechzehn.«

»So alt!«, rief ich. Irgendwie machte es das leichter für mich. Von einem sechzehn Jahre alten Hund hatte ich noch nie gehört. Die meisten Hunde, die ich kannte, wurden höchstens vierzehn.

»Ich gebe ihm jetzt eine Spritze zur Linderung der Schmerzen. Außerdem bekommen Sie ein krampflösendes Mittel, falls es noch mal zu einem solchen Anfall kommt. Allerdings muss ich Ihnen sagen, dass Marckys Tage gezählt sind.«

»Wie lange noch?«, fragte ich mit erstickter Stimme.

»Zwei, drei Wochen vielleicht. Wenn er leidet, dann überlegen Sie es sich gut, ob Sie ihm nicht anders helfen möchten.«

Das war deutlich.

»Ja«, schluchzte ich.

»Die Wirkung der Spritze hält ein paar Tage an. Sollten Sie das Gefühl haben, wir sollten nachspritzen, bringen Sie ihn noch mal. Wenn Sie ihn loslassen können, rufen Sie uns an. Wir kommen jederzeit zu Ihnen nach Hause und schläfern ihn ein.«

Schläfern ihn ein. Schläfern ihn ein. Schläfern ihn ein. Schnitte durch mein Herz.

Auch Markus war sehr betroffen und teilte meinen Kummer. Es machte ihn noch trauriger, dass ich so verzweifelt war. Das entging mir nicht, und irgendwie war es ein kleiner Trost, dass unsere Zuneigung trotz all der Probleme noch immer bestand. Marcky wurde von Tag zu Tag schwächer. Wenn ich morgens zur Arbeit fuhr, hatte ich Angst, ihn am Nachmittag leblos vorzufinden.

Mein Studium begann am 1. Oktober, der fiel in diesem Jahr auf einen Sonntag. Das bedeutete, ich würde gleich nach dem ersten Schultag eine Pause einlegen: Am 3. Oktober ist Tag der Deutschen Einheit. Am Sonntag ging es Marcky sehr schlecht. Schwer atmend lag er in seinem Körbchen. Stundenlang streichelte ich ihn, hielt meine Hand auf seinen kleinen heißen Körper, und es war mir, als würde ich empfangen, was er mir sagen wollte. Ach, ich hatte es schon längst empfangen, aber es war schwer, so schwer.

Mein treuer Marcky. Er war das letzte Lebewesen in meiner unmittelbaren Umgebung, das mich als Fußgängerin kannte. Auf meinen eigenen zwei Beinen war ich ins Tierheim in Hof gegangen und hatte ihn gefunden. Er war an mir hochgesprungen und mit mir um die Wette gerannt. Er hatte seine Leine um meine Beine gewickelt, und ich war ihm beim Spielen auf allen vieren nachgekrochen. Immer war er an meiner Seite gewesen und hatte alles lieb und geduldig ertragen. So lange musste er mich vermissen, als ich im Krankenhaus lag. Genügsam war er und trotz aller Wohnungswechsel und Veränderungen stets gut gelaunt. Er hatte sich mit unserem Zweithund Sita abgefunden, und von Tim ließ er sich ohnehin alles gefallen. Der durfte ihn sogar am Schwanz ziehen.

»Danke, Marcky. Danke für alles«, sagte ich, und meine Tränen tropften auf sein Fell.

Ich rief die Tierärztin an und erzählte ihr, dass morgen mein Studium beginnen würde und ich das Gefühl hätte, jetzt sei ein guter Moment. Wenn man überhaupt von einem guten Moment sprechen könnte, aber ich glaubte, es wäre Marcky auch recht.

»Da täuschen Sie sich bestimmt nicht«, bestärkte sie mich. »Ich bin in einer Stunde bei Ihnen.«

Wir wickelten Marcky in eine schöne Fleecedecke und setzten ihn zu uns auf die Couch.

»Guck mal, was da auf der Decke steht«, sagte Markus.

Ich hatte es schon tausendmal gelesen, aber doch nicht wirklich: *Lass uns Freunde bleiben.*

In dieser Decke begruben wir Marcky abends im Garten. Ich hatte sein Herz gespürt bis zum letzten Pochen. An meiner Hand hatte es aufgehört zu schlagen. Tim war zu klein, um zu verstehen, was geschah. Er wuselte um uns herum, und als wir ihm erklärten, dass Marcky nun lange schlafen würde, interessierte ihn das nicht besonders. Auch Sita wirkte nicht betroffen vom Tod ihres Freundes – doch was wissen wir schon.

Ich sammelte ein paar von Marckys blonden Haaren zu einem Fellknäuel, das ich bis heute in Ehren halte. Markus suchte die schönsten Steine für den Rand des Grabes zusammen. Wir zündeten eine Kerze an, die am nächsten Morgen noch brannte. In meinem Herzen brennt sie bis heute.

In meinem Kurs gab es 17 Frauen und drei Männer. Ich kannte niemanden und suchte mir einen Platz nah an der Tür, damit ich den Rollstuhl leicht manövrieren konnte. Ich war in keiner guten Stimmung an meinem ersten Schultag. Doch auf einmal hatte ich Marcky vergessen, denn ich musste gut aufpassen, um mir die wichtigen Informationen über den Ablauf des Studiums zu merken.

Als ich nach Hause fuhr, spürte ich sehr deutlich, dass nun wieder ein neuer Lebensabschnitt begann. Marcky war nicht mehr da, und ich studierte. Ich wollte mein Leben komplett in Ordnung bringen. Reinen Tisch machen. Am 1. Oktober war Marcky von uns gegangen, am 2. Oktober begann meine Studentinnenzeit, und am 3. Oktober fragte ich Markus: »Glaubst du – jetzt mal ganz ehrlich –, dass das mit uns zweien noch eine Zukunft hat?«

Die Antwort blieb er mir schuldig.

Das war mir zu wenig.

»Ich sehe schwarz, was das betrifft«, wurde ich deutlich.

»Da könntest du recht haben«, erwiderte Markus nach einer Weile.

In dieser Nacht schlief ich kaum. Zweifel quälten mich. Durfte ich das: meinem Kind den Vater nehmen? Aber welchen Vater?

Markus interessierte sich doch gar nicht wirklich für Tim. Nein, das stimmte so auch nicht, er liebte ihn sehr, doch er erfüllte die Bedürfnisse eines kleinen Kindes nicht – und schon gar nicht meine Vorstellungen, was das Zusammensein zwischen Vater und Sohn betraf. Und ich? Wie war es um meine Gefühle für Markus bestellt? Ich mochte ihn. Doch ich liebte ihn nicht mehr, und das war eindeutig zu wenig, um eine Ehe aufrechtzuerhalten.

Aber heißt es nicht: Kinder kitten eine Beziehung? Doch wenn Kinder mitbekommen, dass die Eltern streiten, ist das auch nicht gut. Würde ich es überhaupt schaffen, als alleinerziehende Mutter und Studentin, wenn auch nur mit einem Hund? Wenn Sita nicht wäre ... dann könnte es klappen ... Wo würde ich Markus im Alltag überhaupt vermissen? Er machte Tim für die Krippe fertig, kaufte schwere Sachen ein und mähte den Rasen – nach der fünften Aufforderung. Oder auch nicht.

Wir einigten uns darauf, dass Markus sich zum 15.12. eine Wohnung suchen würde, und nahmen uns einen Anwalt. Wir wollten uns nicht streiten und Kosten sparen. Aber dann fingen wir doch an zu streiten. Da schlug ich Markus vor, seine Miete für die neue Wohnung hälftig zu übernehmen, wenn er früher auszog. Markus schlug sofort ein. Er wollte auch für Sita sorgen, und das war eine große Erleichterung für mich, denn ich hatte keine Ahnung, wo ich in meinem straffen Zeitplan ein Plätzchen für sie herzaubern sollte. Ansonsten machte ich mir erst mal keine Gedanken. Alles, was ich im Moment wollte, war Ruhe. Keine Streitereien. Keine beklemmende Atmosphäre. Luft zum Atmen. Und die hatte ich, als Markus das Haus verließ.

Model auf Rädern

Es blieb spannend. Jetzt war ich nicht nur Rollstuhlfahrerin und Mutter, sondern auch noch alleinerziehend und Studentin. Immerhin keine Hundechefin mehr. Sita fehlte mir sehr. Von zwei Hunden auf keinen Hund, das ist ein harter Schnitt. Doch mein neues Leben mit seinen vielfältigen Anforderungen verschlang meine komplette Energie und Konzentration. Wenn abends endlich alles erledigt war, schlief ich sofort ein.

Manchmal tut es gut, sehr beschäftigt zu sein. Ich jedenfalls konnte mir schon aus zeitlichen Gründen keine Abstürze leisten. Ich hatte keine Termine frei für Trübsal. Und das war mir nur recht – wenn ich auch hin und wieder mit großer Traurigkeit an Markus dachte. Ich war so sicher gewesen, dass wir füreinander bestimmt waren. Niemals hätte ich mir träumen lassen, dass unsere Ehe so schnell zerbricht. Und gleichzeitig war ich zutiefst dankbar für meine Fehleinschätzung. Dieser wunderbare Irrtum bescherte uns Tim, das größte Glück meines Lebens.

Zu zweit in der Wohnung fühlte sich ganz anders an als zu fünft in der Wohnung. Markus war fort, und ich hätte es manchmal gar nicht so schlimm gefunden, wenn der Müll übergequollen wäre, und was war schon dabei, ein geöffnetes Nutellaglas zuzuschrauben und aufzuräumen, das hätte ich doch gern für ihn gemacht.

Eine Stunde später erschien mir allein die Vorstellung des ständig laufenden Fernsehers grauenvoll. Manchmal saß ich für ein paar Minuten auf dem Sofa. Keine Musik. Kein Fernsehen. Und genoss die Ruhe. Da kam schon Tim an, und wenn ich mein Kind im Arm hielt, konnte ich unmöglich traurig sein.

Einmal erwischte ich mich dabei, wie ich vor den beiden Hochbeeten stand, die Markus zusammengeschraubt hatte. Wie glücklich wir in der ersten Zeit im Haus waren. Wie rosig die Zukunft vor uns gelegen hatte ... eine bunte Frühlingswiese voller Schmetterlinge. Im Rückblick verstand ich nicht, was mit uns geschehen war. Ich sah uns in zwei Rollstühlen durch den Ikea fetzen und mit dem winzigen Tim beim Babyschwimmen. Wir hatten viel Schönes miteinander erlebt.

Ich kramte nach alten Fotos und fand eines von einem perfekten Familiensonntag mit Tim im Hochbeet. Wieso hatten wir es nicht geschafft? Bessere Voraussetzungen hätten wir gar nicht haben können in unserem Traumhaus mit Garten. Einen Garten hatte ich mir immer gewünscht, im Schrebergarten meiner Eltern war meine Kindheit erblüht. Früher pflanzte mein Vater Kartoffeln und Gemüse. Heute konzentriert er sich eher auf Blumen. Manchmal unterhalten wir uns am Telefon über unsere Ernte. Jetzt blühte gar nichts. Es war November und grau und kalt und neblig.

Ich stand früher auf als vor Markus' Auszug, machte mich fertig, weckte Tim und bereitete ihn für den Kindergarten vor. Zum Glück konnte er nun laufen; das entlastete mich sehr, da ich ihn nicht mehr von ganz unten hochheben musste. Es war einfacher, ihn frontal zu greifen: Ich holte ihn mir schräg von vorne nach oben, so dass er auf meinem Schoß lag, und drehte ihn dann seitlich in eine Sitzposition. Je älter er wurde, desto leichter machte er es mir. Später sagte ich ihm, er solle mit einem Bein auf das Fußbrett des Rollstuhls steigen, und eines Tages kletterte er aus eigener Kraft auf meinen Schoß.

Tim frühstückte im Kindergarten – das war der pure Luxus für mich! Ich selbst nahm mir mein Frühstück in die Schule mit. Es war noch immer recht überschaubar, da ich mein Ziel von zwölf Kilo weniger noch nicht erreicht hatte – aber bald! Vor dem Kindergarten brauchte ich bloß zu hupen. Eine Erzieherin nahm Tim am Auto in Empfang. Das war sehr nett, denn sonst hätte ich erst den Rollstuhl, dann Tim ausladen und schließlich den Rollstuhl wieder einladen müssen. Das kostete mich nun dank Ladeboy zwar keine Kraft mehr, aber es kostete Zeit, und die war morgens Mangelware.

Nach Schulschluss um 13 Uhr kaufte ich entweder ein und holte danach Tim ab oder fuhr vorher nach Hause und erledigte dort, was anstand. Bis ich Tim ins Bett brachte, spielten wir miteinander. Bei schönem Wetter waren wir viel draußen und auf dem Spielplatz, wir trafen uns mit anderen Kindern und Müttern. Sobald Tim schlief, wollte ich lernen. Manchmal schlief ich allerdings neben ihm ein.

Mein Banknachbar in der Schule half mir gelegentlich, wenn es um den Transport von schweren Gegenständen ging. Er kaufte auch Getränke für mich ein und betankte einmal mein Auto. Meistens tanke ich an derselben Tankstelle und rufe dort vorher kurz an, damit jemand meinen Wagen befüllt. Die Bordsteinkante zu den Zapfsäulen ist zu hoch für mich, und wenn ich Hilfe brauche, ist oft niemand da. Wenn ich keine brauche, wird mir hingegen gern Hilfe angeboten. Das nervt mich manchmal, denn ich melde mich lieber selbst. Es ist mir jedoch bewusst, dass diese Angebote lieb gemeint sind, und deshalb antworte ich immer freundlich, sogar bei schlechter Laune.

Häufig werde ich angesprochen, sobald ich den Rollstuhl aus dem Auto oder ins Auto lade. Manche Menschen gehen am Auto vorbei, dann macht es in deren Köpfen »Ratatata!«, das kann ich fast hören, und da stehen sie schon vor mir und fragen: »Kann ich Ihnen helfen?«

Andere bauen sich wie aus dem Nichts vor mir auf, keine Ahnung, wie sie mich finden. Es gibt auch solche, die vor Hilfsbereitschaft schier platzen und dazu neigen, die Dinge, die ich ihnen gar nicht überlassen möchte, an sich zu reißen. Wieder andere kämen gar nicht auf die Idee, mir Hilfe anzubieten. Damit haben sie auch recht, denn ich sage Bescheid, wenn ich Hilfe brauche. Dennoch ist es manchmal rührend zu sehen, wie viel freundliche Aufmerksamkeit mir entgegengebracht wird. Manche bleiben auch bewundernd vor dem Ladeboy stehen.

»Das ist ja unglaublich! Toll, was es alles gibt.«

»Ja, da bin ich sehr froh.«

Früher, als ich ohne Ladeboy unterwegs war, habe ich mir manchmal beim Einladen helfen lassen. Meistens war ich allein jedoch schneller. Von all den Menschen, die mich als Rollstuhlfahrerin ansprechen oder angestrengt ignorieren, finde ich diejenigen witzig, die erst vorbeirennen und dann zurückkommen und ihre Hilfe anbieten. Ich glaube, solche Charaktere parken keine Behindertenplätze zu. Die denken, ehe sie handeln. Es freut mich, dass es Menschen gibt, die auf andere schauen. Ich weiß nicht, welcher Typ von Fußgängerin ich wäre. Würde ich meine Hilfe anbieten? Das liegt wahrscheinlich auch an der Tagesform.

Ich war selbst überrascht, wie gut ich mit meinem Alltag zurechtkam – und auch mit meiner Freizeit. Nun ja, Freizeit ist übertrieben. Mehr als zehn Minuten blieben pro Tag nicht übrig, wenn überhaupt. Selten schaute ich fern und genoss es, Herrin über die Programme zu sein. Hin und wieder gab es Stunden, in denen ich mich auch mal einsam fühlte. Doch die waren rar gesät, denn ich hatte ja Tim und außerdem keine Zeit für Sentimentalität. Bevor ich darin versank, lernte ich lieber. Zum Glück gestaltete sich das nicht so aufwendig, wie ich befürchtet hatte. Sicher hätte ich jeden Tag lernen sollen, doch ich kam prima damit zurecht, am Wochenende und vor Prüfungen zu lernen. Im Unterricht passte ich gut auf, diese Strategie hatte ich schon in der Schule genutzt.

Es war mir wichtig, einen guten Kontakt mit Markus zu halten, schließlich ist er Tims Vater. Wir verabredeten, dass Tim jedes zweite Wochenende mit Markus verbringen sollte, allerdings sollte Tim nicht bei ihm übernachten. Das hätte ihn vielleicht durcheinandergebracht. Markus holte Tim Samstagmorgen, brachte ihn Samstagabend, holte ihn Sonntagmorgen und brachte ihn Sonntagabend. Vor dem ersten dieser Wochenenden hatte ich panische Angst. Ich wollte Tim bei mir behalten. Ich wusste, dass das idiotisch war, doch ich konnte kaum etwas dagegen tun, so oft ich mir auch vorsagte: »Er ist der Vater. Das ist sein Recht. Es ist gut so. Ein Kind braucht seinen Vater.«

Meinem Herz war es egal, was Pädagogen meinen, ich wollte mein Allerliebstes nicht hergeben. Ich heulte so viel an diesem ersten Wochenende ohne Tim, dass ich mir am Nachmittag kalte Kompressen auf die Augen legte – sonst würde Markus sich noch geschmeichelt fühlen, und das war sicher nicht in meinem Sinn!

Tim bekam die Trennung seiner Eltern gar nicht so richtig mit. Markus war sonst ja auch nur abends und am Wochenende da – mehr oder weniger. Heute kann Tim sich gar nicht mehr daran erinnern, dass er in seinen ersten eineinhalb Jahren mit Mama und Papa unter einem Dach wohnte. Einmal fragte er mich: »Mama, den Papa kennst du doch auch, oder?«

Obwohl ich mittlerweile meistens die Gewissheit verspürte, dass die Trennung für uns alle drei das Beste war, sehnte ich mich nach einer Familie. Ja, es war schön allein mit Tim. Doch zur Dauerlösung sollte dieser Zustand nicht werden. Ich wollte mein Leben nicht als alleinerziehende Mutter fristen. Auch wenn es mit Markus nicht geklappt hatte, hegte ich die Hoffnung, es würde eines Tages mit einem anderen Mann klappen. Die Voraussetzung dafür wäre, dass es zwischen dem Mann und Tim klappte. Denn Tim, das war klar, war die Nummer eins in meinem Leben.

Einer unserer Dozenten hatte ein Faible für Psychologie. Er vermittelte den Stoff nicht nur unterhaltsam, sondern auch sehr spannend und anregend. Beispielsweise erklärte er uns, wie stark der Einfluss eines jeden Einzelnen auf die persönliche Lebensgestaltung ist. Menschen, die glauben, sie bekommen eine Erkältung, niesen schneller als solche, die sicher sind, über starke Abwehrkräfte zu verfügen. Gelegentlich erkannte ich meine eigenen Verhaltensmuster wieder. Ich gehöre zu den Menschen, die die Münze so lange in die Luft werfen, bis sie auf der goldenen Seite landet. Der Dozent versorgte uns mit Beispielen, die oft banal klangen – doch sie funktionieren. Wenn ich morgens denke, was ist das für ein blöder Tag, dann wird der Tag auch blöd, und wenn ich mich beim Aufwachen auf einen schönen Tag freue, wird er schön werden. Eigentlich logisch! Eine Mitschülerin nahm das sehr ernst und rief jeden Morgen, wenn sie das Klassenzimmer betrat: »Heute ist ein schöner Tag!« Obwohl ich ihr prinzipiell zustimmte, kam der Morgen, an dem ich es nicht mehr hören konnte.

Der Dozent fragte mich nach den Ferien im neuen Jahr, wie es mir mit der Trennung ergehe. Keine Ahnung, woher er davon wusste.

»Super!«, erwiderte ich wahrheitsgemäß.

»Es kann gut sein, dass sich das ändert«, warnte er mich.

»Das glaube ich nicht«, widersprach ich und konnte es mir auch nicht vorstellen, denn das Leben war viel einfacher und leichter ohne Markus. Doch der Psychologe behielt recht – oder hatte er mir da etwas eingeredet? Ende Januar überlegte ich viel zu oft, ob meine Entscheidung richtig war. Hätten wir es nicht noch einmal miteinander versuchen sollen? War ich nicht zu ungeduldig gewesen? Markus hatte es schließlich auch nicht leicht gehabt …

Allmählich konnte ich mich Markus gegenüber versöhnlicher

benehmen. Nach der Trennung hatte ich nicht gewollt, dass er das Haus betrat. Ich brachte ihm Tim an die Haustür. Nun bat ich ihn schon mal herein, und wir regelten die Übergabe im Flur.

»Möchtest du Tim noch baden?«, bot ich ihm einmal an.

»Nein danke«, lehnte er ab.

»Willst du einen Kaffee?«, fragte ich ein andermal.

»Ja, gerne.«

So entspannte sich unser Verhältnis nach und nach. Vielleicht hegte ich auch eine kleine Hoffnung, wir könnten wieder zueinanderfinden.

Dann hatte ich das, was Psychologen Schlüsselerlebnis nennen. Es war an einem Sonntagabend im Frühling, da sagte Markus mit einem Seufzer aus tiefstem Herzen: »Ach, wenn ich jetzt werktags nach Hause komme von der Arbeit, dann setze ich mich erstmal auf die Couch und sehe fern oder lese was. Das ist schön gemütlich. Ich bin rundum zufrieden mit meinem Leben.«

»Das freut mich für dich«, erwiderte ich. Wenn ich nach Hause kam, machte ich den Haushalt, kochte und kümmerte mich um Tim und schaffte es später vielleicht noch zu lernen. Couch war Luxus. Von meinem Leben erhoffte ich mir mehr als Zeit für die Couch.

Mir widerfuhr eine Spontanheilung. Ich verstand schlagartig, dass wir nie, nie, nie zusammenpassen würden. Markus hatte eine völlig andere Lebensvorstellung als ich. Ich würde nie wieder mit ihm zusammensein. Innerhalb von Sekunden ließ ich meine Ehe hinter mir. Offiziell geschieden wurden wir am Ende des Jahres, das war nur noch eine Formsache. Wichtiger für mich war die innere Scheidung, die ich nun vollzog. Heute noch bin ich dankbar für diesen Augenblick. Kein Gespräch über Markus und mich, keine Therapie und kein noch so gut gemeinter Ratschlag hätte mir mehr helfen können als sein begeisterter Gesichtsausdruck bei der Schilderung seiner Lieblingsbeschäftigung. Und so konnte ich es dann auch verschmerzen, dass Schmerzensgeld zum Zugewinn zählt und somit beim Vermögensausgleich berücksichtigt wird – wie ich bei unserem Scheidungstermin erfuhr.

Markus gab sich Mühe, unsere Vereinbarungen einzuhalten. Er holte Tim stets pünktlich ab und brachte ihn auch pünktlich zurück. Dafür war ich ihm dankbar. Doch dieser zweiwöchige Rhythmus tat meinen Lernambitionen nicht gut, und so vereinbarten wir, dass Tim jede Woche einmal zu Markus sollte, abwechselnd Samstag und Sonntag. So konnte ich den Schulstoff der Woche vertiefen. Manchmal freute sich Tim sehr auf Markus, manchmal wollte er lieber bei mir bleiben. Rückblickend denke ich, dass wir diese schwierige Phase trotz vieler Reibereien gut gemeistert haben.

Tim und Herr Krupp

Ich hatte nun sehr erfolgreich abgenommen und fühlte mich in meinem Körper pudelwohl, wieder begehrenswert und als Frau. Ganz unverbindlich guckte ich mal im Internet. Möglichkeiten zum Ausgehen fehlten mir – ich konnte Tim ja nicht allein lassen. Bei einer regionalen Internet-Community legte ich ein Profil von mir an – mit Foto im Rollstuhl. Der war offensichtlich kein Hinderungsgrund. Verschiedenste Männer zeigten Interesse verschiedenster Art. Mit manchen telefonierte ich, oder wir trafen uns und gingen spazieren, wenn Tim bei Markus war. Das war eine prima Ablenkung für mich, und ich kam immer besser damit zurecht, Tim bei Markus zu lassen.

Meine Bekanntschaften waren alle nett und viele zudem attraktiv. Doch an jedem störte mich irgendetwas. Der eine lästerte über seine Ex-Freundin, der andere war unglücklich mit seinem Job, ein Dritter sah zwar super aus, doch er arbeitete sechzig Stunden in der Woche – so stellte ich mir keine Partnerschaft vor. Was nützt mir ein Mann, der viel Geld verdient, aber kaum zu Hause ist? Da kann ich auch alleine bleiben.

Ich wollte keine Frau sein, die immer auf den gleichen Typ reinfällt. Ich wollte mich auf keinen Fall von Äußerlichkeiten blenden lassen. Es gab nur ein Kriterium: Der nächste Mann, den ich mir ins Haus holen würde, musste mit Tim zurechtkommen. Ich brauchte einen Partner, dem die Familie wichtig ist. Einen, der tatkräftig zupackt, anstatt lasch auf dem Sofa zu lümmeln. Vielleicht sogar einen, der gern Vater sein wollte.

Ich wünschte mir ein Geschwisterchen für Tim. Er sollte kein Einzelkind bleiben, und deshalb disqualifizierte sich auch jener Kandidat, der mir beim Spazierengehen von seiner Sterilisation erzählte, mit der er zu punkten hoffte. Ich suchte nicht nach dem perfekten Mann, da würde ich ja heute noch suchen, aber ich wusste ziemlich genau, wer zu uns passen würde. Klar sollte er auch gut aussehen. Doch darauf kam es mir nicht an. Attraktive Männer hatte ich genug kennengelernt. Das genügte mir nicht. Ich wollte mehr.

Ein halbes Jahr nach der Trennung wachte ich mitten in der Nacht auf. Tim röchelte so seltsam. Träumte er? Ich nahm ihn in den Arm. Das Röcheln hörte nicht auf. Es klang grauenvoll. Hatte er sich verschluckt? Ich klopfte ihm sanft auf den Rücken. Keine Wirkung. Er fing zu weinen an. Regte sich auf. Schrie. Ich wiegte ihn im Arm. »Gleich mein kleiner Schatz, gleich geht es dir besser.« Aber es ging ihm nicht besser. Tim rang nach Luft. Er erstickt! Panik stieg in mir hoch. Notarzt? Die Kinderklinik ist nur drei Kilometer von meinem Haus entfernt. Beim Grundstückskauf war das für mich ein weiterer Pluspunkt gewesen. Ich packte Tim ins Auto und fuhr los. Er röchelte ohne Unterlass. Meine Hände zitterten wie verrückt. Als wir endlich bei einem Arzt waren, kümmerte er sich nicht um Tim. Er wollte von mir wissen, wo ich versichert sei, wann ich geboren sei und weitere unwichtige Dinge – während Tim kaum Luft bekam und ich zitterte. Am liebsten hätte ich ihn angeschrien, er solle sich endlich um mein Kind kümmern, doch es war mir klar, dass ich damit nichts beschleunigen würde.

Keinen Blick warf der Arzt auf Tim, er starrte nur auf seinen Bildschirm. Endlich hatte er alle Daten eingetragen. Ohne Tim untersucht zu haben, sagte er: »Das klingt wie ein Pseudokruppanfall, allerdings nicht eindeutig, eigentlich gehört Husten dazu.«

Ja, und warum untersucht er ihn dann nicht, wenn es nicht eindeutig ist, fragte ich mich – und dann kapierte ich: Er hatte sich so in seine Daten reingesteigert, weil er unsicher war. Er hatte sich quasi Bedenkzeit verschafft. Endlich widmete sich der Arzt Tim, bat die Krankenschwester um einen Inhalator, und schon nach wenigen Atemzügen ging es Tim endlich besser.

Untersuchungen am nächsten Tag brachten Gewissheit: Es war Pseudokrupp. Mein Kinderarzt beruhigte mich: »Sterben kann man daran nicht. Es gibt gute, wirksame Medikamente.« Dann fügte er hinzu: »Und meistens hört es im Schulalter wieder auf.«

Er drückte mir eine Broschüre in die Hand, die mir nichts Neues bot, denn selbstverständlich hatte ich die Nacht über im Internet recherchiert. Die erste Information, auf die ich stieß, lautete, dass Pseudokrupp verstärkt in Raucherfamilien auftritt, was meine Abneigung gegen Zigaretten erneut entfachte. Hinter der Krankheit steckt eine Entzündung der Schleimhaut im

Bereich des Kehlkopfs und der Stimmbänder mit teilweisem Verschluss der Atemwege. Die Folge: Atemnot, Erstickungsängste, Herzklopfen und Unruhezustände.

Mein armer, armer Liebling. Wie gern hätte ich ihm das abgenommen. Doch ich konnte nichts tun, gar nichts. Die Anfälle kamen und gingen – in den folgenden Jahren verbrachten wir im Herbst und Frühling stets einige Tage im Krankenhaus. Inhalieren half Tim sehr gut – im Gegensatz zu den empfohlenen Zäpfchen, die wenig Wirkung zeigten. Aber allein zu wissen, woran Tim litt, half mir, mit der Situation umzugehen.

In der Krippe war Tim nun nicht mehr die Nummer eins. Er hatte Gesellschaft bekommen von Marie. Ihre Mutter, Katrin, stammte auch aus Sachsen, und wir freundeten uns an. Mit ihr redete ich auch über andere Themen als Kinder, und wenn ich wieder mal ein Rendezvous hinter mir hatte, erzählte ich gern davon.

Katrin sagte eines Tages zu mir: »Ich glaube, du hast zu hohe Ansprüche.«

»Nein, ich will nur nicht mehr reinfallen.«

»Du gehst das Ganze mit dem Kopf an. Das heißt, du bist nicht verliebt. Wenn du verliebt wärst, würdest du so nicht reden.«

»Ja, dann würde ich nämlich den Verstand ausschalten, und das soll mir nicht noch mal passieren. Ich suche jetzt nicht nur einen Mann für mich, ich suche auch einen Partner, der mit Tim auskommt.«

»Der Richtige wird schon auftauchen.«

»Und wann?«, fragte ich, als hätte Katrin eine Kristallkugel vor sich.

»Dann, wenn du es nicht erwartest. So ist es doch immer.«

»Am besten, ich mache mir keine Gedanken darüber.«

Katrin nickte: »Mit Gedanken liebst du nicht. Du liebst mit dem

Herzen. Solange das nicht mitspielt, ist alles schnöde Theorie. Die Zeit kannst du dir sparen.«

»Du bist ja eine richtige Philosophin!«

Katrin grinste: »Küchenphilosophie.«

»Das ist wenigstens eine Disziplin, die einem weiterhilft«, bestätigte ich.

Im Gegensatz zu früher befürchtete ich überhaupt nicht mehr, keinen Partner zu finden, übrig zu bleiben, Mauerblümchen zu sein. An Angeboten mangelte es mir nicht. Eigentlich war es wie zu meiner Schulzeit. Ich hatte eher Probleme damit, Verehrer abzuwimmeln, als welche zu kriegen. Warum das so ist? Keine Ahnung. Ich verstehe es bis heute nicht. Aber man muss ja nicht alles erklären, und ich war natürlich überaus zufrieden mit diesem Zustand. Doch es war eben kein Richtiger dabei. Vielleicht war das auch besser so, denn im Grunde genommen hatte ich für eine Beziehung keine Zeit. Ich würde jetzt erst mal mein Studium abschließen. Die nächsten drei Jahre waren voll durchgeplant. Dann konnte ich noch immer weitersehen.

Beautys in Motion

2004 las ich in einer Zeitung, dass es einen Model-Wettbewerb für Rollstuhlfahrerinnen gibt: *Beautys in Motion*. Dieser Wettbewerb wurde jedes Jahr durchgeführt, 2005 auch mit Männern, 2006 wieder lediglich mit Frauen, und 2007 wurde er erstmals international ausgeschrieben. Das ließ mich nicht los. Ich konnte nicht sagen, was genau mich daran so reizte. Ich guckte mal auf der Internetseite des Wettbewerbs. Diese Herausforderung passte zu meiner guten Stimmung in diesem Sommer. Noch drei Wochen bis zum Bewerbungsschluss. Das wäre echt cool, dachte ich. Warum nicht?

Ich klickte auf die Teilnahmedingungen. Lebenslauf – kein Problem. Foto … wo bekam ich auf die Schnelle ein tolles Bild her? Da fiel mir ein Bekannter aus der Internet-Community ein, der sich *Fotograf* nannte. Ich öffnete das Mail-Programm und fragte an, ob er tatsächlich Fotograf sei. Kurz darauf landete die Antwort mit einem »Pling!« in meinem virtuellen Briefkasten. Ja, Hobbyfotograf. Da stach mich der Hafer, wie meine Oma zu sagen pflegt. Ich hatte keine Zeit und keine Ahnung, wohin es führen würde – ich machte es einfach.

Zwei Tage später besuchte mich der Fotograf mit einem Kombi voll professioneller Ausrüstung. Wir waren uns sofort sympathisch und verbrachten einen lustigen und sehr produktiven Nachmittag im Garten. Die Fotos begeisterten mich. Hobbyfotograf war wohl ein bisschen tiefgestapelt. Gemeinsam werteten wir die Bilder aus, und ich schickte einige zum Wettbewerb. Da ich mich kurz vor dem Bewerbungsschluss meldete, musste ich nicht lange auf eine Antwort warten.
»Frau Kiefer, herzlichen Glückwunsch, Sie sind in der engeren Auswahl.«
Mir fiel fast das Telefon aus der Hand. Was für eine tolle Nachricht! Eine großartige Belohnung für mein Durchhaltevermögen beim Abnehmen. Nein, ich war kein hässliches Entlein. Ich hatte es in die Auswahl zu einem Schönheitswettbewerb geschafft!

Eine Woche später traf ich Renate, die nette Frau, die mir am Telefon gratuliert hatte. Sie wollte mich persönlich kennenlernen, um im Anschluss die Finalistinnen festzulegen. Ich holte sie am Bahnhof in Saarbrücken ab, nachdem ich mehrere Stunden mit Anziehen und Ausziehen verbracht hatte. Eigentlich bin ich recht flott, doch natürlich dauert Anziehen im Rollstuhl etwas länger. Um eine Hose anzuziehen, lege ich ein Bein auf meinen Schoß, ziehe die Hose vom Fuß über dieses Bein, lasse das Bein dann runter, nehme mir das andere hoch und mache dasselbe, bis der Hosenbund bei den Oberschenkeln angekommen ist. Nun muss die Hose über den Po. Dazu halte ich mich mit der rechten Hand am rechten Greifreifen fest und ziehe mit der linken Hand die Hose über die linke Pobacke. Dann wechsle ich die Seiten und beginne das Spiel von vorne. Mit einem Mal klappt es nämlich nicht, ich muss mindestens zweimal auf jeder Seite ziehen. Enge Hosen erfordern natürlich noch mehr Mühe.

Für das Treffen mit Renate hatte ich mich letztlich für ein schlichtes Outfit entschieden: Jeans mit sportlichem Oberteil. Dazu passend schminkte ich mich dezent. Ich wusste nicht, was mich erwartete, doch was dann geschah, verblüffte mich. Renate wollte nicht wissen, wie groß ich war, wie viel ich wog und was ich frühstückte, ob ich Sport trieb und wie ich mich gern schminkte. Sie wollte wissen, warum ich mich beworben hätte, ob ich eine Message hätte und wenn ja, welche, was ich über die Welt im Großen und Ganzen und über das Leben im Allgemeinen und Besonderen dächte.

Ich erfand Motive, Message, Motivation und saugte mir den Rest aus den Fingern. Improvisieren macht mir Spaß. Staunend hörte ich mich selbst reden und fand, dass das alles fundiert klang. So, als hätte ich mich wirklich damit auseinandergesetzt. Das fand Renate wohl auch, denn zwischen Hauptgang und Dessert legte sie den Finalistinnenvertrag auf den Tisch. Ich freute mich riesig, las den Vertrag flugs durch und unterschrieb.

»Wunderbar, Ines«, beglückwünschte mich Renate. »Dann wäre ja alles perfekt. Ach ja, eine Kleinigkeit noch.«

Ich beugte mich vor.

»Die Sache mit deinen Haaren. Das müssen wir ändern.«

»Was ist mit meinen Haaren?«

»Auf manchen Fotos sehen sie rot aus, auf anderen braun.«

»Ja, das ist so. Ich habe rötliches Haar, und je nach Lichteinfall …«

»Ich habe schon genug Blonde, Brünette, Dunkle – es wäre mir lieb, Ines, wenn du komplett rotes Haar hättest. Das ist besser für den Gesamteindruck, für die Abwechslung, für das ganze Konzept, die Show, verstehst du?«

Ich zuckte mit den Schultern: »Dann gehe ich eben zum Friseur.«

»Gleich morgen?«

»Kein Problem.«

»Sehr schön, Ines. Das gefällt mir. Wir werden sicher gut zusammenarbeiten.«

Auf dem Nachhauseweg überfiel mich leichte Panik. War ich komplett verrückt? Konnte ich die Folgen absehen? Was bedeutete das für mein Leben? Was würde als Nächstes passieren? Wenn mir damals jemand gesagt hätte, wie sich diese kleine Haferstichelei entwickeln würde – ich hätte ihn ausgelacht.

Am Montag war ich so durcheinander, dass ich einem Mitstudenten in der Schule von dem Wettbewerb erzählen musste.

»Das musst du publik machen!«, riet er mir.

»Wie meinst du das?«

»Die regionale Presse sollte davon erfahren. Hast du ein Foto?«

»Ja, hab ich«, sagte ich artig, ohne mir darüber Gedanken zu machen, warum die regionale Presse etwas erfahren sollte. Manchmal bin ich schon ein rechtes Schäfchen. Zum Glück – denn sonst wäre alles Folgende ja auch nicht so gelaufen, wie es dann kam.

»Bring mir das Foto mal mit«, forderte mich der Kommilitone auf. »Ich kenne da jemanden, dem gebe ich es.«

Ich fragte den Hobbyfotografen um Erlaubnis und überreichte meinem Mittelsmann am nächsten Tag einige Fotos. Er hatte sich mir zwischenzeitlich als Hobbyschriftsteller offenbart, schrieb einen Artikel und schickte ihn mit den Bildern an die Presse.

Meine Klassenkameradin Nadine fand meine roten Haare »affengeil«. Ich konnte Nadine gut leiden und verbrachte gern mal eine Pause mit ihr. Nadine fand auch den Wettbewerb großartig. Sie ist drei Jahre jünger als ich, und wenn sie mir manchmal von ihren Jungsgeschichten erzählte, fühlte ich mich zurückversetzt in meine eigene Jugend. Das mag komisch klingen, doch mit Tim und all den Verpflichtungen war ich mittlerweile ganz schön erwachsen. Ich bat Nadine, den Wettbewerb nicht an die große Glocke zu hängen, und weil ich ihr vertraute, berichtete ich ihr auch von meinem Gespräch mit Renate.

»Du hast den Vertrag schon unterschrieben?«, fragte Nadine skeptisch.

Ich nickte.

»Aber so was macht man nicht.« Nadine zögerte. Auf einmal war sie die Erwachsene. »Hast du ihn einem Anwalt gezeigt?«

»Wieso denn einem Anwalt?«

»So was macht man nun wirklich nicht«, wiederholte Nadine und zog die Stirn in Falten.

»Ja, ich weiß schon. Aber Renate wollte ihn gleich wieder mitnehmen.«

»Hm«, machte Nadine und drückte damit eine gewisse Besorgnis aus, deren Hauch mich auch schon einmal gestreift hatte.

Abends besuchte mich Nadine, und wir lasen den Vertrag in Ruhe und mit höchster Aufmerksamkeit durch.

»Das ist ein Knebelvertrag«, stellte Nadine fest.

Kürzlich hatte ich in einer Zeitung gelesen, dass auch die Teilnehmer von TV-Casting-Shows solche Verträge unterzeichnen müssen. Im Falle des Erfolgs ist man dann langfristig gebunden – und das meist zu ungünstigen Bedingungen.

»Ich gewinne sowieso nicht«, sagte ich.

»Da wäre ich mir an deiner Stelle nicht so sicher«, erwiderte Nadine trocken.

Eines Morgens überreichte mir der Hobby-Schriftsteller mit vielsagendem Gesichtsausdruck eine Zeitung. Vielleicht zitterten meine Finger ein wenig, als ich sie bemüht gelassen durchblätterte. Da! Da bin ich! Oder sie? Eine junge hübsche Frau im Rollstuhl. Sympathisches Lächeln. War ich das? Ich überflog den Artikel mit der Ankündigung des Wettbewerbs zur schönsten Rollstuhlfahrerin international. Ich las ihn noch mal. Ich starrte das Foto an. Karussell im Kopf. Irgendwie erschien mir das völlig übertrieben. Ich war total normal, und jetzt sollte ich plötzlich etwas Besonderes sein, wie es in dem Artikel stand? Ich war doch einfach nur Ines – und ziemlich geschmeichelt. An diesem Tag bekam ich relativ wenig vom Unterricht mit.

Dieser Artikel blieb nicht der einzige. Viele Zeitungen zogen mit, und nach einigen Wochen überflog ich die Artikel nur noch. Im Grunde stand in allen das Gleiche: junge Frau, schweres Schicksal, mutig, tapfer, glückliche Mutter, attraktives Model. Manchmal fand ich ein Zitat von mir, das ich so bestimmt nicht gesagt hatte. Es war mir beispielsweise neu, dass ich schon als kleines Mädchen vom Modeln träumte – was ja in der DDR nicht möglich war. Ich verbuchte das unter der Rubrik: Man lernt nie aus. Wirklich interessant, welche mir bislang verborgenen Geheimnisse über mich selbst nun verraten wurden.

Eine der Veröffentlichungen bescherte mir eine große Überraschung. Als mein »Heimatblatt«, die Freiberger Zeitung, über mich berichtete, erhielt ich eine Mail von Andi:

»Hallo Supermodel! Ich bin von den Socken! Und total stolz auf dich! Du siehst gigantisch aus. Ich seh dich im Fernsehen? Alles Liebe, Andi.«

Darüber freute ich mich sehr. Meine Eltern freuten sich weniger. Sie hatten Angst um mich. Ich würde mir zu viel zumuten. Schließlich musste ich mich um Tim und mein Studium kümmern. Meine Omas kauften gleich mehrere Ausgaben der Zeitung und schnitten den Artikel aus. Der Apotheker meiner Tante hängte den Artikel an sein Schwarzes Brett, und eine Nachbarin meinte, man müsse jetzt sicher ein Album anlegen, da würde bestimmt noch was nachkommen. »Eins wird nicht genügen bei unserer Ines«, erwiderte mein Opa augenzwinkernd.

Und es kam was nach. Es begann mit Zeitschriften, und eines Tages fragte das Fernsehen an – Andi, der Prophet! Ich startete bei kleinen, regionalen Sendern und wurde durchgereicht über die Privaten bis zum ZDF.

Mit Fotokameras konnte ich zu diesem Zeitpunkt schon recht gut umgehen. Ich war inzwischen bereits in einige Studios zum Shooting eingeladen und von Fotografen abgelichtet worden, die auch mit Profi-Models arbeiten. Die Termine liefen alle nach dem gleichen Schema ab. Als Ines, wie Ines nun mal aussieht, setzte ich mich vor den Spiegel. Dann wurde ich gepudert, geschminkt, getuscht und frisiert. Am Ende saß eine schöne fremde Frau vor dem Spiegel, die zufällig auch Ines hieß. Bin das wirklich ich? Ja! Ich bewunderte die Stylisten, wie sie das schafften. Ich genoss es, sie zaubern zu lassen. Ich brauchte nichts tun, nur ihren Anweisungen zu folgen. Augen zu, Augen auf. Mund spitzen, Mund zu, jetzt nicht klimpern, nach oben schauen. Am liebsten mochte ich das Gefühl, wenn ein Pinsel zart übers Augenlid strich.

Die passive Zeit in der Maske war wie eine Tiefenentspannung zur Vorbereitung auf das Shooting. Dann war ich aktiv »in Action« gefragt. Und das machte mir einen Riesenspaß. Ich liebe es, mit der Kamera zu flirten. Keine Ahnung, warum, aber es ist mir immer leichtgefallen. Ich begriff schnell, worauf es ankam, und konnte die Anweisungen der Fotografen gut umsetzen. Ich vergaß alles um mich herum, war total da, im Jetzt – und wahrscheinlich sogar glücklich, was ich in dem Moment allerdings gar nicht merkte, weil ich so konzentriert bei der Sache war. Ich guckte in die Linse, setzte die gewünschten Blicke auf und flirtete drauflos. Und da wusste ich, warum ich das alles machte: Weil es mir so viel Freude bereitete.

Ich habe mich nicht beworben, um ein berühmtes Fotomodell zu werden oder nach New York, London, Tokio, Paris zu jetten. Ich bin eher der häusliche Typ und fühle mich pudelwohl, wenn ich nicht ständig unterwegs sein muss. Doch hin und wieder kleine Ausflüge und dann wieder zurück – das gefiel mir. Ich machte mir keine Gedanken, wohin das alles führen sollte. Spontan, aus einer Laune heraus hatte ich mich beworben, und genauso spontan machte ich weiter.

Natürlich meine ich es ernst, wenn ich sage, dass Menschen mit Behinderung Zuspruch und Ermutigung benötigen und die meisten Menschen viel zu wenig darüber wissen, was es bedeutet, als behindert eingestuft zu werden. Ich bin mir auch bewusst über meinen Auftrag als »Botschafterin«. Dennoch ist dies niemals mein Antrieb gewesen.

Fernsehen war noch mal eine Spur aufregender. Da musste ich nicht bloß gucken, sondern auch noch reden. Hilfe! Und mich bewegen. Und zwar ganz natürlich: »Stell dir einfach vor, Ines, die Kamera sei gar nicht da. Bleib ganz locker.« Klar doch. Nichts leichter als das. Ich war tierisch nervös. Aber auch das ging vorüber.

Die Fernsehauftritte brachten mir die Erkenntnis, dass Schauspielerin nicht mein Traumberuf ist. Trotzdem mochte ich diese Auftritte, denn ich sammelte neue Erfahrungen und lernte viel. Es ist wie immer, wenn ich vor Herausforderungen stehe. Zuerst will ich nichts damit zu tun haben, dann motiviere ich mich – und schließlich bin ich mit Feuereifer dabei. Nachträglich bin ich sehr froh, dass ich nicht gekniffen habe – und manchmal richtig stolz auf mich.

Die Ausflüge in die Medienwelt waren wie kleine Prüfungen für mich. Am schönsten war es, alles absolviert zu haben und wieder zu Hause zu sein. Hin und wieder kam auch ein Filmteam zu mir und drehte dort einen Beitrag. Das machte mir ebenso Spaß – und es war auch schön, wenn sie wieder weg waren und ich Zeit für die wirklich wichtigen Dinge meines Lebens hatte. Medien sind Zeitfresser. Alles dauert ewig. Für einen Fünf-Minuten-Beitrag wird ein ganzer Tag verschwendet, wenn nicht gar zwei. Und ich musste doch lernen. Und wollte mit Tim spielen. Und mit Sita Gassi gehen. Denn zu meiner großen Freude – wenn auch im unpassenden Moment – kam Sita zurück.

Eines Tages klingelte es überraschend an meiner Tür. Da stand Markus – mit Sita: »Ich habe einen neuen Job. Da kann ich keinen Hund mitnehmen. Entweder du behältst Sita oder ich bringe sie jetzt sofort ins Tierheim.«

Das war typisch Markus. Anstatt sich zu entscheiden, wälzte er die Entscheidung auf mich ab. Ich überlegte keine Sekunde und bedankte mich artig bei ihm, dass er mir Sita gebracht hatte. Nicht auszudenken, er hätte sie tatsächlich im Tierheim abgegeben und mir womöglich nichts davon gesagt! Als Markus weg war und ich Sita ausgiebig begrüßt hatte, war es Zeit, mir Gedanken zu machen. Die Frage, ob meine Entscheidung richtig war, stellte sich nicht für mich, es ging darum, wie ich Sitas

Bedürfnisse mit Tims und meinem Alltag verbinden konnte. Als meine Eltern und verschiedene Bekannte und Schulkameraden mitbekamen, dass ich nun auch noch einen Hund hatte, konnte ich mich vor Mut machenden Tipps kaum retten.

»Bist du verrückt?«

»Gib sie weg!«

»Das schaffst du nicht!«

»Stell sie Markus vor die Tür und hau ab.«

Oft blieb es bei der Kurzfassung: »Um Gottes willen!«

Dass es nicht einfach werden würde, war mir klar. Doch noch viel schwieriger wäre es für mich gewesen, dem Tierheim zuzustimmen. Wir mussten nun alle zusammenhalten. Ich rief Sita zu mir, sie legte ihren Kopf auf meine Knie und hob den Blick. Und dann führten wir ein ernstes Gespräch, in dem ich ihr die Situation erklärte.

»Auf das Morgen-Gassi musst du hier verzichten. Das schaffe ich nicht, weil ich den Tim ja für den Kindergarten fertig machen muss. Für dich bedeutet das, du musst morgens mit dem Garten vorliebnehmen. Tut mir leid, anders geht es nicht. Wenn das Wetter schön ist, kannst du gerne draußen bleiben bis Mittag. Das gefällt dir bestimmt gut. Wenn es nicht so schön ist, kannst du im Haus bleiben und in deinem Körbchen schlafen. Da leg ich dir noch ein Kissen rein. Das ist sicher recht gemütlich, und noch ehe du dich dreimal umgedreht hast, ist schon Mittag, und ich komme nach Hause. Dann machen wir einen langen Spaziergang mit Tim. Richtig lang, Sita. So, wie du es noch mit Marcky kennst, als ich den Trac neu hatte. Abends wirst du noch mal mit dem Garten vorliebnehmen müssen. Außer am Wochenende. Da können wir dreimal täglich raus. Was meinst du?«

Sita stieß einen abgrundtiefen Seufzer aus und ließ ein behagliches Brummen folgen. Ich wertete das als Zustimmung.

Tim war hellauf begeistert von Sita. Schon nach wenigen Tagen wusste ich, dass ich mich nicht überforderte. Die Freude überwog. Außerdem hatte ich einen Joker: Markus hatte mir in die Hand versprochen, dass er sich bei Bedarf um den Hund kümmern würde. Unser Umgang war nun recht locker, manchmal sogar kameradschaftlich. Hin und wieder sagte er zwar einen vereinbarten Termin ab, dafür war es aber auch kein Problem, einen anderen kurzfristig zu verschieben. Wir einigten uns immer. Eigenschaften, die mich in der Beziehung mit Markus gestört hatten, kamen mir nun entgegen. Dass er eben nicht auf besprochenen Verabredungen beharrt, sondern flexibel und spontan reagiert. Nun ja, fast immer.

Einmal bat ich ihn am Telefon, Tim eine Stunde später zu holen und eine Stunde später zu bringen.

»Ne, das klappt nicht!«, sagte Markus. »Ich will schließlich auch mal weggehen. Wann soll ich denn ausgehen?«

Es verschlug mir die Sprache. Der arme Markus hatte nicht mal die Gelegenheit auszugehen, weil er sich jedes Wochenende einen ganzen langen Tag um seinen Sohn kümmern musste. Nicht, dass ich mich beschweren wollte. Ich war vollkommen zufrieden mit der Situation. Dennoch fand ich seine Reaktion gewöhnungsbedürftig. Trotz aller Freundschaft gab es die eine oder andere Zankerei an der Haustür. Markus rauchte, obwohl das Gift für Tim war. Markus weigerte sich, eine Jacke für Tim mitzunehmen, obwohl ein eisiger Wind pfiff. »Wir sitzen doch bloß im Auto.«

»Und wenn ihr einen Unfall habt?«, fragte ich. Das wollte ich natürlich nicht, aber wie sollte ich Markus erklären, dass man die Jacke doch zumindest mitnehmen konnte? Für den Notfall. Unsere Missverständnisse wuchsen sich nie zu Konflikten aus. Wir waren beide sehr bemüht, eine gute Verbindung aufrechtzuerhalten. Wir wollten uns gegenseitig nicht im Weg stehen –

und so ist es bis heute geblieben. Markus wohnt mittlerweile in Karlsruhe und freut sich, wenn er Tim im Saarland besucht. So hat sich alles wunderbar gefügt.

Die Gespenstheuschrecke

Im Sommer 2007 lernte ich meine Mitfinalistinnen in Hannover bei einem Pressewochenende kennen. Nadine begleitete mich und kümmerte sich um Tim. Die beiden verstanden sich prima. Wir waren in einem noblen Hotel untergebracht und genossen die Abwechslung zum Studium. Leider blieb mir nicht viel Zeit zur Entspannung. Die Finalistinnen wurden pausenlos fotografiert und interviewt. Bei all dem Rummel merkten wir gar nicht, dass wir »behindert« waren – und genau dies war auch Sinn und Zweck der Veranstaltung, wie es im Pressetext hieß. Der Model-Contest für Frauen im Rollstuhl sollte uns die Möglichkeit geben, uns in erster Linie als Frauen zu erleben. Wir sollten uns auch jenseits therapeutischer Belange und medizinischer Fragen mit unserem Äußern beschäftigen. Das machte großen Spaß! Meine Mitfinalistinnen waren ausnahmslos schöne Frauen. Ich rechnete mir wenige Chancen aus. Dabei sein ist alles. Ich freute mich darüber, so viele junge Frauen kennenzulernen, die sich in einer ähnlichen Situation wie ich befanden. Leider hatten wir Kommunikationsprobleme. Wir verständigten uns mit Händen und Füßen – also mit Händen. Eigentlich ein komisches Sprichwort. Wer redet schon mit Füßen! Unter anderem gab es zwei Italienerinnen, eine Schwedin, eine Serbin. Ich war die einzige Rollstuhlfahrerin, die in dieser Zeit Mutter geworden war. Andere Mütter hatten ihre Kinder als Fußgängerinnen zur Welt gebracht. Es gab einige junge Frauen, die sich sehr nach einem Kind sehnten – und keine Schwangerschaft wagten. Sie bombardierten mich mit Fragen, und ich sprach ihnen Mut zu.

»Aber wie hast du dies gemacht und jenes ...« – immer neue Details fielen ihnen ein, und ich verriet ihnen meine praktischen Lösungen. Und außerdem: »Ein Kind wächst so schnell – das erlebe ich nun mit Tim. Wenn man überlegt, wie kurz der Zeitraum ist, in dem ein Kind komplett auf die Mutter angewiesen ist, dann ist es absolut realistisch, diese Spanne zu organisieren. Es ist nicht lebenslänglich so aufwendig und anstrengend wie mit einem Säugling, das muss man einfach mal in den Kopf kriegen. Es ist lediglich ein Abschnitt. Im Vergleich zu einem ganzen Leben ist die Zeit, in der man ein Baby mit sich herumträgt oder wickelt oder badet sehr begrenzt. Jeden Tag wird das Kind selbständiger – und damit lösen sich auch viele Probleme.«

Ich erzählte davon, wie Tim mir mit seinen zweieinhalb Jahren jetzt schon manchmal zur Hand ging, und war überglücklich, als ich merkte, dass ich den Kinderwunsch bei der einen oder anderen Finalistin vom Reich der Träume in greifbare Nähe rücken konnte.

»Aber du kannst deine Finger bewegen. Das ist wichtig! Ich kann meine Finger nicht bewegen. Bei mir ist das nicht machbar«, entgegnete eine der Frauen mit unglücklichem Gesicht.

Ich widersprach ihr: »Eine Mutter ist nicht nur eine Mutter, weil sie ein Kind wickelt oder ihm die Socken anzieht. Eine Mutter ist da. Darauf kommt es an. Bitte glaub mir, die Angst, das Kind nicht gut versorgen zu können, verschwindet im Alltag.« Obwohl ich selbst absolut überzeugt von meinem eigenen Entschluss war und ihn noch nie bereut hatte, beschönigte ich nichts: »Ja, am Anfang ist es bitter, wenn du als Mutter zusehen musst, wie eine Krankenschwester dein Baby wickelt, weil deine Arme zu kurz sind und du nicht rankommst. Aber zu Hause hast du einen unterfahrbaren Wickeltisch und alles, was du brauchst. Im Arm halten kannst du dein Kind immer, und es kann auf deinem Bauch liegen. Du kannst es streicheln und fühlen und mit ihm in einem Rhythmus atmen.«

Die Augen der jungen Frau schimmerten feucht. Sie blinzelte heftig, damit die Schminke nicht zerlief. Ich legte ihr meine Hand auf das Bein.

»Gestern Abend zum Beispiel«, sagte ich. »Da ist mein kleiner Sohn Tim in meinem Arm eingeschlafen. Mit seinem Kopf ist er immer näher an mich herangerutscht, bis seine Haare mich am Hals gekitzelt haben. Ich habe ihn atmen gehört und seine Wärme gespürt, und er hat sich fest an mich gekuschelt. Dafür brauche ich keine Finger, verstehst du?«

Sie nickte.

Das war meine Botschaft an diesem Wochenende: Traut euch! Der Rollstuhl hindert euch nicht daran, Mutter zu werden!

Einer der Höhepunkte des Pressewochenendes war eine Foto-Session im Zoo von Hannover. Für einen Kalender wurde jede Finalistin mit einem anderen Tier fotografiert, darunter ein Elefant, Papageien, eine Würgeschlange, ein Waschbär und Ziegen. Ich sollte mit einer Gespenstschrecke abgelichtet werden: im Gesicht! Leider regnete es an diesem Tag – doch ich hatte Glück: Insekten mögen es warm, und ich musste nicht irgendwo im Kalten warten, bis ich an die Reihe kam, sondern im Terrarium.

»Sie haben hoffentlich nichts gegen Insekten?«, fragte mich ein Pfleger augenzwinkernd.

Ehrlich gesagt hatte ich mir darüber noch nicht allzu viele Gedanken gemacht. Ich schüttelte den Kopf.

»Gibt ja Leute, die werden bei so was hysterisch«, meinte er.

»Nein, nein«, sagte ich, was ich auch schon einmal am Telefon zugesichert hatte, als man mich fragte, ob ich mit einem Insekt als Requisite einverstanden wäre.

»Wir nehmen ein Weibchen«, erklärte der Pfleger, »die sind größer.«

Schön war die Gespenstschrecke, die auch Gespenstheuschrecke genannt wird, nicht. Aber sie war gar nicht so gruselig, wie ihr Name klingt. Auf jeden Fall war dieses golden schimmernde Insekt ein faszinierendes Geschöpf.

»Na, dann wollen wir mal«, sagte der Geisterdompteur und setzte mir die Heuschrecke auf die Hand. In einem Reflex zog ich sie weg. Beim zweiten Versuch klappte es. Doch ich musste mich überwinden. Ich atmete tief durch, und dann fand ich es nur noch cool. Die Widerhaken des Insekts kribbelten auf meiner Haut. Es kroch meinen Arm hoch. Ich musste gut aufpassen, dass es nicht abstürzt, und legte meine zweite Hand wie ein Sicherheitsnetz darunter. Es war ein sanftes, zartes Gefühl, wie die Gespenstschrecke an mir hochkletterte. Als die Heuschrecke meinen Hals erreichte und der Pfleger den Test beendete und sie wegnahm, hätte ich sie gern noch ein wenig behalten.

Beim Shooting durfte ich sie noch einmal an mir krabbeln lassen, doch da musste ich mich zu sehr auf die Anweisungen des Fotografen konzentrieren, als dass ich ihre zarten Berührungen hätte genießen können.

Spielraum

Endlich Sommerferien! Das Sahnestück meiner Studentinnenzeit. Eigentlich hätte ich nun sehr viel lernen müssen. Doch durch die Vorbereitungen auf den Contest, meine Ausflüge mit Tim und Sita und den Haushalt inklusive Garten, der im Sommer auch mehr Arbeit machte, schaffte ich es nicht jeden Tag.

Schließlich beschloss ich, einfach so weiterzumachen wie bisher. Ich lernte gezielt für die Klausuren und passte im Unterricht gut auf. Das war für mich die beste Strategie. Ich möchte mir den Kopf nicht vollstopfen mit Dingen, die ich im Moment nicht benötige. Hin und wieder bedauerte ich es, dass mir die Zeit dafür fehlte, meinen vielfältigen Interessen nachzugehen. Wenn im Unterricht ein komplexer Begriff fiel oder ich etwas über einen interessanten Sachverhalt las, hätte ich gern mehr gewusst – doch ich konnte es mir zeitlich nicht leisten, mich tiefer einzuarbeiten. So konzentrierte ich mich also auf das Wesentliche und war hellhörig, sobald die Dozenten eine Andeutung bezüglich des Prüfungsstoffes fallenließen. Gelegentlich sagten sie Dinge wie »Das ist wirklich wichtig« oder »Das sollten Sie sich merken«. Oft wurden genau diese Themen in den Klausuren abgefragt. In meinem ersten Jahr glänzte ich mit der besten Durchschnittsnote, was mich sehr stolz machte.

Unser Kurs war ein bunt zusammengewürfelter Haufen zwischen Mitte zwanzig und Mitte vierzig. Die Scheidungsrate war sehr hoch. Es gab auch einige Eltern, doch ihre Kinder waren alle älter als Tim. Wir lernten Verwaltungsrecht, Staatsrecht, Kommunalrecht, Polizeirecht, Betriebs- und Volkswirtschaftslehre. Was knochentrocken klingen mag, kann ziemlich spannend sein – es liegt lediglich an der Fähigkeit der Dozenten, den Stoff interessant zu vermitteln. Zu meiner eigenen Überraschung fand ich die Rechtsfächer richtig interessant. Es macht mir Freude, mit Gesetzen zu arbeiten.

Im Unterricht lernten wir häufig an Praxisfällen. Zum Beispiel: A schlägt B auf die Nase. Was wie ein einfacher Sachverhalt aussieht, betrifft unter Umständen viele Paragraphen, und diese sollten wir finden und auslegen. Das fiel mir leicht, da ich schnell denken und reden kann und ein Talent dafür habe, mir Dinge aus den Fingern zu saugen. Die Gesetze sind gar nicht so streng, wie es den Anschein hat. Sie lassen einen gewissen Spielraum, in dem man sich bewegen kann – es kommt darauf an, die richtigen Argumente zu finden. Wirtschaftsbezogene Rechenaufgaben machten mir weniger Spaß. Umso mehr wundert es mich heute, wie gut ich mit den vielen Zahlen zurechtkomme, die zu meinem neuen Aufgabenbereich gehören.

Der Nachbar

Nur noch selten schaute ich in meinen Briefkasten bei der Internet-Community. Ich hatte keine Zeit mehr für das Internet, nachdem es so viel ins Rollen gebracht hatte in meinem Leben. Eines Tages fand ich einen sehr langen Text in meinem Briefkasten, der schon vor einer Weile abgeschickt worden war. Das war keine Mail, das war eher ein Brief. Thomas schrieb mir, dass er mich auf dem Feuerwehrfest in Limbach gesehen habe und mich dafür bewundere, wie ich mein Leben meistere. Sein Brief war nicht nur sehr gut geschrieben, sondern auch sehr einfühlsam. Er brachte eine Saite in mir zum Klingen.
Ich hatte eine leise Ahnung, wer hinter diesem Thomas stecken könnte. War das der Feuermann, der mich damals an der Wand lehnend beobachtet hatte? Ach, wie unglücklich war ich an diesem Samstagnachmittag gewesen, weil Markus lieber auf dem Sofa blieb, als mit mir und Tim zum Feuerwehrfest zu gehen. All die glücklichen und stolzen Papas dort. Und ich: allein. Heute war ich auch mit Tim allein, doch diesmal aus freien Stücken und im Großen und Ganzen ziemlich glücklich. Ich schrieb Thomas sofort zurück. Natürlich verzichtete ich darauf, ihm meinen Gedanken vom Feuerwerfest zu offenbaren: Was glotzt der so! Ich war damals nicht gut gelaunt gewesen.
Wir wechselten noch ein paar Mails, dann schlug ich einen

Hundespaziergang am Sonntag vor, wenn Tim bei Markus sein würde. Thomas hatte zwar eine eigene Wohnung, besuchte jedoch sehr oft seine Eltern, die in meiner Nähe wohnten. Mit meinem Trac und Sita machte ich mich auf den Weg zu Thomas – er kam mir auf halber Strecke entgegen. Nach der Begrüßung war es ein bisschen steif. Thomas wirkte angespannt. Sita half mir dabei, die Situation zu entkrampfen. Für mich war das lediglich ein nachbarschaftlicher Kontakt. Ich kannte noch nicht so viele Leute in der Gegend und freute mich über jede neue Bekanntschaft.

Ich fand Thomas sehr nett, allerdings war er mir in seinem Brief nähergekommen als beim Spaziergang. Ich nahm ihn als ernst und überkorrekt wahr. Irgendwie wurde ich nicht richtig warm mit ihm. Als ich später darüber nachdachte, warum er mir im Brief so viel vertrauter erschienen war, vermutete ich, das läge vielleicht an seiner Lippen-Kiefer-Gaumen-Spalte. Damit war er zur Welt gekommen und im Lauf der Jahre mehrfach operiert worden. Das ist bestimmt ein hartes Schicksal. Krankenhausaufenthalte, Hänseleien anderer Kinder – und wahrscheinlich war die Medizin damals noch nicht so weit wie heute. Thomas hatte es sicher nicht leicht gehabt, und vielleicht war er deshalb so ernst.

Was bei einem persönlichen Treffen nicht zu verheimlichen war und unser Gespräch manchmal stocken ließ, hatte er schon in seinem Brief in einfühlsame Worte gekleidet. Während bis zu meinem 19. Lebensjahr alles leicht und locker und fröhlich verlief, war es bei ihm genau umgekehrt. Er hatte schwere Zeiten hinter sich, ehe er alle Operationen überstanden hatte. Heute sieht man ihm sein Handicap kaum mehr an. Es gefiel mir, dass Thomas so offen über sein Schicksal sprach. Er war diesbezüglich völlig frei. So wagte ich es auch, ihn zu fragen, ob die Lippen-Kiefer-Gaumenspalte vererbbar sei. Thomas grinste:

»Ich habe mich noch nie zuvor nach einer Stunde Kennenlernen mit einer Frau über meine Eignung als Vater unterhalten.«
Vor Lachen konnte ich mich kaum mehr halten. Das war ein sehr schöner und unbeschwerter Moment, in dem ein anderer Thomas aufblitzte.

Das Finale

Auch zum Finale begleiteten mich Tim und Nadine. Es fand am 1. Oktober statt. Vor einem Jahr war Marcky eingeschläfert worden, ich hatte mich von Markus getrennt und mein Studium begonnen. Nun war ich Finalistin in einem Schönheitswettbewerb. Was für ein Jahr!
Schon eine Woche vor dem großen Event reisten wir an, um den Ablauf der Show einzustudieren, Kleider anzuprobieren, Interviews zu geben und fotografiert zu werden. In verschiedenen Grüppchen sollten wir verschiedene Choreographien vorführen. Eine sehr nette Tanzlehrerin probte täglich mit uns. Während sich meine Aufregung während der Vorbereitung in Grenzen hielt, da ich rund um die Uhr beschäftigt war, steigerte sie sich am Abend der Vorstellung ins Unermessliche. Ich litt schrecklich unter Lampenfieber, als die ersten Gäste in den Saal strömten. Mit meinen Mitfinalistinnen wartete ich hinter der Bühne. Ich bekam kaum Luft vor Nervosität. Alles, was ich mir in diesen Momenten wünschte, war, dass der Abend so schnell wie möglich vorbei sein sollte und ich in meinem Hotelbett liegen dürfte oder noch besser: schon wieder zu Hause wäre.

Meine Gruppe war die erste, die sich dem Publikum und der Jury präsentieren sollte. Es gab kein Zurück. In diese Situation hatte ich mich selbst gebracht. Ich legte meine Hände an die

Greifreifen und ergab mich meinem Schicksal. Zu dritt führten wir unsere Choreographie auf. Alles klappte prima. Das Licht strahlte mich an. Wie früher im Freiberger Karneval Klub FKK. Doch es war heller. Und alles war größer, professioneller. Dennoch war es eine Bühne, und dort hatte ich mich immer wohl gefühlt. Hoch die Beine. Höher. Cancan. Ich rollte links herum und rechts herum, meine Füße standen fest auf dem Fußbrett, wohin ich sie gehoben hatte, und ich wedelte mit den Armen. Nein, es war anders als früher. In Freiberg hatten wir die Leute unterhalten. Heute stellte ich mich einer Jury, die mich bewertete.

Nach dem Tanz wurde jede von uns interviewt. Das war noch schlimmer. Reden! Doch ich war meinem Hotelbett schon ein Stück näher gekommen. Ich würde auch das schaffen. Was heißt da würde. Ich musste! Mir blieb keine Wahl. In einer Reihe standen wir zu dritt auf der Bühne. Bestimmt fängt die Moderatorin auf der anderen Seite an, schoss es mir durch den Kopf. Viele Leute beugen sich lieber nach links als nach rechts.

»Ines, Sie haben Ihren Sohn mit dabei?«, eröffnete die Moderatorin die Runde mit mir.

»Der liegt hoffentlich schon im Bett und schläft«, erwiderte ich. Nicht gerade brillant, aber so war es nun mal.

»Und wie findet er es, dass seine Mama heute Abend hier teilnimmt?«

»Super findet er das. Und er drückt mir auch ganz fest die Daumen, denn wenn ich gewinne, kriegt er einen Trettraktor.«

»Einen bitte was?«

»Einen Trettraktor. Ein Nachbarsjunge hat so einen. Tim fand dieses Gefährt schon als kleiner Wurzelzwerg super. Da wäre er noch gar nicht runter zu den Pedalen gekommen. Doch jetzt ist er groß genug dafür, und wenn es gut für mich läuft, kriegt er seinen Trettraktor.«

Der Trettraktor sorgte für einige Erheiterung im Publikum, und die Moderatorin blieb beim Thema Mutter, worin ich mich sattelfest fühlte. Auf einmal war das Gespräch beendet. Ich konnte es kaum fassen, als meine Nachbarin an die Reihe kam. Den Trettraktor wurde ich nicht mehr los. In vielen Interviews sprach man mich darauf an. Er ratterte wie ein Running Gag durch die Veranstaltung.

Nach der Pause im zweiten Teil der Veranstaltung traten wir in Abendgarderobe auf. Die Musik war ruhiger, unsere Choreographie langsamer. Ich war nicht hundertprozentig mit meinem Kleid zufrieden, es lag sehr eng an, dennoch fühlte ich mich etwas entspannter.

Zur Jury gehörte auch das amerikanische Model Bruce Darnell. Ich kannte ihn von *Germany's Next Topmodel* und war überrascht, dass er noch größer und dünner war, als ich vermutet hatte. Bruce unterhielt das Publikum, während die Jury sich beriet. Auf einmal wollte ich gewinnen. Für Tim. Obwohl er den Trettraktor auf jeden Fall kriegen würde.

Insgesamt wurden vier Preise vergeben. Platz 1 bis 3, zusätzlich ein Sonderpreis der Naturkosmetikfirma *Logona,* der kurzfristig ausgeschrieben worden war. Endlich kam die Jury zurück. Wir Finalistinnen standen im Halbkreis auf der Bühne. Es war ziemlich eng, Rollstühle brauchen viel Platz. Der Moderator trat auf. Bla bla bla. Zuerst würde der Sonderpreis vergeben. Bla bla bla. »Wir haben uns für Ines entschieden.«

Huch! Hilfe! Das bin ich!

Wie in Trance rollte ich ins Rampenlicht. Der Moderator überreichte mir eine Einladung zu einem Foto-Shooting, gratulierte mir, und ich rollte zurück zu meiner Herde. Ein paar Minuten bekam ich gar nichts mehr mit. Ich war perplex. Ich hatte tatsächlich einen Preis gewonnen! Und das Tollste: Ich gewann ihn nicht als Miss Rollstuhl. Ich hatte mit meinem Gesicht gewonnen! Ich würde mit meinem Gesicht und meinen Haaren für die Produkte dieser Marke werben. Ich hatte einen Job. Einen Model-Auftrag! Cool!

Der dritte Preis wurde vergeben. Nur interessehalber spitzte ich die Ohren. Ich rechnete nicht damit, zwei Preise abzusahnen, aber wenn ich schon mal da war ... Ich spitzte auch die Ohren beim zweiten und ersten Preis, und obwohl ich so glücklich über meinen Sonderpreis war, versetzte es mir doch einen kleinen Stich, nicht zu den drei Siegerinnen zu gehören. Ich hatte Höhenluft gewittert und Spaß am Gewinnen gefunden. Ich bin ein ehrgeiziger Typ und verliere nicht gern. Doch in Wirklichkeit hatte ich auf ganzer Linie gewonnen, wie ich nach und nach begriff. Denn der Sonderpreis blieb von den Konditionen des Vertrags unberührt. Ich konnte frei entscheiden, was ich tun und lassen wollte. Ich musste der Agentur keine Rechenschaft ablegen, wie ich mich frisierte, mit welchen Medien ich sprach, wie ich mich kleidete, und ihr auch keine Provision abtreten. Hätte es besser laufen können für mich? Nein!

Zum Glück hatte ich vorher schon eine Homepage eingerichtet. Jetzt hätte ich keine Zeit mehr dafür gefunden. Der Medienansturm war gewaltig und dauerte bis Weihnachten. Später fanden die ersten Shootings für *Logona* statt. Mein Gesicht erschien in vielen Bio-Zeitschriften und -Zeitungen. Ich musste ständig zum Friseur. Und die Wohnung sollte blitzblank aussehen, weil oft Fernsehteams zu mir nach Hause kamen. Und Tim. Und Sita. Und mein Studium. Meine Familie. Irgendwie schaffte ich es. Denn es machte ja auch Spaß, und was man gerne tut, das geht einem leicht von der Hand. Wie ein kleines Bäumchen wuchsen meine Kontakte in die Öffentlichkeit. Hier ein Ästchen, das zu einem Ast wurde, dort ein Zweig, viele neue Blätter.

Das Leben in der Öffentlichkeit ist ganz schön anstrengend, und reich bin ich damit nicht geworden, auch wenn andere das glauben mochten. Für die Zeitungsartikel bekam ich kein Honorar und für die meisten Fernsehauftritte auch nicht. Das lief alles unter PR, wie auch die vielen Berichte in Frauenzeitschriften. In einem Artikel hieß Sita Sandy und Markus hieß Bernd und ich studierte Jura. Ich regte mich nicht über diese Fehler auf. Ich wunderte mich eher.

Der Fotograf einer Agentur gestattete mir, seine Bilder auch anderweitig zu nutzen, so konnte ich ein paar Euro verdienen. Einer Behindertenzeitschrift gab ich kostenlos ein langes Interview. Ein paar Wochen später brachte sie mich als Covergirl, was dann wiederum zu einem Model-Auftrag für eine Rollstuhlfirma führte. Es ist ein Geben und Nehmen. Ich habe viel ohne Verdienst gemacht – und von anderer Stelle kam dann plötzlich etwas zurück. Und genauso bin ich auch zu diesem Buch gekommen. Ein Autor fragte mich, ob er mein Foto für den Titel seines Buches verwenden dürfe, das er im Eigenverlag veröffentlichen wollte. Ich gab meine Zustimmung, verlangte kein Honorar, das Buch landete beim Verlag *Droemer Knaur,* und ein Mitarbeiter recherchierte nach der Frau auf dem Cover. »Möchten Sie Ihre Geschichte aufschreiben?«, wurde ich gefragt.

Hier ist sie.

Der nervöse Nikolaus

Hin und wieder traf ich mich mit Thomas, und wir gingen mit Sita spazieren. Ich war gern mit ihm zusammen, betrachtete ihn jedoch nach wie vor als Nachbarn. Thomas, dieses Eindrucks konnte ich mich nicht erwehren, wollte mich gern in sein Dorf integrieren. Wann immer sich die Möglichkeit ergab, stellte er mich anderen Leuten vor. Einmal lud er mich zu einem Brunch ein. Ich solle auch Tim mitnehmen, es wären viele Kinder dabei. Bei dem Brunch lernte ich einige von Thomas' Freunden kennen: Julia und Florian, Vida und Martin, Silke und Markus mit dem kleinen Yannick, Steffi, Isa und einen zweiten und einen dritten Thomas.

Es war eine fröhliche Runde, und ich fühlte mich wohl. Als ich zur Toilette musste, bat ich meinen Thomas, kurz auf Tim aufzupassen. Später gestand er mir, dass ihn das ein bisschen gestresst habe. Plötzlich sei er allein verantwortlich für ein Kind gewesen – und ziemlich froh, als ich zurückkam.

Egal, wohin ich gehe: Einer meiner ersten Blicke gilt stets den Toiletten. Wo sind sie? Erreichbarkeit? Stufen? Behinderten-WC? Wenn ich eingeladen werde zu einer öffentlichen Veranstaltung, erkundige ich mich oft bei anderen nach den Toiletten. Was die Sauberkeit angeht, bin ich nicht empfindlich – ich war auch schon mal auf einem Männerklo, weil dort die Türen breiter waren. Die Türen sind häufig das erste Problem, denn der Rollstuhl muss ja hindurchpassen. Optimal ist es, wenn es einen Vorraum gibt und einen Toilettenraum. Ich bin schon froh, wenn ich überhaupt an die Toilette heranfahren kann. Da ist es mir dann egal, wenn ich die Tür offen lassen muss, weil sie nach innen aufgeht.

Die Prioritätenliste einer Rollstuhlfahrerin könnte in etwa so aussehen:

1. Platz auf der Toilette
2. Keine Stufen
3. Unterfahrbare Möbel, zum Beispiel in Restaurants
4. Freie Behindertenparkplätze
5. Hilfsbereite Menschen

Auch zu einer Nikolausparty lud Thomas mich und Tim ein. Es rührte mich, wie er sich um unsere Integration bemühte. Thomas war aufgeregt, denn er selbst sollte in die Rolle des Nikolaus schlüpfen.

»Gibt es dort Treppen?«, fragte ich als Erstes.

»Ich kann dich tragen«, erwiderte er hilfsbereit.

Ich besorgte ein kleines Geschenk für Thomas und eines, das der Nikolaus Tim überreichen sollte. Ferner schrieb ich in einigen Zeilen für das goldene Buch des Nikolaus, was Tim gut gemacht hatte und was er verbessern konnte.

Bei dieser Nikolausfeier lernte ich auch Thomas' Mutter Karin kennen. Wir waren uns schon einige Male auf der Straße begegnet, hatten uns jedoch bislang nur gegrüßt. Thomas war ziemlich aufgeregt, als er sich verabschiedete, um sich als Nikolaus zu verkleiden. Oder lag es gar an mir?

»Wo ist der Thomas?«, fragte mich Tim.

»Der musste zu einem Feuerwehreinsatz«, flunkerte ich. »Aber schau mal, da kommt der Nikolaus!«

Und schon war Thomas vergessen.

Nach dem ganzen Rummel hatte ich mir etwas Erholungsurlaub verdient und verbrachte Weihnachten in Freiberg bei meinen Eltern. Zum ersten Mal reiste ich auf Bitte meiner Eltern mit der Bahn. Sie stellten es sich zu anstrengend vor, wenn ich mit dem Auto fuhr – ich musste fahren, tanken, Pipi machen, Tim bei Laune halten und Sita auch mal Gassi führen. Zwischen Saarbrücken und Dresden gibt es eine Direktverbindung. Das klang wunderbar in meinen Ohren und übertönte meine letzten Zweifel.

Einen Tag lang überlegte ich, was ich mitnehmen sollte. Schließlich bestand mein Gepäck aus dem Trac, einem Koffer und einem Riesenrucksack voller Spielsachen für die siebenstündige

Zugfahrt. In letzter Sekunde hatte Lara, die schon oft und immer sehr gern als Hundesitterin eingesprungen war, Sita zu sich genommen. Ein Klassenkamerad brachte mich frühmorgens zum Zug nach Saarbrücken und half mir beim Einsteigen. Als behinderte Zugfahrerin darf ich eine Begleitperson kostenfrei mitnehmen. Später habe ich das auf manchen Fahrten auch genutzt. Bei diesem ersten Mal waren wir allein unterwegs. Es klappte recht gut. Wir bastelten, malten, und Tim erkundete den Zug, wobei mir ziemlich mulmig zumute war, denn mit dem Rollstuhl konnte ich mich in dem schmalen Gang nicht fortbewegen. Tim rannte hin und her und fand manche der Passagiere wesentlich interessanter als seine Mutter, die nicht ständig nach ihm rufen wollte. In einem Notfall wäre ich ihm niemals hinterhergekommen. Als Mutter im Rollstuhl muss ich Tim vertrauen. Es ist mir bewusst, dass ich ihn immer ein Stück weit gehen lassen muss. Ich kann ihn nicht an die Leine nehmen. Er selbst muss ein Gespür dafür entwickeln, was okay ist: »Tim, du weißt, dass ich dir nicht nachkomme, wenn du von mir weggehst. Wenn du hinfällst, musst du auch selber wieder aufstehen.«

»Ich fall nicht hin.«

»Ja, das hoffe ich auch.«

»Und ich geh auch gar nicht weit weg, Mama.«

Je älter Tim wurde, desto mutiger und selbstbewusster zeigte er sich. Das erfüllte mich einerseits mit Freude und Stolz, andererseits kostete es mich häufig Überwindung, ihn ziehen zu lassen. Denn es war mir ja bewusst, dass ich ihm in einer Notsituation nicht würde helfen können.

Einmal spazierte ich mit meiner Freundin Helga und ihrem Sohn Leon im Wald herum, als Leon sich plötzlich umdrehte und losspurtete. Helga rief. Leon kam nicht. Helga brüllte. Leon kam nicht. Also lief Helga ihm nach, denn Leon rannte schnurstracks in Richtung Bundesstraße. Tim und ich guckten uns entgeistert an, und in den Augen meines Sohnes las ich, dass er solch eine Möglichkeit für sich noch nie in Betracht gezogen hatte. Und ich las noch etwas: »Mama, das würde ich nie machen!«

Genauso zuverlässig verhielt Tim sich im Zug. Niemals verließ er das Abteil und kehrte immer wieder zurück zu mir. Die Heimfahrt von Freiberg nach Saarbrücken war wesentlich anstrengender. Ich hatte gehofft, Tim würde sie verschlafen, da wir erst kurz vor Mitternacht zu Hause ankamen, doch Tim war topfit. Erst fünf Kilometer vor Saarbrücken schlief er ein.

Silvester feierte ich mit meinem Nachbar Mike und seiner Tochter Lisa. Mikes Frau Francesca hatte Dienst im Krankenhaus. Mit Lisa, sie ist drei Jahre älter als Tim, hatten wir in diesem Sommer viel Zeit verbracht. Ein bisschen war sie wie die große Schwester von Tim. Die beiden spielten sehr gern miteinander, und ich konnte gut lernen. Staunend erkannte ich, dass zwei Kinder weniger Aufmerksamkeit benötigen als ein Kind. Mal abgesehen davon, dass zwei Kinder noch mehr Spaß machten als eins. Ich speicherte das mal kommentarlos ab.

Der perfekte Mann

Eines Tages traf ich Thomas' Mutter beim Einkaufen. Karin freute sich riesig, mich und Tim zu sehen. Da fiel mir Thomas ein. Oje. Bei ihm hatte ich mich lange nicht gemeldet. Eigentlich hatte ich mich noch nie bei ihm gemeldet. Die Initiative zu unseren Treffen war stets von ihm ausgegangen.

Am Abend rief ich ihn an.

»Ich weiß, ich habe lange nichts von mir hören lassen, aber es ging ziemlich rund bei mir.«

Er klang gekränkt: »Hm.«

»Ja, und die Weihnachtstage habe ich bei meinen Eltern verbracht.«

»Hm.«

»Und du? Hattest du schöne Feiertage?«

»Sind ja auch schon wieder eine Weile rum.«

»Ja, ja. Das ist Wahnsinn, wie die Zeit vergeht.«

»Ja.«

»Und wie geht's dir so?«

»Kann nicht klagen.«

»Das freut mich.«

»Also ich hätte mich jetzt nicht mehr bei dir gemeldet«, wurde
Thomas deutlich.

»Warum?«, fragte ich.

»Weil ich das öfter getan habe, und es kam nichts zurück.«

»Das tut mir leid, Thomas. Bitte nimm es nicht persönlich. Ich
war wirklich total im Stress und brauchte Ruhe.«

»Darf ich dich mal zum Essen zu mir einladen?«, fragte er.

»Gern.«

Thomas' Wohnung begeisterte mich, was Schnitt und Aussicht
betraf. Sie war allerdings ein bisschen zu ordentlich für mich.
Ich mag es lieber improvisiert, und mir ist eine zusammenge-
schusterte Ikea-Einrichtung lieber als die bürgerliche Schrank-
wand. Auch Thomas selbst machte einen ordentlichen, bür-
gerlichen Eindruck auf mich. Er schien perfekt organisiert zu
sein. Ein Bügelfaltenmann. Könnte ich mit so einem Menschen zusammenleben, fragte ich mich. Denn natürlich spürte
ich, dass er mich recht gern hatte. Nein, ich könnte es nicht, beschloss ich.

In seinem Schlafzimmer, das ebenso aufgeräumt war wie alle
anderen Räume, standen ein Keyboard und eine Orgel. Thomas
erklärte mir den Unterschied und spielte mir vor. So etwas hatte

ich noch nie erlebt. Es war sehr schön und ergreifend. Im Spielen veränderte Thomas sich. Sein Gesicht wurde weicher, ja, fast war es, als würde ein wenig Staub durch das Zimmer tanzen, und als Thomas zu spielen aufhörte, hatte die Bettdecke Falten bekommen, die Kissen lümmelten auf der Matratze, und auch auf dem Boden entdeckte ich einige Flusen.

In den nächsten Tagen dachte ich manchmal an Thomas. Mit ihm zusammen zu sein wäre perfekt für mich. Er war aufmerksam, rücksichtsvoll, rundum nett. Einer wie Ringo und noch mehr, denn seine Eltern wohnten nah bei mir und würden bestimmt einspringen, wenn ich mal Hilfe brauchte. Eigentlich wurde Thomas mir wie auf dem Silbertablett präsentiert. Es mochte sehr dumm von mir sein, doch ich wollte bloß mit Thomas befreundet sein, mehr nicht. Ich lud ihn zum Spaghettiessen ein, als Tim bei Markus war, und wir verbrachten einen gemütlichen Abend. Wir waren gerade mit dem Dessert fertig, da räusperte sich Thomas bedeutungsschwanger.

»Ich hab da was für dich. Eigentlich wollte ich es dir gar nicht geben.«

»Warum sagst du es dann?«

»Hm.«

»Hey, das ist gemein! Wenn du es ankündigst, will ich es auch wissen!«

Er lächelte: »Na ja. Okay.«

Dann griff er in seine Hosentasche und zog ein mehrfach gefaltetes Papier heraus. Er öffnete es umständlich, atmete schwer und begann vorzulesen. Es war ein Gedicht. Das er für mich geschrieben hatte! Kein Liebesgedicht, ein freundschaftlich gehaltenes Gedicht. Es haute mich trotzdem um, weil ich damit ganz bestimmt nicht gerechnet hatte, überhaupt hatte ich noch nie in meinem Leben ein Gedicht geschenkt gekommen.

Thomas legte das Blatt auf den Tisch.

»Wahnsinn«, hauchte ich. »Danke!«

»Eigentlich wollte ich es dir zu Weihnachten geben, aber du hast dich ja rar gemacht. Deshalb wollte ich es dir überhaupt nicht mehr zeigen«, erklärte er sein Zögern und schaute mich offen an. Ich las reine Freundschaft in seinem Blick und wurde nicht schlau aus ihm. Ein Gedicht für eine Freundin?

»Warum nicht?«, meinte Katrin, als ich ihr am Telefon davon erzählte. »Es gibt doch Leute, die schreiben gern Gedichte, und wenn du so jemanden kennst, kriegst du ständig Gedichte. Zu jedem Anlass, auch zum Namenstag deines Hamsters. Weißt du, solche können die Tinte nicht halten.«

Ich lachte mich schepps über diesen Satz und meinte: »Ja, vielleicht ist es so. Aber es ist wirklich ein sehr schönes und berührendes Gedicht.«

»Lies doch mal vor«, bat sie mich.

»Nicht am Telefon«, lehnte ich ab.

Von Thomas' Eltern erfuhr ich im Nachhinein, dass Thomas zu dieser Zeit fast nur von mir gesprochen hatte. Ines ist, Ines hat, Ines will, Ines sagt. Thomas streitet das ab. Thomas sagt, er habe nicht den Eindruck gehabt, ich sei an einer über Freundschaft hinausgehenden Beziehung mit ihm interessiert gewesen, und damit hat er recht. Ich konnte es mir nicht vorstellen. Er war mir zu unlocker. Zu perfekt. Es sprang kein Funke über.

Wenn ein Pullover Wunder bewirkt

Es regnete seit Tagen, wenigstens kam mir das so vor. Auch ohne Presserummel hatte ich genug zu tun; in der Schule jagte eine Klausur die nächste. Ich holte Tim aus dem Kindergarten, da begegnete mir Thomas. Wir wechselten ein paar Worte, und als ich ihm von meinem Lernstress erzählte, bot er mir an, mit Sita Gassi zu gehen.

»Das würdest du tun?«

»Ja, das mach ich gerne.«

Eine Viertelstunde später holte er sie ab. Tim kränkelte ein wenig, ich brachte ihn ins Bett und widmete mich den Gesetzestexten. Thomas blieb lange fort. Als er mir Sita zurückbrachte, lud ich ihn wieder zum Spaghettiessen ein, weil ich wusste, dass er am liebsten Nudeln aß.

»Nein danke, ich will gleich los.«

»Jetzt stell dich doch nicht so an! Du warst ewig lange unterwegs.«

»Nein, nein, mach dir keine Umstände. Du musst doch lernen.«

»Jetzt hab ich erst mal Hunger. Also komm rein!«

»Dafür bin ich nicht angezogen.«

»Wie?« Entgeistert starrte ich ihn an.

»Ich bin dafür angezogen, mit einem Hund Gassi zu gehen, nicht dafür, eine Essenseinladung anzunehmen. Das ist mein schlimmster Gassigehpullover.«

Ich verkniff mir ein Grinsen.

»Zeig mal«, forderte ich ihn mit ernstem Gesichtsausdruck auf. Thomas ratschte den Reißverschluss seiner Regenjacke nach unten.

»Hm«, machte ich und verschränkte die Arme vor der Brust.

»Der ist wirklich keine Schönheit. Aber weißt du was? Das ist mir egal. Und außerdem stehen dir die Farben gut.«

»Ich bin nicht dafür angezogen, reinzukommen«, wiederholte Thomas stur.

»Ich bin nicht an deinem Pullover interessiert, sondern daran, was drinsteckt«, wurde ich deutlicher, als mir lieb war.

Thomas grinste und zog seine Schuhe aus.

Ich kochte Spaghetti, Thomas half mir, wir blieben gleich neben dem Herd sitzen und unterhielten uns so gut wie noch nie. Auf einmal war alles ganz anders. Ich konnte nicht erklären, woran es lag, es war, als hätte Thomas sich komplett verändert – oder war es mein Blick, der sich verändert hatte? Oder lag es an diesem Pulli? Ein Schlabberpulli, am linken Ärmel hing sogar ein Faden raus. Thomas war unrasiert, und seine Haare waren ein klein wenig zerwühlt. Sonst war er immer glatt rasiert und trug eine militärisch akkurate Frisur. Normalerweise war Thomas perfekt. Heute sah er fast strubbelig aus. Er saß auch nicht stock-steif kerzengerade auf seinem Stuhl. Er fläzte. Er war nicht aus dem Ei gepellt, das Ei war geköpft und eine feine Spur Dotter rann über die Schale. Lecker! Wenn er lachte, musste ich einfach mitlachen, so ansteckend war das. Seine blauen Augen schauten mich warm und liebevoll an. Ich konnte es nicht fassen, aber ich fand ihn umwerfend. Und total süß. Da machte es klick.

Als Thomas sich verabschiedete, war ich aufgekratzt wie schon lange nicht mehr. Es war mir völlig klar, dass dieser Mann keinen Schritt auf mich zugehen würde. Wenn ich den haben wollte, musste ich aktiv werden. Und zwar energisch. Sonst würde er nämlich nicht kapieren, dass es klick gemacht hatte bei mir. Der Schalter war umgelegt. Ich liebte diesen Pullover!
Am nächsten Vormittag schrieb ich ihm eine SMS. Dass ich den Abend sehr schön gefunden habe und ihn gern wiederholen möchte. Thomas antwortete zuvorkommend, aber zurückhaltend. Offensichtlich lag der Pulli in der Wäsche.
Dann eben die hartnäckige Tour. Ich kochte ihn weich mit SMS. Gegen meinen Charme kam er nicht an. Er geriet ein wenig aus der Fassung, und hin und wieder fand sich ein Fusel auf seinem Hemd, ein Spritzer auf seinem Schuh, ein begeisterter Ausruf oder gar ein aus dem Zaum gebrochener Blick. Rein äußerlich

betrachtet hielt er unsere nachbarschaftlich-freundschaftliche Beziehung aufrecht. Er half mir dabei, in meinem Schlafzimmer einen Vorhang anzubringen. Es gefiel mir, wie er Tim mit einbezog, den er zu seinem Gehilfen erklärte. Diensteifrig reichte Tim ihm einen Dübel nach dem anderen. Die Aktion endete in einer Kissenschlacht. Danach verabschiedete Thomas sich formvollendet.

»Der macht mich wahnsinnig!«, gestand ich Heike am Telefon.

»Will er nicht? Kann er nicht? Oder begreift er nicht?«

Heike kicherte: »An dem beißt sogar du dir die Zähne aus.«

»Das werden wir sehen!«

Mein Jagdfieber war erwacht. Doch Thomas stellte mich auf eine harte Probe. Was ich bei ihm brauchte, war Geduld – und das ist nun mal nicht meine Stärke.

Julia und Florian, Thomas' Freunde, luden uns zu einem Filmabend ein. Auf dem Sofa neben Thomas sitzend bettete ich meinen Kopf auf seine Schulter. Immerhin, er rückte nicht weg. Aber den Arm legte er auch nicht um mich.

Manu kicherte bloß noch, wenn ich anrief: »Ich find den klasse!«

Am 28. Januar 2008 passierte ein Wunder: Thomas küsste mich. Oder ich ihn?

Allmählich erfuhr ich, dass Thomas nach einer großen Enttäuschung beschlossen hatte, allein zu bleiben. Im Grunde genommen hatte er sich schon auf dem Feuerwehrfest in Limbach in mich verguckt. Doch es dauerte Jahre, bis er sich das eingestand. Von diesem Moment an konnten wir beide unser junges Glück genießen.

Noch mal von vorne

Thomas' Mutter Karin begleitete mich zu einem Shooting nach Ulm für eine Firma, die Rollstuhlantriebe fertigt. Wir fuhren weiter nach Isny, wo mir meine Lieblingsrollstuhlfirma einen Werbevertrag anbot. Alles lief wunderbar für mich, und ich fühlte mich sehr wohl mit Karin, die mich sofort in ihr großes warmes Herz schloss. Allerdings nahm Tim dort bestimmt einen noch größeren Platz ein als ich – und das war mir nur recht.

Zu den Filmaufnahmen für den Werbespot begleiteten mich Tim und Thomas nach Stuttgart. In einer Turnhalle sollte ich einen Rollstuhltanz aufführen, Richtung Kamera fahren und meinen Spruch sagen: »Hallo, ich bin Ines Kiefer und seit einigen Jahren Rollstuhlfahrerin. Wie früher als Gardemädchen, tanze ich heute immer noch gern. Für mich ist es wichtig, immer die neueste und modernste Technik für meine Mobilität und Unabhängigkeit zu nutzen.«

Ich sollte den Text ablesen und gleichzeitig in die Kamera blicken. Das war nicht möglich. Also sollte ich den Text auswendig lernen. Normalerweise ist so was kein Problem für mich – aber bitte ohne Zeugen!

»Bist du so weit, Ines?«

Alle starrten mich an. Requisite, Maske, Kameraleute, Ton, Regisseur, jede Menge Assis, also Assistenten. Stress pur. Ich verquatschte mich: »Hallo, ich bin Ines Kiefer, und wie früher als Gardemädchen …«

»Macht nichts, Ines. Wir drehen das gleich noch mal.«

»Hallo, ich bin Ines Kiefer und für …«

»Okay, noch mal.«

Ich schaffte es erst beim fünften Mal, den Satz fehlerfrei zu sprechen. Das war mir sehr peinlich.

Thomas' Leben änderte sich schlagartig durch unsere Beziehung. Plötzlich verlief nichts mehr in geordneten Bahnen. Gerade Tim verlangte ihm manchmal viel ab. Er sagte zwar nicht »Du bist nicht mein Papa«, doch er ließ es Thomas spüren oder brachte es in anderen Worten auf den Punkt: »Ich war vor dir da!«

Zu Beginn dachte ich manchmal, Thomas würde so viel mit Tim unternehmen, um mir Raum zum Lernen zu verschaffen. Dann fand ich heraus, dass es ihm selbst große Freude machte, mit Tim beispielsweise in den Zoo zu gehen. Das freute mich noch mehr. Mit der Zeit akzeptierte Tim Thomas auch, und die beiden hatten viel Spaß miteinander. Wenn ich sie zuweilen in irgendein Spiel versunken sah, wurde mein Herz flüssig vor lauter Glück.

Thomas begleitete mich gern auf Reisen. Ich legte die Termine so, dass sie am Freitag begannen und wir übers Wochenende unterwegs waren. Schließlich musste ich montags wieder zur Schule und Thomas zur Arbeit.

Einmal sollte ich mich selbst synchronisieren, da eine Tonaufnahme in einem Werbefilm nicht gut zu verstehen war.

»Das ist ganz leicht, Ines. Du siehst dich sprechen und wiederholst das Ganze noch mal genau so«, instruierte mich ein Redakteur.

Ich starrte auf den Bildschirm beziehungsweise meinen Mund und glaubte, das nie hinzukriegen. Dann klappte es doch auf Anhieb. Also bei mir. Leider nicht bei der Technik.

»Bitte noch mal, Ines.«

Ich sprach den Satz.

»Super. Und jetzt langsamer.«

»Okay, wir machen das noch mal.«

»Gut. Und jetzt gleich noch mal. Versuch bitte, ruhiger zu reden.«

»Perfekt, Ines. Ganz große Klasse. Und jetzt sprichst du das Ganze noch mit einem inneren Lächeln.«
Und so wiederholte ich es noch mal und noch mal und noch mal. So läuft das im Mediengeschäft. Ein Buch zu schreiben ist wesentlich effizienter!

Die Familienzusammenführung

Zu Tims drittem Geburtstag lud ich nicht nur Thomas' Familie, sondern auch Markus und seine Eltern ein. Thomas' Großeltern waren mir gegenüber skeptisch, vermutete ich. Ihr armer Enkel. Eine geschiedene Frau im Rollstuhl, die Thomas womöglich pflegen musste. Und ein fremdes Kind. Oder täuschte ich mich da? Karin überbrückte alle Stimmungstiefs mit ihrer fröhlichen Art. Sie wuselte herum wie ein guter Geist und verbreitete Fröhlichkeit – wie die wunderbaren Kuchen, die sie gebacken hatte. Kurz darauf lud ich Thomas' Großeltern noch einmal ein und fand dann doch noch einen Draht zu ihnen – über die Malerei. Thomas' Opa malte wie ich gern mit Ölfarben.

Die Rollstuhlfirma *Küschall* hatte mich zur Messe *Reha Care* in Düsseldorf an ihrem Stand engagiert, und ich machte dort meinen Job: gut aussehen. Thomas und Tim besuchten derweil einen Zoo. Sie hatten mittlerweile viele Zoos in Deutschland kennengelernt. Am späten Nachmittag kamen sie auf die Messe. Tim schnappte sich einen Kinderrollstuhl und wollte ihn voller Begeisterung, jetzt endlich so was Tolles zu haben wie Mama, gar nicht mehr hergeben.

Eines Tages im Herbst brachte Thomas sein Keyboard mit zu mir. Von diesem Tag an wohnte er praktisch bei mir. Es hatte mit der Zahnbürste begonnen, einige Klamotten waren gefolgt; mit dem Keyboard traf er seine Entscheidung. Für seine schöne Wohnung fand er schnell einen Mieter, und jetzt waren wir eine frischgebackene Patchworkfamilie. Von Thomas' Verwandtschaft wurde ich aufgenommen wie eine Tochter. Das spürte ich nicht nur, das hörte ich auch.

»Ich hab dich sehr lieb, Ines«, sagte Karin einmal zu mir, als ich sie nach einem Spaziergang mit Sita und Tim besuchte. Ich schaute nachmittags oft bei ihr vorbei oder bei Freunden und Freundinnen von Thomas. Manche von ihnen sind nun ebenfalls meine Freunde, und das ist wunderschön. Florian und seine Frau Julia übernahmen auch die Patenschaft für Tim bei seiner Taufe am 1. März 2009. So erfüllte sich Thomas' Mission doch noch. Von Anfang an hatte ich den Eindruck, er wollte mich in Limbach integrieren. Das ist ihm gelungen – wenn auch anders als geplant!

Die Elternzusammenführung

Thomas und ich waren ein wenig aufgeregt, als wir unsere Eltern zum ersten Mal gemeinsam einluden. Wir entschlossen uns zu einem Grillfest im Mai – da muss man sich nicht steif am Tisch gegenübersitzen, es ist alles ein bisschen lockerer. Am Abend zuvor erlitt Tim seinen vorletzten schweren Kruppanfall und verdrängte somit die Aufregung wegen unserer Elternzusammenführung. Eigentlich hätte er auch den 1. Mai in der Kinderklinik verbringen sollen, doch ich entließ ihn auf eigene Verantwortung. Ohne Tim hätte das Grillfest nicht stattgefunden.

Das kleine Fest war ein großer Erfolg. Schnell boten sich alle das Du an. Dieser Erste Mai hätte in einem Bilderbuch gemalt sein können. Blauer Himmel, hin und wieder ein weißes Wölkchen und bei allen Gästen strahlende Laune. Das pure Familienglück. An diesem Tag – unter den Augen seiner echten und gefühlten Großeltern – lernte Tim das Fahrradfahren. Schöner konnte der Tag nicht sein, er war fast schon unerträglich schön, doch ich verschwendete keinen Gedanken an die Zerbrechlichkeit des Glücks. Niemand von uns erahnte die schwarzen Wolken, die am Horizont bereits aufgezogen waren.

Vier Tage später, Montagabend, hatten wir gerade zu Abend gegessen, und ich machte Tim im Bad bettfertig. Das Telefon klingelte. Thomas nahm ab. Dann schrie er: »Ich komme! Ich bin gleich da!«
Eine solche Not klang in seiner Stimme, dass ich alles stehen und liegen ließ und zu ihm eilte.
»Wo ist mein Schlüssel, mein Autoschlüssel?« Panisch durchwühlte er seine Jackentasche.
»Thomas, was ist denn! Thomas!«
»Ich muss weg! Mein Autoschlüssel.«
»Aber sag mir doch, was ist!!«
»Es ist was mit Karin!«, rief er, krallte sich seinen Schlüssel und stürzte hinaus.
Im Bad schrie Tim. »Ich komme!«, rief ich, versorgte ihn, brachte ihn ins Bett und schaffte es, ihm ein Märchen vorzulesen, während mein Herz wie verrückt schlug. Karin! Was war geschehen? Was sollte ich tun? Und vor allem: Was konnte ich tun? Ich wollte zu ihr. Aber ich konnte Tim nicht allein lassen. Ich hätte Karin gebraucht, die auf Tim aufpasst, um zu Karin zu fahren.
Ist sie gestürzt? Vielleicht die Kellertreppe? Oder war etwas mit den Großeltern? Nein, Thomas hatte Karin gesagt. Auf dem Esstisch lag Thomas' Handy. Ich rief bei Thomas' Eltern

an. Niemand hob ab. Ich wurde fast verrückt in diesem Nicht-wissen. Gegen 22 Uhr meldete Thomas sich aus dem Kranken-haus. »Es sieht schlecht aus«, sagte er.

»Was ist denn überhaupt passiert?«

»Das wissen wir noch nicht. Sie ist in Ohnmacht gefallen.«

»Das wird schon wieder«, versuchte ich ihm Kraft zu geben.

Thomas' Stimme klang verzweifelt: »Ich glaub nicht, Ines.«

»Thomas! Ich wecke jetzt Tim, und dann komme ich zu dir, ich ...«

»Nein, Ines. Lass ihn schlafen. Bleib daheim. Hier kannst du nichts tun. Ich rufe dich wieder an.«

Schluchzend rief ich meine Eltern an. Ich musste mit irgend-jemandem reden. »Vati«, weinte ich. »Ich sitze hier ganz allein. Es ist entsetzlich. Ich weiß nicht, was mit Karin ist. Ich glaube, etwas Schlimmes. Ich hab sie so gern, Vati!«

Mein Vater schaltete auf Lautsprecher.

»Jetzt mach dich mal nicht verrückt«, meldete sich meine Mutter. »Vielleicht ist sie von einer Biene gestochen worden. So etwas gibt es. Bei uns sind die zurzeit ganz wild. Vielleicht hat sie einen allergischen Schock erlitten. Die arme Karin!«

»Mutti, ich glaube, es ist vielleicht viel schlimmer. Thomas klingt gar nicht gut.«

»Mal den Teufel nicht an die Wand, Ines! Karin ist doch noch recht jung.«

»Noch nicht mal fünfzig«, schluchzte ich.

»Mit fünfzig stirbt man nicht so einfach. Du wirst sehen.«

Auf einmal konnte ich nicht mehr zu weinen aufhören. Ob-wohl ich überhaupt nichts wusste. Doch wie sich Thomas' Stim-me angehört hatte, wusste ich. Andererseits klang das mit dem allergischen Schock plausibel. Zudem reagierte Thomas immer pessimistisch. Viele Dinge, die gar nicht so schlimm waren, kamen bei ihm rabenschwarz an, und noch rabenschwärzer gab er sie weiter. Er übertrieb gern ins Negative. Wenn er sein Portemonnaie nicht fand, war es geklaut. Wenn jemand an einer Erkältung litt, war es die Schweinegrippe. Ja, so musste es sein. Thomas machte sich wie immer viel zu viele Sorgen.

Und wenn es ein Gehirnschlag ist? Nein, bestimmt nicht. Aber wenn doch? Dann bleibt schlimmstenfalls eine Behinderung zurück, aber das kriegen wir hin. Wir helfen alle zusammen. Wir schaffen das, bitte, Karin, du musst durchhalten! Ich wollte mir nicht mal vorstellen, wie mein Leben ohne Karin verliefe. Ich war so glücklich, diese wundervolle Frau in meiner Nähe zu wissen. Am Nachmittag noch hatte ich sie kurz besucht. Sie war auf dem Sprung zum Zahnarzt. Ich sah sie vor mir: Ohne sich umzudrehen, grüßte sie mich nach unserem Abschied mit Umarmung und Küsschen noch einmal mit einem Winken. »Ines und Tim, macht's gut!« Tim winkte zurück. Ich vielleicht auch. Ich wusste es nicht mehr. Hatte ich oder nicht? Auf einmal kam es mir wahnsinnig wichtig, geradezu entscheidend vor, mich daran zu erinnern.

Das Telefon. Endlich. Ich drückte den grünen Knopf.

»Sie liegt im Koma«, teilte mir Thomas mit Grabesstimme mit.

Wenn ich heute an Karins Tod zurückdenke, hat sich ein Nebel über die Zeit gebreitet. Sorge. Hoffnung. Verzweiflung. All die Fragen. Manchmal glaubte ich, wir könnten nicht noch einen Tag schaffen, doch wir schafften auch diesen Tag und einen nächsten, und nun haben wir schon so viele Tage ohne Karin geschafft. Es geht. Aber es tut noch immer weh. Und sie ist mit uns. Es macht mich froh, dass Karin ihren heiß geliebten Sohn so glücklich erleben durfte. Ich kann kaum ermessen, wie viele Sorgen sie sich um ihn als Kind gemacht hat, wie viele Tränen sie geweint haben mag und wie viele Nächte sie in Krankenhäusern an seinem Bett saß. Ich weiß sehr wohl, dass ihre Verbindung eine besondere Tiefe auszeichnet. Und deshalb macht es mich glücklich, dass ich Karin von meinem großen Wunsch erzählt hatte: ein Kind mit Thomas …

Nie mehr Schule!

Eine schwere und traurige Zeit begann, obwohl der Sommer so schön war. Karin fehlte an allen Ecken und Enden. Wir verbrachten viel Zeit mit Thomas' Vater Gerhard und seiner Familie. Zudem musste ich intensiv lernen, denn im Herbst standen die letzten Prüfungen an. Tim steckte Karins Tod gut weg. »So kleine Kinder verarbeiten das anders«, erklärte mir eine Kindergärtnerin. Das hatte ich selbst schon gemerkt, als ich Tim erzählte, dass Karin im Krankenhaus war: »Es kann auch passieren, Tim, dass Karin in den Himmel kommt.«
»Nein! Ich will nicht, dass sie in den Himmel kommt. Ich muss Pipi.«
Also gingen wir zur Toilette.

Im Juni waren meine letzten selbständigen Schritte auf meinen eigenen Füßen zehn Jahre her. Was für eine lange Zeit. Wie viel in all den Jahren geschehen war. Ich lag im Bett und kuschelte mit Tim. Immer wieder kitzelte er meine Fußsohlen. »Bitte nicht, Tim. Du weißt doch, dass ich das nicht mag.«
»Mir gefällt es.«
»Dann kitzle ich deine Füße«, bot ich ihm an, und er kicherte, noch ehe ich damit begann.
Früher einmal hatte ich Hornhaut an den Ballen und Fersen. Nun waren meine Füße zart und weich und viel zu empfindlich. Ich erinnere mich daran, wie ich es als Kind liebte, wenn meine Oma

meine Füße kraulte. Das würde ich heute gar nicht mehr aushalten. Meine Füße sind so empfindlich, weil sie nicht mehr gebraucht werden. Es kommt mir so vor, als würden sie Jahr für Jahr empfindlicher. Das ist wirklich verrückt, dass ich keinen Schmerz empfinde, aber an den Fußsohlen wie eine Prinzessin auf der Erbse reagiere. Von meinen Füßen halte ich alles fern. Da kann ich mich auch nicht zusammenreißen, nicht mal Tim zuliebe.

Seit zehn Jahren war ich nun schon Rollstuhlfahrerin ... in noch mal zehn Jahren würde ich mehr Zeit auf Rädern als auf meinen Beinen verbracht haben. An Tims Atem hörte ich, dass er eingeschlafen war, wohlig an meine Schulter gebettet. Ich schaute meine Füße an, die unter der Decke hervorlugten.

»Zeh, beweg dich!«

Und wie immer, wenn ich diesen Befehl an mein Gehirn gebe, hatte ich das Gefühl, der Zeh würde sich bewegen. Im Krankenhaus nach der Operation hatte mich das verrückt gemacht. Ich hätte mein Hab und Gut dafür verwettet, dass sich meine Zehen bewegten, wenn ich den Befehl gab, denn ich spürte doch, dass sie reagierten. Bloß sah ich das nicht. Weiß, glatt und makellos ragten sie in die Luft.

»Los! Wackeln!«

Und wieder das sichere Gefühl, dass sich dort unten etwas rührte. Im rechten großen Zeh. Der winkte mir doch zu. Das war ganz deutlich zu spüren. Ja, zu spüren schon. Irgendwo in meinem Kopf vielleicht. Das Signal kam nicht an. Es wurde abgeschickt, ging dann aber verloren. Phantomschmerz. Darunter litten doch die Menschen, denen Gliedmaßen amputiert wurden. Und was hatte ich? Phantomwackeln?

Ich seufzte. Ja, so war das jetzt. Daran hatte ich mich gewöhnt, auch wenn es mich immer wieder verblüffte, dass ich nicht sehen konnte, was ich so deutlich spürte. Doch es stürzte mich nicht mehr in Verzweiflung wie damals im Krankenhaus.

Immer dringender wünschte ich mir ein zweites Kind. Meine Sehnsucht ließ sich nicht mit vernünftigen Argumenten besänftigen. Erst die Prüfungen, erst ein Trauerjahr. Tim wurde demnächst fünf. Ich wollte den Abstand zwischen den beiden Geschwistern nicht noch größer werden lassen. Thomas äußerte Bedenken. Zum einen fühlte er sich in der Trauer um seine Mutter nicht in der Lage, sich auf ein Kind zu freuen, zum anderen sorgte er sich, er könnte die Lippen-Kiefer-Gaumen-Spalte vererben.

»Aber das kann immer passieren. Heute, morgen, in drei Jahren.«

Beim nächsten Frauenarztbesuch ließ ich mir die Spirale ziehen. Dann hatte ich keine Zeit mehr, eine Schwangerschaft zu planen, denn ich steckte mitten in den schriftlichen Prüfungen. Kurz vor den mündlichen Prüfungen im November hatte ich so ein komisches Gefühl. Tim saß neben mir, als ich den Schwangerschaftstest auspackte. Er war auch der Erste, der es erfuhr: »Du bekommst ein Brüderchen oder ein Schwesterchen.«

Tim war aus dem Häuschen vor Begeisterung. Gemeinsam packten wir einen Strampelanzug als Geschenk ein und überreichten ihn Thomas, als er von der Arbeit nach Hause kam. Thomas wusste vor Freude überhaupt nicht mehr, wohin mit sich. Er drückte mir fast die Luft ab – und als er die Nachricht einigermaßen verdaut hatte, kamen seine Sorgen. Ob der Zeitpunkt der richtige sei. Ob das Kind gesund sei. Wie das für Tim wäre. Wie wir das alles schaffen würden.

»Hallo!«, unterbrach ich ihn. »Wir schaffen das. Weil wir uns lieben.«

Im Dezember erhielt ich meine guten Prüfungsergebnisse und die Qualifizierung für den gehobenen Dienst. Ziel erreicht! Ab sofort lautete die Parole: Nie mehr Schule!

Ich erhöhte meine Arbeitszeit auf 100 Prozent. Als Beamtin bedeutete dies eine 40-Stunden-Woche und für mich im Besonderen eine mächtige Herausforderung, was die Kindergartenzeiten betraf. Ich fuhr Tim um 7 Uhr morgens in den Kindergarten und holte ihn um 16.30 Uhr ab, was manchmal zu sehr hektischen Tagen führte. Hin und wieder brachte Thomas Tim in den Kindergarten, so konnte ich Überstunden machen. In dieser Zeit kamen alle zu kurz. Tim, Thomas, Sita, die Familie, der Haushalt, Freundschaften und letztlich auch der Genuss meiner Schwangerschaft. Doch ich wollte mich von einer ganzen Stelle in den Mutterschutz verabschieden, und dann würde ich alles nachholen.

Das Rätsel Frau

Und schon wieder hatte ein neues Jahr begonnen. 2010. Über die Feiertage waren wir ein bisschen zur Ruhe gekommen. Tim schlief, mit Thomas kuschelte ich auf der Couch.

»Nächstes Weihnachten sind wir schon zu viert«, sagte er.

»Zu fünft«, korrigierte ich und wies auf Sita, die sofort loswedelte.

»Und wie ist das für dich?«, fragte Thomas. Sehr weich klang seine Stimme, und ich wusste sofort, was er meinte, denn wir hatten zuvor lange darüber gesprochen, wie ich den Alltag schaffen sollte mit zwei Kindern.

»Es wird so sein wie mit Tim«, erwiderte ich. »Natürlich würde ich gerne mit Tim rumrennen und Fußball spielen. Natürlich würde ich gerne – ach alles! Aber ich denke nicht darüber nach. Denn wenn ich anfange, darüber nachzudenken, liege ich den ganzen Tag im Bett und heule.«

»Ja, das möchte ich auch mal können, so wie du«, gestand Thomas. »Ich kann die Dinge, die mich belasten, nicht so einfach wegschieben.«

»Aber sie belasten mich ja gar nicht«, grinste ich. »Ehe sie das tun können, habe ich sie schon verdrängt.«

»Du bist mir ein Rätsel«, neckte Thomas mich.

»Glaub bloß nicht, das Wegschieben wäre nicht anstrengend«, sagte ich. »Es erfordert eine Riesenkraft, die Tage zu bewältigen, weil ich unglaublich viel verdrängen muss. Ich kann nicht schnell aus dem Auto springen und Tim im Kindergarten abgeben. Ich kann im Ministerium nicht mal schnell bei einer Kollegin vorbeilaufen und eine Akte holen, besonders nicht, wenn die Kollegin ein Stockwerk höher sitzt. Ich kann nicht mal eben was einkaufen. Bei mir ist alles schwerfällig, träge, kompliziert, umständlich.«

»Noch mehr Rätsel«, seufzte Thomas. »So was von schwerfällig und so was von hübsch.«

»Du nimmst mich nicht ernst!«, beschwerte ich mich, obwohl ich wusste, dass das nicht stimmte.

Thomas küsste mich.

»Was ich sagen will«, fuhr ich fort. »Es ist ein täglicher Kraftakt. Jede Kleinigkeit, über die sich ein Fußgänger gar keine Gedanken macht.«

»Aber das weiß ich doch, Ines. Vielleicht verstehst du jetzt auch mal, warum ich mir manchmal ein wenig Sorgen um unsere Zukunft mache. Eben weil es ein Kraftakt ist.«

»Ach Papperlapapp«, widersprach ich. »Ein Kind mehr oder weniger!«

Thomas applaudierte.

»Was soll das?«, fragte ich.

»Du bist schneller im Verdrängen, als ich denke und rede!«

»Das ist doch wohl nichts Neues?«, neckte ich ihn und bekam zur Strafe einen liebevollen Knuff. Später legten wir unsere Hände auf meinen Bauch und horchten, ob es Neuigkeiten gab.

Das Paradies ist normal

Meine Oma mütterlicherseits ist meine einzige nächste Verwandte, die zwei Kinder hat. Die anderen in der Familie haben ein Kind oder fünf.

»Sag mal«, fragte ich meine Oma am Telefon, »wie ist das mit zwei Kindern?«

»Zwei Kinder bedeuten doppelte Arbeit«, raubte meine Oma mir die Hoffnung. Genau das hatte ich nicht hören wollen. Mir schwebte eher so etwas vor wie: »Ach, zwei Kinder beschäftigen sich mit sich selbst, das ist eine große Erleichterung.« Von wegen! Doppelte Arbeit – wie sollte ich das bloß auf die Reihe kriegen!

»Das schaffst du schon, Ines«, sagte meine Oma, als hätte sie meine Gedanken gelesen. Und sie hatte sie wahrscheinlich wirklich gelesen, denn sie beantwortete eine Frage, die ich noch gar nicht gestellt hatte: »Als deine Tante zur Welt kam, habe ich sie vom ersten Moment an genauso liebgehabt wie deine Mutti.«

»Danke, Oma«, flüsterte ich berührt. Denn das beschäftigte mich – wie die meisten Mütter, die ein zweites Kind erwarten: Wie sollte es gelingen, dieses zweite genauso zu lieben wie das erste? Eine Frage, die sich beim ersten Blickwechsel mit dem Neugeborenen in Luft, nein, in Liebe auflöst, wie ich nun weiß.

Ich hegte keine Befürchtung, die Bedürfnisse eines Säuglings nicht erfüllen zu können. Ich wusste, dass ich es konnte. Tim war nun schon fast fünf, ein aufgeweckter, munterer, frecher und sehr lieber Junge. Niemand merkte ihm an, dass seine Mutter im Rollstuhl saß. Doch wie würde Tim auf seinen Bruder reagieren? Würde er unter Eifersucht leiden? Würde ich ihm trotz des Säuglings noch genügend Aufmerksamkeit widmen können? Hatte ich mir das wirklich alles gut genug überlegt? War ich denn verrückt, mit einem Baby noch mal von ganz vorne anzufangen? Ich war doch schon so weit gekommen. Alles hatte sich perfekt eingespielt. Wie würde sich unser Familienleben verändern? Waren wir den bevorstehenden Aufgaben überhaupt gewachsen? Meine schlimmste Vorstellung sah ungefähr so aus:

Nachts und mit Augenringen, die sich bis zu meinen Mundwinkeln ziehen, die natürlich nach unten hängen, habe ich es nach Stunden endlich geschafft, den schreienden Säugling zu beruhigen. Thomas' Augenringe reichen ebenfalls bis zu den Mundwinkeln. Er schläft inzwischen im Wohnzimmer. Kaum ist das Baby ruhig, fängt Tim an. Fröhlich hopst er auf meinem Bett herum und will spielen. Das Baby wacht wieder auf. Ich schleppe mich auf dem Zahnfleisch in die Küche. Sechs Uhr morgens. Das Baby schreit. Sita bellt. Geräuschkulisse wie auf dem Rummel. Tim jammert, weil er seine Lieblingshose nicht findet. Gedankenlos sage ich: »Sie ist bestimmt irgendwo.« Das motiviert Tim, sie selbst zu suchen, und er schreckt weder vor der schmutzigen noch der sauberen Wäsche zurück, die er nach einem nur ihm schlüssigen System neu sortiert.

Thomas kocht Tee und versucht sich auf seinen Arbeitstag vorzubereiten. Sein Gesicht wirft Falten. Wir sehen beide alt aus. Sehr alt. Wir altern eigentlich stündlich. Über die Hauptstraße brettert ein Krankenwagen. Sita legt los wie immer bei Martinshorn. Ihr Jaulen dringt durch Mark und Bein. Tim hat seine Hose nicht gefunden und braucht sie jetzt erst recht dringend. Ohne diese Hose wird er das Haus nicht verlassen! Im Vorübergehen reißt er aus Versehen die Tischdecke herab. Die Fernbedienungen fallen zu Boden, die Batterien kullern über das Parkett. Sita stürzt sich auf die Beute, Thomas hinterher, bleibt mit dem Fuß in der Tischdecke hängen, stolpert, stürzt. Das

Telefon klingelt. Der Kindergarten. Heute wegen Scharlach geschlossen.

Sollte so meine Zukunft aussehen? Und wenn schon. Ich hatte mich entschieden und sagte erst mal »Ja!« zu Thomas. Am 4. Juni 2010 heirateten wir, eine Woche vor dem geplanten Kaiserschnitt. Eigentlich hatte ich gar nicht mehr heiraten wollen. Ich kenne mehrere Paare, die mit Kindern auch ohne Trauschein glücklich leben. Eine Heirat ist keine Voraussetzung für eine abgesicherte Familie. Heutzutage gibt es genug juristische Alternativen. Doch letztlich brach die Romantikerin in mir durch, und die wollte das, was ich mir schon als kleines Mädchen gewünscht hatte. Das volle Programm. Wir beschlossen, es in zwei Häppchen aufzuteilen. Zuerst die standesamtliche Hochzeit im kleinen Kreis und ein Jahr später die kirchliche Hochzeit im großen Kreis.

Wenn ich abgestillt haben würde, würde ich mich auch wieder über schöne Hochzeitsfotos freuen können. Jetzt war ich noch fett wie ein Walross. Und zwar überall. Nicht bloß am Bauch und im Gesicht. Auch an den Händen. Das wurde zum Problem, denn als Thomas und ich bei einem Juwelier Ringe aussuchten, brachte ich keines der Schmuckstücke über meine geschwollenen Finger. Die Wassereinlagerungen waren auch in der zweiten Schwangerschaft ein arges Leid für mich. Manchmal taten mir meine Hände so weh, dass ich nicht mal die elektrische Zahnbürste halten konnte. Mit solchen Greifern lässt sich kein Geschmeide auswählen.

»Ich kenne meine Ringgröße«, sagte ich zu der Verkäuferin. »Machen Sie es einfach so.«

»Aber nein! Das geht nicht! Sie müssen Ihren Ring anprobieren.«

»Das bringt Unglück«, erfand ich eine Ausrede.

»Aber nein! Alle Paare probieren ihre Ringe an.«

»Da wundert einen die hohe Scheidungsrate nicht«, blieb ich dabei.

Thomas knuffte mich. Ich knuffte zurück.

Es kostete uns einige Überzeugungsarbeit, die Ringe ohne Anprobe meinerseits in Auftrag zu geben.

»Ob das mal gutgeht«, seufzte die Verkäuferin.

Als Thomas die Ringe abholte, drängte sie erneut auf eine Anprobe, und Thomas rief mich sogar an.

Wieso hielten mir alle ständig vor, wie dick ich war? Sogar meine Finger hatten Übergewicht. So meinte das natürlich niemand. Doch das musste ich mir extra vorsagen.

Im Standesamt, der alten Limbacher Mühle, tat Thomas dann so, als würde der Ring wunderbar passen, und schob ihn mir flugs über den kleinen Finger. Später befestigte ich ihn an einer schlichten Silberkette, die mir Thomas einmal geschenkt hatte, und trug meinen Ehering fürs Erste um den Hals.

Nach der Trauung gingen wir Mittagessen. Ich fühlte mich überraschend gut an diesem Tag. Unsere Gäste wussten, dass die Feier notfalls ohne die Braut stattfinden würde. Ich hatte alle vorgewarnt, dass ich mich vielleicht nach der Zeremonie hinlegen müsste. Doch ich hielt durch. Nachmittags gab es bei Thomas' Großeltern liebevoll gedeckt Kaffee und Kuchen, und abends ließen wir den schönen Tag bei uns ausklingen.

So wurde aus Ines Kiefer Ines Kiefer-Müller. Eigentlich hätte ich gern weiterhin Kiefer geheißen, an den Namen hatte ich mich mittlerweile gewöhnt, und so heißt ja auch Tim. Aber dann würde unser Baby Müller heißen und ich Kiefer. Tim wollte, dass wir alle Kiefer heißen. Das gefiel Thomas weniger. Schließlich beschlossen wir, dass ich Kiefer-Müller heißen würde, ein Kompromiss, mit dem alle zufrieden waren.

Erik ist da!

Tim und Thomas brachten mich am 10. Juni 2010 morgens in die Uniklinik in Homburg. Im Anschluss fuhr Thomas Tim in den Kindergarten. Ich wurde für den Kaiserschnitt vorbereitet. Als Thomas zurückkehrte, ging es los. Ich wusste, was mir blühte. Aber was ich ausgeblendet hatte: die Nadeln. Erst beim vierten Mal traf der Arzt meine Vene für den Zugang. Zweimal die linke Hand, einmal die rechte, im linken Arm hatte er dann endlich Erfolg. Und mir reichte es. Wie beim ersten Mal herrschte Bahnhofsatmosphäre. Der grüne Vorhang wurde zugezogen, Thomas saß neben mir, und dann ging es ruck, zuck.

Erik! Willkommen! Kurz durfte ich das schönste Baby der Welt sehen, dann war es weg. Thomas hinterher. Ich allein. Das Zunähen dauerte. Ich vermisste den unterhaltsamen Anästhesisten. Ich vermisste Erik. Und Thomas. Ich heulte. Ich wollte mein Baby spüren, sehen, riechen, schmecken, hören, liebkosen. Allein lag ich auf der Wachstation. Zum Glück war meine Freundin Katrin bei mir, Eriks Patentante. Sie und Thomas brachten mir nach und nach schonend bei, dass es noch eine Weile dauern würde, ehe ich Erik in die Arme schließen durfte. Als ich erfuhr, wie lange, drehte ich schier durch. 24 Stunden sollte ich mein neugeborenes Kind nicht bei mir im Zimmer haben dürfen. 24 Stunden! Als sogenanntes Spaltkind musste Erik in der Kinderklinik gründlich untersucht werden. Was für eine herzlose Vorschrift! Erik war kerngesund. Sein Gaumen war geschlossen. Allein eine winzig kleine Kerbe an der Oberlippe, die kaum auffiel und in einem halben Jahr operativ entfernt würde, brachte er mit auf die Welt.

Von der Kerbe wussten wir seit der Ultraschalluntersuchung in der 19. Schwangerschaftswoche. Thomas hatte mich darauf vorbereitet: Die Wahrscheinlichkeit, dass eine Lippen-Kiefer-

Gaumen-Spalte vererbt wird, liegt bei fünf Prozent. Das war mir immer egal. Ich wollte den Mann und das Kind und war nun überglücklich, dass die Spalte nur eine Minikerbe war. Gleichzeitig war ich verzweifelt. Man hatte mir das Kind aus dem Bauch geschnitten, und jetzt lag ich allein irgendwo. Wenn ich heute an diese Stunden zurückdenke, kriege ich noch immer Gänsehaut. Auch für Thomas, der zwischen Kinderklinik und Wachstation hin- und hereilte, war es grausam. Er flehte und bettelte, doch es gab kein Erbarmen. Erik, obwohl gesund und munter bis auf diese kleine optische Besonderheit, wurde nicht freigelassen.

»Schau, ich hab ihn fotografiert!« Thomas hielt mir sein Handy vor die Augen.

»Ich will kein Foto, ich will mein Baby!«, heulte ich.

Tim war auch sehr traurig. Für kleine Kinder gilt Besuchsverbot in der Kinderklinik. Dabei hatten wir ihm versprochen, dass er seinen Bruder gleich sehen dürfte. Ich musste mich sehr zusammenreißen in diesen qualvollen Stunden des Wartens.

Eine schöne Geburt hatte ich mir anders ausgemalt. Körperlich merkte ich deutlich, dass ich fünf Jahre älter war als bei Tims Geburt. Die Nachwehen nahm ich unangenehm wahr. Mein Bauch krampfte. Ich konnte mir lebhaft vorstellen, dass Wehen schweineweh tun.

Glück im Doppelpack

Endlich konnte ich meinen kleinen Erik in die Arme schließen, und er durfte bei mir bleiben. Jetzt gab ich ihn nicht mehr her! Tim grinste über das ganze Gesicht, als er seinem Bruder vorsichtig über die Backe streichelte. Bis heute ist Tim von seinem Bruder begeistert. Er behandelt ihn zärtlich und erzählt ihm

Sachen, die der kleine Erik noch gar nicht verstehen kann – oder doch? Manchmal kommt es mir so vor, als würden die beiden auf eine geheime Art und Weise kommunizieren. Sobald Erik im Laufstall quietscht, springt Tim auf, der genau weiß, was Erik jetzt möchte. Den Schnuller? Die Rassel? Alle meine Bedenken waren umsonst. Tim zeigte keine Eifersucht. Thomas und ich geben uns natürlich auch Mühe, ihn nicht zu benachteiligen – doch mit einem Säugling im Haus gerät gelegentlich alles in Schieflage. Erik findet seinen Bruder ebenfalls klasse. Sobald Tim etwas erzählt, kräht er vor Begeisterung. Ich freue mich heute schon darauf, wenn die beiden Jungs miteinander spielen.

Seit Erik auf der Welt ist, kommt Tim mir so groß vor. Bald geht er in die Schule! Ich frage mich das, was sich alle Mütter fragen: Wo ist die Zeit geblieben? Insofern freue ich mich darüber, es noch einmal gewagt zu haben mit so einem kleinen Zwerg. Bei meinem ersten Model-Auftritt nach der Geburt nahm ich Erik natürlich mit. Er war erst zwei Monate alt. Thomas kümmerte sich um ihn, und Tim posierte als Kinder-Model, wie er es sich gewünscht hatte. Anlässlich eines Foto-Shootings für das Tourismus Marketing Baden-Württemberg sprang er immer wieder hoch in die Luft. Wir stellten eine glückliche Familie dar. Tim, ich und ein männliches Model.
»Das ist nicht mein Papa«, sagte Tim zum Fotografen.
»Wir tun nur so als ob«, erklärte der augenzwinkernd, und Tim sprang noch höher ins Bild.

Und so ist mein Leben jetzt genau so, wie ich es mir als Mädchen gewünscht habe. Ich finde es gar nicht schlimm, Hausfrau und Mutter zu sein. Das liegt wahrscheinlich daran, dass es ein befristetes Dienstverhältnis ist, denn nach einem Jahr Babypause möchte ich wieder einsteigen, zuerst halbtags. Und aussteigen will ich auch. Aus dem weichen Mutterkissen, in das ich gebettet bin. Nach dem Abstillen steht erneut Punktezählen mit den *Weight Watchers* auf meinem Programm. Ich freue mich schon auf meine neuen Model-Aufträge und überhaupt: auf unsere Zukunft! Heute ist ein schöner Tag!

Manchmal komme ich mir vor wie meine Mutter. Ich gucke, dass alles nach Plan läuft. Die Geschichte wiederholt sich. Jetzt sage ich schon solche Sätze, die sonst nur die Älteren gesagt haben. Aber oft genug laufen die Dinge auch nicht nach Plan. Immer ist irgendwas. Die Heizung ist kaputt. Sita verstaucht sich den Knöchel und muss zum Tierarzt, das Auto in die Werkstatt. Thomas fährt zu einer Fortbildung, Erik hat Verstopfung und Tim Durchfall oder umgekehrt.

Manchmal sagt jemand zu mir: »Ich bewundere dich. Ich würde das nie im Leben schaffen.« Oder: »An deiner Stelle wäre ich nicht so fröhlich – also wenn ich im Rollstuhl sitzen würde …« Mit »würden« meinen sie »müssen«, und »sitzen« bedeutet für sie »gefesselt sein«. Das erkenne ich an ihren Blicken. Ich glaube, manche denken auch, dass sie gar nicht leben wollten, wenn ihnen zustieße, was mir geschehen ist. Nach dem Motto: Bevor ich das ertrage, dann lieber gar nicht.

Ich sage dann: »Das kannst du nicht wissen! Das weißt du erst, wenn du es erlebt hast. Und dann ist es garantiert anders, als du es dir vorstellst.«

Es ist immer anders, als man es sich vorstellt. Mein Leben ist schön und erfüllt. Obwohl ich mir das ganz bestimmt nicht hätte ausmalen können, als ich noch auf meinen eigenen Beinen durchs Leben lief.

Ich habe alles erreicht, was ich mir auf meinen Beinen stehend gewünscht habe. Auf Rädern ist mein Leben ins Rollen gekommen. Dafür bin ich sehr dankbar. Wenn plötzlich eine gute Fee erscheinen und mir verkünden würde: »Du kriegst dein Leben auf Beinen zurück im Tausch gegen das, was du dir aufgebaut hast …« Ich würde ablehnen. Nein danke, liebe Fee. Ich behalte gern alles so, wie es ist. Ich bin angekommen.

Happy End

Sonntagabend nach einem schönen Wochenende mit einem tollen Ausflug in die Burg Berwartstein sitze ich im Bett. In meinem linken Arm Erik, der nach dem Stillen schläft. Rechts Tim, der sein neues Holzschwert nicht loslässt. Wir gucken einen Zeichentrickfilm. Sonntagabend fällt die Gute-Nacht-Geschichte aus. Stattdessen gibt es Familienkuscheln.
Im Bad höre ich Thomas. Den Wasserhahn. Die elektrische Zahnbürste.
Erik atmet tief. Tim kichert. Thomas gurgelt. Ich grinse.
Thomas bleibt an der Tür stehen: »Hier fehlt noch einer.«
»Für den ist immer Platz.« Ich lupfe die Decke. »Tim, rück mal ein Stück rüber.«
»Nö«, macht Tim.
»Doch«, verlange ich.
»Nö«, wiederholt Tim und hebt sein Schwert.
Thomas packt das Kopfkissen und hält es sich wie ein Schild vor die Brust.
Tim überlegt kurz, schaut zum Fernseher.
»Na gut«, sagt er dann gnädig und rückt ein Stück zur Seite. »Ausnahmsweise.«
Thomas kuschelt sich an mich. Tim liegt halb auf mir, halb auf Thomas. Im Film jagt ein Oger einen Esel. Tim gähnt. Thomas streichelt meine Hand. Erik träumt etwas Phänomenales. Vielleicht von einem warmen Schluck süßer Milch? In seinem Gesicht geht eine Sonne auf. Und in meinem auch.

»Ich finde es schön«, sage ich zu Thomas, »dass wir so normal sind.«

Thomas nickt voll und ganz einverstanden und gibt Erik einen zarten Kuss.

»Normal ist … einfach wunderbar«, füge ich hinzu. »Denn normal, das ist eigentlich ziemlich kompliziert … wenn nicht sogar: eine Kunst.«

»Mama, was ist das, eine Kunst?«, fragt Tim.

»Dass wir jetzt hier so im Bett liegen, wie wir im Bett liegen.«

»Ach so. So einfach ist das.«

»Ja, so einfach ist das.«

Danksagung

Ich möchte mich bei allen Menschen bedanken, die mich auf meinem Weg begleitet haben.

Ganz besonders danke ich meinen Eltern und meinen beiden Omas und Opas. Ich bin sehr froh, dass es euch gibt!

Danke auch an meinen Mann Thomas, der mir beim Schreiben des Buches den Rücken frei gehalten hat, und an seine Familie, die für mich immer eine große Unterstützung ist. Karin, ich denke immer noch an dich.

Liebe Freundinnen – ihr seid super! Danke für die vielen wunderbaren Gespräche. Wir machen weiter so!

Liebe Shirley Michaela Seul, meine Mitautorin: Danke für die vielen lieben und schönen Worte.

Einen besonderen Dank möchte ich auch an all jene richten, die unverkrampft und freundlich auf junge und alte Menschen mit Handicap zugehen – und die Behindertenparkplätze denen überlassen, die sie wirklich brauchen. Oder mal helfen, wenn die Arme zu kurz, die Beine nicht stark genug oder die Augen schwach sind. Traut euch – wir beißen nicht!